乡村振兴战略下
地方高校教师队伍稳定问题研究

李春江 著

西安交通大学出版社
XI'AN JIAOTONG UNIVERSITY PRESS

图书在版编目（CIP）数据

乡村振兴战略下地方高校教师队伍稳定问题研究 / 李春江著 . — 西安 : 西安交通大学出版社，2024.6

ISBN 978-7-5693-3544-6

I. ①乡… II . ①李… III . ①地方高校 – 师资队伍建设 – 研究 – 中国IV . ① G645.12

中国国家版本馆 CIP 数据核字（2023）第 236734 号

XIANGCUN ZHENXING ZHANLUE XIA DIFANG GAOXIAO JIAOSHI DUIWU WENDING WENTI YANJIU

乡村振兴战略下地方高校教师队伍稳定问题研究

著　　者　李春江
责任编辑　侯君英
责任校对　张　娟
装帧设计　伍　胜

出版发行　西安交通大学出版社（西安市兴庆南路 1 号　邮政编码 710048）
网　　址　http://www.xjtupress.com
电　　话　（029）82668357　82667874（市场营销中心）（029）82668315（总编办）
传　　真　（029）82668280
印　　刷　陕西金德佳印务有限公司

开　　本　720mm × 1000mm　1/16　　印张　14　　字数 233 千字
版次印次　2024 年 6 月第 1 版　　2024 年 6 月第 1 次印刷
书　　号　ISBN 978-7-5693-3544-6
定　　价　79.80 元

如发现印装质量问题，请与本社市场营销中心联系。
订购热线：（029）82665248（029）82667874
投稿热线：（029）82668525

PREFACES

前言

实施乡村振兴战略，必须依靠教育支撑，特别是高等教育为乡村振兴战略提供的人才培养、技术推广和社会服务等方面的强力支撑。地方高校在高等教育中占据着举足轻重的地位，如何发挥教师的主力军作用，使其更好地为乡村振兴服务，这是地方高校服务乡村振兴战略急需研究和探索的重要课题。

高校教师作为高知识型人力资本，能够持续稳定地在高等教育的发展中发挥作用，能够为未来其他行业进行潜在人力资本的培养，继而能够实现人力资本价值的最大化。此外，高校教师对高校的建设和发展意义重大，根据马斯洛的需要层次理论，高校教师针对不同层次的需求有相应的需要，当需求与实际之间出现错位时，可能就会影响教师队伍的稳定建设，由此，从高校教师不同层次的需求考量对于稳定地方高校教师队伍有着重要理论意义。高校教师队伍稳定地推进对高校教师的激励作用不可或缺，如何科学地进行组织内部的激励，双因素理论能够为我们指明方向。

在这样的理论支撑下，地方高校教师队伍实际情况呈现出何种状态？影响地方高校教师队伍稳定的因素有哪些？这些因素具体又是如何发挥作用的？依据现实数据分析地方高校教师队伍的实际情况及相应影响因素的作用情况，以期对地方高校教师队伍的基本情况有一个正确的认知。在此基础上，通过现实数据的反映，以相关、差异、回归等视角多角度进行剖析，期望通过统计分析进一步揭示各个影响因素与地方高校教师队伍稳定情况之间的关系，更好地为稳定地方高校教师队伍提供有价值的参考意见。

地方高校教师队伍的稳定管理仍然是一个新的领域，需要在理论支撑下进行考量，但更为重要的是，需要在学校的实际办学和管理中提供更有实效性的工作思路和治理策略。地方高校首先明确本校的发展与建设目标，让每位教师和学生深知学校发展的目标内涵与价值意蕴，同时在人才政策、绩效考核、专业培训、工会福利、人文关怀、硬件支持等方面发力，稳定地方高校教师队伍，努力为乡村振兴战略作出贡献。

本书将理论分析与调查实践相结合，在乡村振兴战略的背景之下，对地方高校教师队伍稳定问题进行探究，旨在为乡村振兴建设及地方高校教师队伍建设尽微薄之力。

本书由李春江整体设计与指导，撰写具体分工如下：第一章由李春江、甄莹撰写；第二章由于海英、崔雨珊、马文莹、黄文权、王宇撰写；第三章由尚元东、卢培杰、张惠芳撰写；第四章由李春江、张雨撰写。全书由李春江统稿。

本书系国家第二批新工科研究与实践项目：新工科背景下工科类人才创新创业能力培养的探索与实践（E-CXCYYR20200921）；中国高等教育学会 2021 年度重点项目：新时代大学“一体两翼五融合”文化育人体系构建研究——以地方省属 M 高校为例（21DWZD04）；黑龙江省研究生课程思政研究中心的研究成果。

由于时间、水平及研究条件有限，难免对其中有些问题研究得不够深入，望各位读者批评指正。

著　者

2022 年 11 月

CONTENTS

目录

第一章

乡村振兴战略下地方高校教师队伍稳定的价值思考

高等学校作为人才培养和科学研究的重要基地，肩负着培养德智体美劳全面发展的建设者和接班人的历史使命，因此高校的师资队伍建设也成为党和国家高度重视的问题之一。《全面深化新时代教师队伍建设改革的意见》不仅从国家战略高度对高校人才队伍建设进行顶层设计和部署，而且也提出了一系列具体要求和政策举措。高校教师队伍的稳定能够为社会发展带来积极的有利影响。地方高校是与基层、乡村联系最为紧密的高校群体，地方高校这样的地缘优势特点对于基层乡村建设会起到什么样的作用？地方高校教师队伍的稳定及有利建设又能够为乡村振兴提供何种支持？本章将从地方高校服务地方的功能及地方高校教师队伍稳定的功能两方面展开论述，探究其对乡村振兴战略的价值。

第一节　地方高校服务地方功能之于乡村振兴战略的价值

一、地方高校的基本特征

（一）地方高校地理分布上的特征

国内高校分布的层次大致是：北京、上海等国际大都市属于第一层，各个省（自治区）的省会城市位于第二层，地级市市区为第三层，有的地级市所辖县城也会分布着数量极少的高校。总的来看，在国内，地方高校多位于地级市市区。由此不难发现，地方高校的地理位置，注定它在进行学术交流、信息交流、吸纳人才等方面会受到一定程度的限制。

（二）地方高校历史文化上的特征

地方高校所表现出来的文化特征在一定程度上是当地自然环境及文化背景因素作用的一个缩影，地方高校的学科建设、文化建设、教学内容及校风学风等也都与当地的文化背景有着不可分割的关联。一些地方高校的历史发展比较悠久，但整体来看，多数地方高校的办学历史却是短暂的。一些高校进行本科招生也是最近几年的事情。对于这一类的地方高校而言，由于受制于较短的办学历史、单薄的文化背景，再加之在办学定位、理念及内部管理方面的经验短缺，因此，在开展校园文化建设，包括进行专业设置时，走过许多弯路。

（三）地方高校教学与科研关系方面的特征

由于地方高校的办学水平定位不高、办学历史不长，加之地方高等教育的任务与条件所限，多数地方高校主要以教学为主，其教师的教学工作量大，远远超出了大城市高校教师的教学工作负荷。教学工作量大，会在一定程度上耗费地方高校教师精力及心血；同时，部分地方高校的相关专业缺乏学科带头人的带领，信息沟通及相关资料的获取会滞后，由此导致地方高校教师很难形成科研团队合力，致使地方高校教师的科研力量较为薄弱，这也会在一定程度上影响地方高校服务地方社会发展的进程。

（四）地方高校的管理特征

从管理机制角度看，许多地方高校的管理机制存在不健全、不完善的情况，各个层级的管理职能划分模糊，权力相对集中。同时在办学思路的定位及模式的确定时，很容易忽视地方高校本身的特点，而盲目照搬大城市的高校，由此，地方高校的管理出现“虎头蛇尾”的情况，并且极易产生盲目攀比的不合理竞争心理。就地方高校的总体情况来看，相较于大城市的重点高校、名校，部分地方高校的管理人员本位思想倾向较为严重，在一定程度上也会存在相比于教师而言，向行政方倾斜的现象，由此带来的直接结果便显现在地方高校的管理及发展成效上。

（五）地方高校的任务目标特征

地方高校以培养地方优秀人才为主，学生生源地多数为本地所在省区的城市。部分地方高校设定了在全国范围的招生计划，但数量相较于本地本省招生计划而言很少。地方高校所培养的学生大多会在毕业时选择在当地进行就业，因此，这种从哪儿来到哪儿去的招生－培养体制，会在一定程度上限制学生的发展。但对于这一点也要进行相对考量，如果学生能够在毕业时积极投身于当地所在的乡村，则会对乡村振兴产生相应程度的“反哺”，也就能够发挥地方高校的最大价值。

二、地方高校服务地方社会发展的基本特点

（一）社会服务半径小、范围清晰

由于自然条件、自身条件等因素制约，地方高校的社会服务辐射范围的半径偏小。大多数地方高校只服务于地方社会发展的某一领域或某一部分。仅有的少数学校规模不小、办学历史相对较长、条件相对较好、学科种类繁多、实力雄厚的地方高校，不只是为地方服务，也能够为全国其他地区服务。

（二）社会服务对象主要是基层

从地方高校自身的特点，如办学层次的定位、社会服务能力、科研能力等，我们不难判断，地方高校的主要服务对象是社会基层。多数地方都将办学方向定位为农村地区、中小型企业及广大基层。如黑龙江的一所地方高师院校就将服务乡村作为发展战略之一。

（三）社会服务中科技文化的含量较低

多数地方高校因受到各种因素的限制，社会服务中的科技文化含量相对偏低。比如在服务技术的呈现上多以应用型、常规的技术为主，在知识创新、技术革新方面的服务较少，在地方社会的发展中很难起到积极、补充的推进作用。即使部分地方高校具备了相对高精尖的技术，但相比于大城市的高校，在层次和水平还是有很大的差距。

（四）社会服务的经济效益普遍偏低

在社会服务所产生的经济效益上，地方高校相比于大城市的高校，是有明显差距的。地方经济发展水平与地方高校研究水平，决定着地方高校社会服务投入与产出及收益水平不高。据此，地方高校希望以科研和社会服务支持学校经费，就目前而言，这不切实际，最多用作学校发展的经费补充。

三、地方高校服务地方社会发展的优势

相比于大城市的高校，地方高校也有身处地方的优势。当地特有的自然资源与景观、社会政治环境、经济环境、历史文化环境等将是地方高校浓缩特色

的良好资源，并且运用这些有利资源主动为当地的社会发展服务，便会在长久的过程中逐步形成鲜明的特点。

（一）政府扶持方面的优势

地市级地区的地方高校偏少，地方政府关注点相对较为集中，能够力所能及地支持地方高校的发展和壮大。尤其是能够有力地支持地方高校为地方社会发展服务的能力提升，这通常体现在对高校资金与政策上的支持。一些地方政府主动与上级部门沟通，从经费扶持和科研立项上对地方高校进行倾斜关照；一些地方政府出台多项政策促进高校社会服务，并鼓励本地的企业从当地高校获得直接的社会服务；一些地方政府也会在毕业生的就业调配、招生的生源制定上指定相应的倾斜政策；一些地方还会对于地方高校的校园扩建改建、后勤保障等方面提供特殊保障。除经费、政策等方面支持外，一些地方政府也积极为地方高校和地方企业“牵线搭桥”，为地方高校服务地方经济和社会发展提供了有利的外部环境。

（二）地域、地缘方面的优势

地方高校是中国高等教育体系的最基层高校，虽离大城市较远，但从深入乡村和基层的角度看，地方高校存在着基层地缘优势。从社会服务及社会实践的角度看，地方高校具备较大的优势，能够近距离、迅速地为基层及乡村地区提供针对性的服务。通常情况下，地方企业在进行相应服务主体的选择时，都会在同等技术需求、技术水平的情况下，基于对时间、精力及经费等成本的考量，选择本地的高校为其提供相应的服务。同时，地方高校相对于乡村地区的地域优势，也能够为乡村的发展提供更为便捷的社会服务，进而能在一定程度上推动乡村振兴的进程。

（三）人缘关系方面的优势

长期以来，我国地方高校的学生及教职工多来自本地和周边地区，与当地社会关系密切。加之地方政府、学校、企业中大多数干部员工也都是地方高校毕业生，所以，地方高校拥有人缘关系方面的有利条件。因此地方高校在办学、科研和其他领域可以协同地方社会的联系和协作，发挥地方高校所涉及的不同群体人缘优势，促进地方高校的发展及社会服务能力的提升。

（四）价格、成本方面的优势

对一般性社会服务而言，社会服务需求者如果舍近求远，去大城市争取服务，不但会在路途上浪费时间，还会耗费交通成本。而地方高校可以就近向他们提供社会服务，距离近、时间少，联系便捷，有突出的价格优势。另外，地方高校所处的地理位置一般为中等发展水平的城市，一般来说，地市的消费水平不高，物价指数会显著低于大城市，学生的生活支出明显较低，与大城市大学相比，地方大学学费也会相对较低，这对城乡生活并不是十分宽裕的人家，具有相当的报名吸引力。这些地方高校本身的特点及在地方社会服务的优势为地方高校的社会服务提供了有利条件。

（五）社会环境的优势

地方高校社会服务在社会和市场环境等方面都存在优势，第一，体现为社会层面具有捐资助学优良传统。在我国，"修桥、补路、兴学校"是优秀的民族道德文化传统，地市级的地方城市依然对此有着浓郁的气氛。随着时代的不断发展，对于高校的不同方面的支持也逐渐成为发展社会公益事业的标志。因此，对于地方高校而言，如果能主动与外部联系，积极宣传引导，在社会支持与帮助的获取上就会相对容易一些。另外，对于地方的部分企事业单位而言，能够与地方高校合作也是促进其发展的有力手段。地方城市的企业更多的还是会以本土产业为主进行经营，主要面向的消费群体也会以本土为主。随着地方高校相关专业的发展，企业的经营者们或者地方社会层面的各级工商业者会更希望与地方高校进行合作，在合作交流的过程中获取经济、社会效益。

四、地方高校服务乡村振兴战略的必要性

（一）落实国家乡村振兴战略的需要

实施乡村振兴战略，是党的十九大作出的一项重大决策部署。我国已经完成了脱贫攻坚的使命，农业生产力有了飞跃性的发展，农民生活水平逐渐提高，乡村出现了生机勃勃的新面貌。但是相对贫困的现象仍然存在，城乡发展不平衡的问题依然严重，乡村振兴任重道远，在乡村振兴战略实施过程中，地方高校仍需作出努力。

《实施乡村振兴战略的意见》《乡村振兴战略规划》从宏观的视角指出了乡村振兴所蕴含的具体内容。全面乡村振兴，需要全社会的共同努力和参与，特别是要靠高校来提供发展动能，高校以转换科研成果带动农业科技进步，促进产业兴旺；通过利用生产技术开发乡村生态农业，促进生态宜居；通过运用

教育资源，促进村民思想道德素质、科学文化素质的提升，并促进乡风文明的实现；以弘扬社会主义核心价值观为抓手，促进治理切实实现、以促进农民稳增收，促进生活富裕。

《关于实现巩固拓展脱贫攻坚成果同乡村振兴有效衔接的意见》提出，在新阶段要加快乡村产业、人才、文化、生态等方面发展，以及在组织上的复兴。乡村振兴的全面实现，离不开高校的正面作用。高校通过运用专业理论，联系乡村产业的具体实际，促进乡村产业振兴目标的达成；通过培育和输送适应乡村振兴发展需要的精英，促进乡村人才振兴目标实现；通过与教育资源相结合的教育服务活动，促进乡村文化振兴目标实现；通过运用研究结果，实施绿色行动，促进乡村生态振兴；通过选派高校优秀人才到基层，促进乡村组织振兴。

《乡村振兴促进法》通过立法形式确立乡村振兴战略，该系列文件的出台，为乡村振兴战略指明了大方向和要求。在微观层面，《科技创新行动计划》是以高等学校为主体的，其强调指出，要注重发挥高校科技创新能力，为乡村振兴服务，引导大学以科技创新为引领点，深入投身乡村振兴战略的具体落实，将高校对于乡村振兴的重要作用发挥出来。对高等学校来说，在服务乡村振兴战略的进程中，能够有一个更加清晰的大方向和更加确定的具体奋斗目标。

（二）履行高校社会服务职能的体现

高等学校的职能，就是高等学校在推动社会经济发展中应该承担的责任和应该发挥的作用，高等学校培养人才、开展科学研究、进行社会服务这三项职能是伴随着社会经济的发展逐渐生成和建立起来的。

1. 人才培养职能

培养人才职能的出现，可上溯到西欧中世纪的大学，为了满足社会的需求，中世纪的大学从事医学、法律、神学和文理修辞等方面的研究及人才的培养，这一时期的大学是培养专门人才的高等学校，以培养与社会经济发展相适应的各种人才为主旨，一切教学活动都是以培养人才为中心展开的，形成了大学最早，也是最根本的东西，即培养人才的主要职能。

2. 科学研究职能

科学研究职能的出现，可追溯到德国洪堡关于教学和科研统一的方针。1810 年，洪堡开始了教育制度的变革，创办柏林大学，提出在高等院校，科研工作是一个值得思考的问题，由此，科研逐渐成为高校的重要职能。新时期地方高校承载着党和国家对教育发展的热切期待，必须勇担责任、抓住机遇、锐意创新，以促进中国高等教育事业高质量发展为目标。尽管我国的高等教育已发展到了一定的程度，但是，高等教育发展的不平衡问题仍然存在，并造成了很大影响。因此，统筹高等教育发展、提高高等教育质量，是当前值得关注的课题，地方高校对教育资源的整合与利用、发挥地域优势、服务地方经济和社会发展，正是顺应了地方高校在这一新阶段下，高等教育内涵式发展之路。地方高校服务乡村振兴战略实施，有助于激发大学成长内驱力、促进资源互通共享、取得持续发展的动力。

3. 社会服务职能

社会服务职能可溯源到集教学和生产生活于一体的赠地学院。1862 年，美国的《莫雷尔法案》确定了一批赠地学院的设置，在这一批赠地学院中，尤以威斯康星大学为代表，威斯康星大学重视培养人才和科学研究职能，提出了以社会服务的主要功能。同时也强调高校教学和科研要为社会发展实际需要服务。赠地学院运动的开展，有效促进了社会服务职能向高等学校的转移。

培养人才，是高等学校最根本的职能；科学研究在高等学校中具有举足轻重的作用，社会服务也是高等学校的一种功能。高等学校三大职能有着不可分割的联系。为此，地方高校要根据自已的实际推进乡村振兴战略，提高科技创新能力，积极完成培养人才、科学研究、社会服务的任务与职能等，为乡村发展提供有力科技和人才支持，使地方高校获得高质量和长足发展。高校要努力提升学校教师科研能力，把教学和科研统一起来，把科学研究当作指导教学的一项重要方针。要明确高等学校不只是一个传授知识的地方，更是一个探索科学、传播科学的地方，要努力满足社会经济发展需要，为社会经济发展培养科研人才作出应有贡献。

（三）实现高等教育长远发展的途径

2021 年，是实施“十四五”规划的第一年，高等教育在步入普及化阶段以后，高质量发展被确定为高等学校的重点奋斗目标，《“十四五”时期教育强国推进工程实施方案》着力推进高等教育的内涵发展，强调要加强中西部地区高校建设、师范院校的建设。以中西部地区的师范院校为例，就要重新考量高校内涵式发展的方向，可以针对以往地方师范院校在服务地方及乡村振兴过程中存在的问题，积极主动地为当地乡村教育、乡村经济发展、乡村文化建设等进行服务，不断地在办学模式的深化中，继续师范人才的培养模式改革与探索，努力为当地乡村培养一批高素质、高能力型的优质教师资源。

除了地方师范院校外，地方综合性院校也在积极服务三农，如湖北文理学院、临沂大学、温州大学和潍坊科技学院等地方高校，在推进乡村振兴方面做得不错，取得了一定的成效。事实证明，地方高校要想获得长久的发展，就要关注地方、关注乡村、关注人民群众的真正需要，只有真正从人民群众的需要出发，把办学目标、人才培养模式、专业设置和科学研究与人民群众需求紧密联系，才能得到当地政府和人民群众的支持，学校才会获得持久深远的发展。实践证明，地方高校如若想要得到长久发展，就要眼光向下，重视地方、乡村、人才的真实需求，只有实实在在地从人的需求出发，将办学目标、人才培养模式、专业设置及科学研究密切联系人们的需要，才有可能获得当地政府与民众的拥护，学校才能得到持久而深远的发展。

第二节　地方高校教师队伍建设之于乡村振兴战略的价值

一、地方高校师资队伍建设的地位和作用

在高校人力资源队伍中，师资队伍处于主体地位，对于促进高校内涵发展具有决定性意义。地方高校教师更是参与并促进当地经济社会发展的主要动力。高校不应该只是“大楼”，更应该是“大师”的集聚地。打造具有良好能力和素质、学术技术水平高、教学科研硕果累累的高校师资人才队伍，这对促进高等教育的发展，以及地方乃至于国家的科学发展都有着非常重要的作用。

（一）形成办学特色的关键在师资

世界顶尖大学绝非所有专业、所有领域都是顶级的，而是在一些领域具有其他高校无法比拟的优势，办学特色比较鲜明。例如，哈佛大学在商业学和政治学方面、斯坦福大学在心理及电子工程方面、麻省理工学院在计算机工程及机电工程领域。在中国，优秀的高等院校自身也拥有鲜明的办学特色。如清华大学的工程优势、北京大学的人文优势等。从历史和继承的角度看，地方普通本科院校独有的地域资源和传统学科是学校定位的一个突出优势。事实反复证明，高校的优势来源于办学特色，但归根结底源于高素质的师资队伍。

大学与大学之间的竞争，归根到底就是对人才的争夺，师资是立教之本、兴教之基、强教之源，在高校改革与发展中具有核心竞争力，师资水平则是决定高校办学水平高低、社会评价好坏的一个关键因素。在我国高等教育大众化进程中，地方普通高等院校肩负着培养应用型人才、促进区域经济社会协调可持续发展等重任。高校，尤其是地方高校，知识密集、资源密集、人才密集，担负着人才培养、科学研究和社会服务的重任。这也与前文中论述的高校基本职能相符合。仔细考量，任何一种职能的落实，都不能脱离教师来实施。

在我国高等教育大众化进程中，高校教师队伍已成为推动高等学校持续健康快速发展的主要动力之一，也是决定学校综合实力高低的重要因素。作为培养人才的主体力量，师资队伍已成为高校发展最重要的支撑点。在高等教育大众化进程中，师资队伍已成为衡量一所学校教育质量高低、综合实力强弱的重要标志。目前加强师资队伍建设已成为高校人力资源管理工作的关键，许多院校按照人才培养的目标，建议创建高学历、高职称师资队伍的目标。一些院校依据自己的办学特色，特别注重打造“双师、双语”型教师队伍。在这样的背景下，如何稳定并提升高校教师队伍素质已显得尤为重要。

因此，高校要想在激烈的市场竞争中立于不败之地，就应努力稳定教师队伍、提升师资质量、提高教师整体素质。各院校在改革发展与专业建设的进程中，必须具有自身的特点，方能有别于其他高校，形成各自的核心竞争力量。

（二）提高人才培养质量的关键在师资

人才培养质量是高等教育发展的生命线，决定着大学的未来和命运。因此，必须高度重视人才培养质量。而且一所大学提升人才培养质量，提升办学实力，关键落脚点仍在教师。因此，要实现高等教育大众化目标，提高人才培养质量，就必须重视对高校教师队伍建设，建立一支结构合理、素质优良的教师队伍。师资队伍的好坏，衡量着一个高校综合实力的强弱，决定着学生培养的质量。一所学校只有拥有了高水平的教师队伍和良好的教学质量，才能保证其在竞争激烈的教育领域中立于不败之地。就像法国教育家埃米尔说的：“教育的成功取决于教师，教育的不成功也取决于教师。”可见师资对于高等教育发展至关重要。作为国家培养人才的主要基地，高校有没有一支素质全面、具有较高业务水平能力的师资队伍，决定着是否能培养和造就一批创新型人才、高素质人才。因此，加强师资队伍建设已成为各高等学校一项十分紧迫而又艰巨的任务。

师资队伍作为关键性主体，其功能的主要输出表现为教师在人才培养工程中的组织者、实施者的地位。没有高质量的教师队伍，就无法实现对高层次人才资源的有效配置，更谈不上为社会输送大量合格的优秀人才。在人才的培养过程中，最为关键的环节就是课堂教学质量的提升，而高水平的教师“上讲台”则是保证课堂教学质量的关键所在，正因为如此，现在各大高校都特别强调教授为大学生讲课，这是提高人才培养质量，确保人才培养质量的表现。高水平师资既有助于发展大学生的学术思维，同时也能够推动其最新研究成果的发展、学术观点普及发展。而我们所探讨的教学，实则不仅仅局限于课堂教学的范畴，也包括课内的课程实践、课外的实践教学，以及指导学生进行毕业设计、完成毕业论文、初步开展科研活动的环节。

高校教师除了以课堂教学为主进行人才培养外，其科学研究的过程及结果也是促进人才培养质量提升的一个重要手段。那么如何才能更好地发挥高校教师的科研作用？第一，教师在日常的教育教学活动中可以结合自己科学研究的思维与经历，不断更新教学模式进行教学，向学生传授发现问题、解决问题的思考方式及科学研究实践的技能。第二，高校教师可以以多种形式将自己或他人的最新科研成果带入课堂、融入教学内容、走进学生心灵，用科研成果不断更新教学内容，高校教师还可以将自己的相关研究成果进行专著及教材的编撰与出版，进而在课堂教学中加以使用，可直接用作教学参考书，成为教学补充。第三，教师应充分利用各种机会鼓励学生积极参加科研活动，使他们了解社会、感受生活、掌握科学方法，增强其解决实际问题能力。最后高校教师可以结合所承担科研课题对学生进行指导，引导学生开展课外科技创新活动、完成毕业论文。学生在教师的引导下，可参加科研实践，加深对已学内容的认识与感受，以及通过亲身体验，培养创新能力、激励创新精神。

简单地说，不管是知识传授和人才培养之间，还是教学和科研之间，每个关系体系、每个环节，都少不了教师的介入。在高校教育中，只有不断地强化教师队伍建设，才能使学校的发展始终充满活力。因此，加强师资队伍的建设，是为了提高教学质量、提高人才培养质量的重要举措、根本保障。

（三）加强内涵建设的关键在师资

内涵建设就是要追求品质与特色，对提升学校的办学实力，提升校园文化底蕴具有十分重要的意义。内涵建设，是由我国办学方针所确定的，顺应高等教育发展新形势。从我国当前经济社会发展的需求来看，高等教育要实现跨越式发展，就必须加强内涵建设，提高人才培养质量。不论是《国家中长期教育改革和发展规划纲要（2010—2020年）》，还是《国家教育事业发展第十二个五年规划》，或者是教育部最近发布的关于深化高等教育改革相关文件与政策，均以内涵建设为抓手加以部署。因此，在当前我国经济社会快速发展和高等教育大众化进程加快的背景下，加强高等学校的内涵建设具有十分重要的现实意义。作为一个系统工程，内涵建设涵盖了高校建设中的各个方面。从整体上看，它包括学校内部管理体制改革、学科建设与教学体系优化、教学改革及其他方面的内容。在全新教育形势之下，下大力气抓好内涵建设，是当前高校所面临的迫切而又艰巨的课题。只有通过抓好内涵建设，才能使学校在激烈竞争中立于不败之地，实现健康可持续发展。

师资队伍作为高校内涵建设最主要的实施者与承担者，关系到内涵建设能否顺利进行。那么，为何要加强师资队伍建设呢？其原因有如下三方面。

首先，师资队伍建设既可以拉动学科的发展，也可以有效地促进高校科学定位，有助于大学办出特色。近年来，很多高校以师资队伍建设为抓手进行内涵建设。抓好学科带头人的培养，造就学科骨干梯队，所有这一切，都能从某种程度上防止高校盲目竞争规模，转而重视发掘现有师资的专长与特点，强化内涵建设。另外，师资队伍是高校办学实力最直接的体现，它关系到学校能否为国家培养合格人才提供坚实保障，进而影响整个高等教育事业的发展与壮大。

其次，师资队伍建设利于高校可持续发展，适应社会对于高等优质教育需要。高等教育大众化时代到来后，我国正处在一个全面深化改革的新阶段。在经济不断发展的今天，物质生活水平得到了改善，人们对于教育的品质的要求也相应有了很大的提升。因此，如何提升大学生的综合素质和就业能力成为各大高校共同关注的问题。由此，强化内涵发展、追求高质量高等教育，正是高校对于这种诉求的主动回应。在此过程中，高校必须重视师资建设工作。

最后，加强师资队伍建设，有利于和谐校园的建设，从而培育更好的校园文化，弘扬大学精神。高校教师在大学校园里扮演着非常重要的角色。在校园文化建设中，教师是设计者、参与者与推动者，是校园文化传承与发展的主导。教师在培养学生自主意识、担当精神等方面同时发挥着重要的作用，在某种程度上，指引着学生主体精神的树立。高校内涵发展靠校园文化内功积累，的确，高校教师既是高校精神的体现，也是高校理念与内涵的最为直接体现者，其整体素质与水平决定着大学软实力的强弱，高校教师的综合竞争力在高校内涵建设中具有决定性的地位。

二、加强地方高校教师流失治理的必要性

（一）加强地方教师流失治理是促进高校人才合理流动的需要

《国家中长期教育改革和发展规划纲要（2010—2020年）》（以下简称《纲要》）指出："我国的高等教育对国家培养科技人才，发展科技文化，促进社会主义现代化具有重要作用。提升高等教育质量，成为当前及今后一个时期的一项重要工作。"《纲要》还指出："教育大计，教师为本。教师是学校发展的根本力量，提高我国高等教育的质量，必须加强教师队伍的管理，培养出一支品德高尚、结构合理、相对稳定、流动有序的高素质、专业化高校教师队伍。"地方高校占据了我国高校体系绝大部分席位，要想提升我国高等教育质量，必须使占多数的地方院校教育质量有所提高。有一支师德师风高尚、结构合理、比较稳定、流动有序的高素质专业化教师队伍，就成了提升地方高校教育质量之关键所在。

当前，受地方高校逐年扩招压力，教师资源严重不足，师资队伍结构亦不尽合理，加之学校对人员的管理存在着一定的弊端，导致为数不少优秀教师外流。另外，随着高等教育事业的发展和社会对教育质量要求的不断提高，高校之间竞争日趋激烈，许多高校为了扩大办学规模，片面追求学生就业率，使很多青年教师离开自己热爱的专业或岗位。地方高校教师离职造成教师队伍内部结构不协调，使得整个教师队伍素质下降，进而影响教学和科研质量。不少地方高校在原有教师离职后，受困于专业教师资源的短缺，则是"病急乱投医"，以招兵买马式降低高校教师的应聘门槛。如此一来，在这样"机缘巧合"成为大学老师的这批人，由于缺乏相应的经验，可能会在一定程度上对教学、科研的质量产生影响，进而影响高校人才培养的质量。

（二）加强地方教师流失治理是深化高校人事制度改革的需要

当前我国事业单位改革不断走向深入，而人事制度改革就是其中一个关键之处。但就目前高校整体的改革情况来看，人事制度、管理制度及办学体制改

革等方面存在一定程度的滞后性。为提升我国高等教育质量，顺应高等教育改革与发展的趋势，有必要加快高校人事制度改革步伐，建立与社会主义市场经济体制相适应的，与高等教育发展规律相适应的高等学校人事管理制度。

《深化高等教育人事制度改革的实施意见》中提出，在高等学校中要全面实行教师聘用制，确立科学而富有生机与活力的用人制度。教师作为一种特殊的人力资本，其价值主要体现在它为社会提供人才储备。人力资源就是高等教育中的第一资源，对于高校教师的管理而言，需要确立人力资源管理的观念，健全流动机制，构建开放式和动态化高校师资管理模式。

不少地方高校正在逐年扩大招生规模，在这样的情况下，对于教师数量的需求加大，高校教师人数越来越多，但在人事制度上、职务聘任和教师队伍管理上总是存在不尽如人意之处，这样不但不利于激发老师的热情，而且长期下去还会促使老师借口去找一所更优秀的学校，进而造成教师流失的危机。

竞争意识浓厚的市场经济发展，给高等教育带来了强大的影响，很多高校教师都感到了市场激烈竞争带来的危机，为降低这一危机造成的压力，他们想从学校获得更加人性化的管理，获得更好的待遇。而当前很多地方高校管理水平仍然相对滞后，在计划经济体制下所形成的管理模式是不变的，现代人力资源管理理念亦未应用于日常人事管理中，因此期望和现实的落差，让教师们的不满越来越大，另谋高就，成了地方高校教师的无奈之举。

若想要从根源上控制教师流失危机的发生，需要高等学校人事制度的进一步改革与深化，逐步完善高等学校内部竞争机制与激励机制，实现人事管理运行机制转换，推动用人制度与分配制度的灵活发展。

（三）加强地方教师流失治理是促进高校人才合理流动的需要

人才流动是市场经济中市场优化配置人才资源所不可避免的一种现象将发展的趋势之一。高校人才的合理流动，有利于优化配置高校人力资源。促进高校教师的合理流动，在此基础上，不同年龄、学历、职务、专业的教师能够找寻到适合自己的发展的合适岗位，从而最优化地利用人力资源。高校人才合理流动，可以使人力资源发挥整体功能。由于高校教师资源在高校和各种组织之间有序地流动，以信息资源持续获取为前提，制定合理流动策略，不只能够使教师个人能力得到充分发挥，更能使得人力资源的整体作用得以增强，达到了双赢的效果。

合理的高校人才流动，能够促使人才全面实现自我价值。世间万物都在变化，唯有不断调整自己适应环境的变化，才会使自己处于不败之地。对于人才而言，他们需要的不是固定不变的工作岗位和职位序列，而是一种新的位置、新的机会、新的发展空间。人才所处环境或本身一旦发生变化，原岗位或者单位和人才就不能保持一致，在这种情况下的最佳选择便是针对人才特点，找到合适的岗位，发挥自身优势，最大程度地发挥他们的潜力。这既能够促使高校人才自身价值的实现，又能够促进组织的社会和经济效益。

在知识经济时代，人力是第一资源，对于人才的争夺自然也日趋激烈，人才的流向也受到社会各方重视。作为占整个社会人才资源主要部分的高校，也在受着各方面的强烈影响。随着高校人才由计划经济体制下的“单位人”向市场经济体制下的“社会人”转变，人才流动方式、种类等都有较大改变。但由于高校与社会没有及时对变化做出适时的调整，并采取相应规范行为，使得高校人才在流动过程中，产生了很多问题，高校教师流失成了其中最具典型性，也是最为严峻的一个问题。由于高校与政府之间缺乏有效沟通机制，致使高校人才流动存在着一系列的不稳定因素。因此，为推动高校人才合理流动，加强对地方高校教师流失问题的管理，有其必要性，意义重大。

三、高校教师助力乡村振兴的逻辑思路

（一）聚焦科技创新，增强高校教师服务能力

要让高校教师真正在乡村振兴过程中发挥作用，要“人尽其用”，促进其在乡村的进一步治理和深化践行，与产业需求对接、进行科技创新，切实提升服务能力。

在“向农”理念的带动下，推进科技创新。当前我国农业科技成果转化率不高、农民科技素质偏低等问题制约了乡村振兴战略目标实现，而高校与地方政府合作开展科技创新活动可以有效解决上述难题。产业兴旺在乡村振兴战略中处于关键地位，科技创新是产业繁荣发展的原动力。要聚焦于乡村振兴领域科技创新能力缺失、高水平人才短缺等痛点问题，服务于农村产业需求，健全高校与乡村协同科技创新发展机制，促进高校教师开展知识创新、理论创新和技术创新，有效注入落实乡村振兴的关键动能。

在“助农”理念的基础上，促进产业结构升级。产业结构不合理，是制约

乡村建设的因素。高校要充分发挥自身优势和作用，积极承担起服务基层社会经济发展的责任，在提升农民素质方面发挥重要作用。要形成“政府—大学—村庄”三级联动机制，有效地发挥大学的“智库”作用，供政府决策之用，有助于实现农村产业结构升级的科学规划；同时三方也应共同努力促进高校教师作为科技特派员、村书记等多种身份形式，深入农村搞调研，用理念、科技助农、惠农，转变农村产业结构低端、产业重复的缺点。

本着“兴农”的宗旨，引发农村“造血”的自生机制。通过政府的计划，在横向上要求开辟农业产业的发展空间，在纵向上要求延伸现代农业的产业链条，为农村经济内生性发展提供可持续发展动能，提供广阔的空间和远大的前景，从根本上为农村发展“造血”提供活力。同时要启动高校服务乡村这一“扶智”职能，在高校教师的帮助下，在新型职业农民培养中进行教育扶贫、科技帮扶，将其转化为农民积极回归家乡投入建设的拉力，彻底解决农村人口迁移到城市的问题。

（二）聚焦效益，体现凸显高校教师综合实力

农村必须高质量发展，除高屋建瓴、战术准确的规划外，还必须通过结果加以验证。对高校教师来说，要把服务乡村的过程及成果向真正落地的效益进行转化，才能够充分彰显作为高校教师服务乡村的综合实力。

从达成的经济效益角度考量，高校教师为乡村建设服务，最为直接的效益体现是科技创新服务向现实生产力的转化，进而实现经济效益的达成。因此，应促进教师努力在科学研究上下足功夫，看看有没有解决好学科链和产业链之间的无缝对接，结果有没有转化成经济效益；另外，还要推动教师在落脚农村上做工作，看看乡村产业组织生产经营需求是否得到满足，乡村经济组织经营效益有没有提高，有没有形成长期竞争力。

除了助力乡村获取直接的经济效益外，高校教师还要把彰显公益服务性作为初心。在国家实施精准扶贫战略的背景下，教师也要承担起帮助贫困地区脱贫致富的历史使命，这既是一种使命，也是一项光荣而艰巨的事业。高校教师作为大学特有的一种资源，为乡村振兴服务，意味着高校和高校教师的肩膀上承载着与以往不同的重任。作为一名高校教师，要时刻保持公益性、服务性初心，不只以帮扶乡村为己任，也要将其与学科实际、课堂教学统一起来，在服务乡村社会的过程中不断完善自我，获得幸福。高校教师为乡村服务，不仅能够从

源头上支撑乡村产业技术创新，还能够为乡村建设提供优秀人才支持。一方面，要激励高校教师给乡村带来经济效益和技术革命；另一方面，还要鼓励高校教师将科学思维精神、社会文明示范和良好文化素养带入农村，生根发芽。提升乡村文明建设基调的同时，也为高校教师投身乡村建设的劲头注入力量。

（三）发挥主体能动性，丰富和创新服务内容与途径

在乡村振兴背景下，我国高校在服务乡村振兴方面，无论在内容上，还是在形式上都得到了较大改进，然而，通过研究发现，高校服务乡村振兴的主动性不足。因此，高校教师应充分发挥主体能动性，充分利用校内外各种资源，丰富服务内容，创新服务方式。

就文化服务而言，地方高校可派一批以教授为带头人的项目团队到乡村，对乡村经济、社会、文化等多方面进行深入调查研究，体会地方风俗人情，理解地方乡村文化，然后结合校内校外的文化资源优势，开展服务；如学校可以结合所在地区乡村的特色特点，选取视角，进行专项课题研究，如东北地区相应高校可结合抗联精神，对乡村地区的抗联历史进行深入梳理，并基于此，选择特色的精神文化进行再传播、再创作，实现乡村特色精神文化与高校研究的协同发展。

就政策宣传教育而言，对高校而言，可考虑针对不同专业的特点设置乡村教育板块，高校教师可以开设乡村体验课程，既能使学生了解乡村有关理论知识，还可以组织学生到乡村实践，感受乡规民约，深刻认识乡村的真正现状，做到理论联系实际，培育一批真懂农、爱农的人才。除此之外，高校教师也要充分发挥思想政治课程、就业指导课程、创业教育课的理论指导与教育引领作用，革新上课方式，就乡村振兴战略具体内容进行阐述，对大学生回乡创业、赴基层开展工作等有关优惠政策进行解读和宣传，深入开展乡村振兴主题就业指导工作、创业比赛和其他社会实践，培养大学生深入基层就业创业所需的各方面能力，为乡村培育更多的下得去、用得着、留得住的高素质人才。

就教育与技术服务而言，高校教师可借助网络搭建线上咨询平台，将和乡村相关的、村民实用的内容以专家技术指导课、各类技能培训课的形式进行开设，使广大农民群众不出家门，便能学到想学的实用知识，充分发挥高校人才的作用、技术资源的优势。

第二章 地方高校教师队伍稳定的现状透视

第一节 描述性分析

一、教师整体基本情况

教师整体基本情况由5个方面组成，即教师专业素质、学校条件与环境、组织承诺、工作满意度、留任意愿。这些相关情况因内容不同而在实践中表现出不同的状态与水平。从教师整体基本情况的显示数据（见表2-1-1）来看，教师整体基本情况整体水平均处于较好的情况，均值为1.8598。（本章的N表示有效的样品数量。）

表2-1-1 教师整体描述统计

维度	N	极小值	极大值	均值	标准差
教师基本情况	3239	1	5	1.8598	1.0708

二、教师专业素质基本情况

教师专业素质基本情况由3个方面组成，即专业理念、专业知识、专业能力。这些相关情况因内容不同而在实践中表现出不同的状态与水平。从教师专业素质整体基本情况的显示数据（见表2-1-2）来看，教师专业素质整体基本情况整体水平均处于较好的情况，均值为1.5005。

表2-1-2 教师专业素质整体描述统计

维度	N	极小值	极大值	均值	标准差
教师专业素质基本情况	3239	1	5	1.5005	0.7286

（一）专业理念

为了更好地了解专业理念的基本情况，对其进行了进一步分析。从专业理念组成要素描述统计的显示数据（见表 2-1-3）来看，教师专业理念各方面的水平均处于较好的状况，理解工作对社会发展和人才培养的意义均值为 1.42，有自己专业发展规划均值为 1.72，能够做到为人师表均值为 1.28，关爱学生重视学生均值为 1.32，能够与教师、家长、社区等积极开展协作与交流均值为 1.63，相比之下专业理念中有自己专业发展规划处于当前最符合的状况。

表 2-1-3　专业理念组成要素描述统计

A 专业理念	N	极小值	极大值	均值	标准差
A1. 理解工作对社会发展和人才培养的意义	3239	1	5	1.42	0.754
A2. 有自己专业发展规划	3239	1	5	1.72	0.880
A3. 能够做到为人师表	3239	1	5	1.28	0.650
A4. 关爱学生重视学生	3239	1	5	1.32	0.676
A5. 能够与教师、家长、社区等积极开展协作与交流	3239	1	5	1.63	0.871

（二）专业知识

为了更好地了解专业知识的基本情况，对其进行了进一步分析。从专业知识组成要素描述统计的显示数据（见表 2-1-4）来看，教师专业知识各方面的水平均处于较好的状况，掌握教育的基本原理和主要方法均值为 1.44，能够了解学生身心发展均值为 1.51，能够掌握所教学科内容均值为 1.38，能够掌握进行学科教学均值为 1.51，能够掌握相应的自然科学均值为 1.60，能够掌握信息技术知识均值为 1.63，相比之下专业知识中能够掌握信息技术知识处于当前最符合的状况。

表 2-1-4　专业知识组成要素描述统计

B 专业知识	N	极小值	极大值	均值	标准差
B1. 掌握教育的基本原理和主要方法	3239	1	5	1.44	0.696
B2. 能够了解学生身心发展	3239	1	5	1.51	0.711
B3. 能够掌握所教学科内容	3239	1	5	1.38	0.667
B4. 能够掌握进行学科教学	3239	1	5	1.51	0.728
B5. 能够掌握相应的自然科学	3239	1	5	1.60	0.757
B6. 能够掌握信息技术知识	3239	1	5	1.63	0.768

（三）专业能力

为了更好地了解专业能力的基本情况，对其进行了进一步分析。从专业能力组成要素描述统计的显示数据（见表 2-1-5）来看，教师专业能力各方面的水平均处于较好的状况，能够利用教学资源和方法设计教学过程均值为 1.48，能够通过多种方式有效实现均值为 1.48，能够引发学生独立思考均值为 1.52，能够用现代教育技术手段均值为 1.57，能够建立良好的师生关系均值为 1.42，能够知道学生理想、心理均值为 1.48，能够利用评价工具均值为 1.61，能够自我评价教育教学均值为 1.51，相比之下专业能力中能够利用评价工具处于当前最符合的状况。

表 2-1-5　专业能力组成要素描述统计

C 专业能力	N	极小值	极大值	均值	标准差
C1. 能够利用教学资源和方法设计教学过程	3239	1	5	1.48	0.696
C2. 能够通过多种方式有效实现	3239	1	5	1.48	0.693
C3. 能够引发学生独立思考	3239	1	5	1.52	0.710
C4. 能够用现代教育技术手段	3239	1	5	1.57	0.729
C5. 能够建立良好的师生关系	3239	1	5	1.42	0.681
C6. 能够知道学生理想、心理	3239	1	5	1.48	0.709
C7. 能够利用评价工具	3239	1	5	1.61	0.757
C8. 能够自我评价教育教学	3239	1	5	1.51	0.710

二、学校条件与环境基本情况

学校条件与环境基本情况由 8 个方面组成，即领导支持、学校发展、学校政策、专业发展计划、工作量、行政管理、设备与教学条件、收入与福利。这些相关情况因内容不同而在实践中表现出不同的状态与水平。从学校条件与环境整体基本情况的显示数据（见表 2-1-6）来看，学校条件与环境整体基本情况整体水平均处于较好的情况，均值为 2.3234。

表 2-1-6　学校条件与环境整体描述统计

维度	N	极小值	极大值	均值	标准差
学校条件与环境基本情况	3239	1	5	2.3234	1.1251

（一）领导支持

为了更好地了解领导支持的基本情况，对其进行了进一步分析。从领导支持组成要素描述统计的显示数据（见表 2-1-7）来看，领导支持各方面的水平均处于较好的状况，学校领导定期关注教师工作与生活问题均值为 2.03，学校领导对教师反映问题有反馈并予以解决均值为 2.06，自己单位领导对我的工作给予关注与支持均值为 1.87，自己单位领导对我的生活给予帮助和支持均值为 1.91，相比之下领导支持中学校领导对教师反映问题有反馈并予以解决处于当前最符合的状况。

表 2-1-7　领导支持组成要素描述统计

D 领导支持	N	极小值	极大值	均值	标准差
D1. 学校领导定期关注教师工作与生活问题	3239	1	5	2.03	1.090
D2. 学校领导对教师反映问题有反馈并予以解决	3239	1	5	2.06	1.114
D3. 自己单位领导对我的工作给予关注与支持	3239	1	5	1.87	1.028
D4. 自己单位领导对我的生活给予帮助和支持	3239	1	5	1.91	1.064

（二）学校发展

为了更好地了解学校发展的基本情况，对其进行了进一步分析。从学校发展组成要素描述统计的显示数据（见表 2–1–8）来看，学校发展各方面的水平均处于较好的状况，明确学校发展与建设目标均值为 1.85，教师参与学校发展规划制定均值为 2.10，与同类学校相比本学校发展较好，均值为 2.19，学校每年都能取得较大成绩均值为 2.19，学校近三年发展速度较快，均值为 2.16，相比之下学校发展中与同类学校相比本学校发展好、学校每年都能取得较大成绩均处于当前最符合的状况。

表 2-1-8　学校发展组成要素描述统计

G 学校发展	N	极小值	极大值	均值	标准差
G1. 明确学校发展与建设目标	3239	1	5	1.85	0.984
G2. 教师参与学校发展规划制定	3239	1	5	2.10	1.100
G3. 与同类学校相比本学校发展较好	3239	1	5	2.19	1.118
G4. 学校每年都能取得较大成绩	3239	1	5	2.19	1.107
G5. 学校近三年发展速度较快	3239	1	5	2.16	1.122

（三）学校政策

为了更好地了解学校政策的基本情况，对其进行了进一步分析。从学校政策组成要素描述统计的显示数据（见表 2–1–9）来看，学校政策各方面的水平均处于较好的状况，学校人才政策吸引力较强均值为 2.31，学校职称评定能激发教师的专业热情均值为 2.49，学校的岗位定级能激发教师的专业发展动力均值为 2.44，学校的各类科研成果认定能提高教师的专业能力均值为 2.38，相比之下学校政策中学校职称评定能激发教师的专业热情处于当前最符合的状况。

表 2-1-9　学校政策组成要素描述统计

H 学校政策	N	极小值	极大值	均值	标准差
H1. 学校人才政策吸引力较强	3239	1	5	2.31	1.164
H2. 学校职称评定能激发教师的专业热情	3239	1	5	2.49	1.280
H3. 学校的岗位定级能激发教师的专业发展动力	3239	1	5	2.44	1.252
H4. 学校的各类科研成果认定能提高教师的专业能力	3239	1	5	2.38	1.208

（四）专业发展计划

为了更好地了解专业发展计划的基本情况，对其进行了进一步分析。从专业发展计划组成要素描述统计的显示数据（见表 2-1-10）来看，专业发展计划各方面的水平均处于较好的状况，教育管理部门开展新入职教师的教学指导项目均值为 1.92，学校对所有教师提供有效的专业辅导均值为 2.14，教师能定期参加各种专业培训均值为 2.05，学校教师从事专业活动的自由支配时间充裕，均值为 2.13，教师参加校外教学与学术交流的机会较多，均值为 2.42，学校的培训有实效性均值为 2.27，学校的培训有培训效果的跟踪服务均值为 2.33，愿意参加学校组织的各类培训均值为 2.13，相比之下专业发展计划中教师参加校外教学与学术交流的机会较多处于当前最符合的状况。

表 2-1-10　专业发展计划组成要素描述统计

J 专业发展计划	N	极小值	极大值	均值	标准差
J1. 教育管理部门开展新入职教师的教学指导项目	3239	1	5	1.92	0.987
J2. 学校对所有教师提供有效的专业辅导	3239	1	5	2.14	1.090
J3. 教师能定期参加各种专业培训	3239	1	5	2.05	1.064
J4. 学校教师从事专业活动的自由支配时间充裕	3239	1	5	2.13	1.091
J5. 教师参加校外教学与学术交流的机会较多	3239	1	5	2.42	1.203
J6. 学校的培训有实效性	3239	1	5	2.27	1.132
J7. 学校的培训有培训效果的跟踪服务	3239	1	5	2.33	1.162
J8. 愿意参加学校组织的各类培训	3239	1	5	2.13	1.110

（五）工作量

为了更好地了解工作量的基本情况，对其进行了进一步分析。从工作量组成要素描述统计的显示数据（见表 2-1-11）来看，工作量各方面的水平均处于较好的状况，每学期教授 3 门及以上课程均值为 2.59，完成许多教学相关的重复工作均值为 2.26，承担大量教学以外工作量均值为 2.48，非工作时间接受大量工作均值为 2.61，相比之下工作量中非工作时间接受大量工作处于当前最符合的状况。

表 2-1-11　工作量组成要素描述统计

K 工作量	N	极小值	极大值	均值	标准差
K1. 每学期教授 3 门及以上课程	3239	1	5	2.59	1.297
K2. 完成许多教学相关的重复工作	3239	1	5	2.26	1.154
K3. 承担大量教学以外工作量	3239	1	5	2.48	1.223
K4. 非工作时间接受大量工作	3239	1	5	2.61	1.359

（六）行政管理

为了更好地了解行政管理的基本情况，对其进行了进一步分析。从行政管理组成要素描述统计的显示数据（见表 2–1–12）来看，行政管理各方面的水平均处于较好的状况，职能部门能为一线教师提供优质服务均值为 2.39，教师有机会参与职能部门管理制度的制定均值为 2.60，职能部门管理方式比较人性化均值为 2.48，职能部门管理制度执行具有连续性均值为 2.46，职能部门工作以学生培养为中心均值为 2.32，相比之下行政管理中教师有机会参与职能部门管理制度的制定处于当前最符合的状况。

表 2-1-12　行政管理组成要素描述统计

L 行政管理	N	极小值	极大值	均值	标准差
L1. 职能部门能为一线教师提供优质服务	3239	1	5	2.39	1.172
L2. 教师有机会参与职能部门管理制度的制定	3239	1	5	2.60	1.269
L3. 职能部门管理方式比较人性化	3239	1	5	2.48	1.214
L4. 职能部门管理制度执行具有连续性	3239	1	5	2.46	1.205
L5. 职能部门工作以学生培养为中心	3239	1	5	2.32	1.154

（七）设备与教学条件

为了更好地了解设备与教学条件的基本情况，对其进行了进一步分析。从设备与教学条件组成要素描述统计的显示数据（见表 2–1–13）来看，设备与教学条件各方面的水平均处于较好的状况，教学设备与实验条件能满足教学需要均值为 2.38，教学设备与实验条件能满足科研需要均值为 2.48，教育文本和电子资料能满足教学需要均值为 2.30，教育文本和电子资料能满足科研需要均值为 2.37，相比之下设备与教学条件中教学设备与实验条件能满足科研需要处于当前最符合的状况。

表 2-1-13 设备与教学条件组成要素描述统计

M 设备与教学条件	N	极小值	极大值	均值	标准差
M1. 教学设备与实验条件能满足教学需要	3239	1	5	2.38	1.118
M2. 教学设备与实验条件能满足科研需要	3239	1	5	2.48	1.154
M3. 教育文本和电子资料能满足教学需要	3239	1	5	2.30	1.075
M4. 教育文本和电子资料能满足科研需要	3239	1	5	2.37	1.104

（八）收入与福利

为了更好地了解收入与福利的基本情况，对其进行了进一步分析。从收入与福利组成要素描述统计的显示数据（见表 2-1-14）来看，收入与福利各方面的水平均处于较好的状况，教师的绩效工资能体现多劳多得均值为 2.51，教师的课时费与其他高校没有区别均值为 2.95，教师每年的津贴比较多均值为 3.12，工会为教师提供福利均值为 2.62，相比之下收入与福利中教师每年的津贴比较多处于当前最符合的状况。

表 2-1-14 收入与福利组成要素描述统计

N 收入与福利	N	极小值	极大值	均值	标准差
N1. 教师的绩效工资能体现多劳多得	3239	1	5	2.51	1.185
N2. 教师的课时费与其他高校没有区别	3239	1	5	2.95	1.318
N3. 教师每年的津贴比较多	3239	1	5	3.12	1.327
N4. 工会为教师提供福利	3239	1	5	2.62	1.246

三、组织承诺基本情况

组织承诺基本情况由 5 个方面组成，即感情承诺、规范承诺、理想承诺、经济承诺、机会承诺。这些相关情况因内容不同而在实践中表现出不同的状态与水平。从组织承诺整体基本情况的显示数据（见表 2-1-15）来看，组织承诺整体基本情况整体水平均处于较好的情况，均值为 2.6008。

表 2-1-15 组织承诺整体描述统计

维度	N	极小值	极大值	均值	标准差
组织承诺基本情况	3239	1	5	2.6008	1.1916

（一）感情承诺

为了更好地了解感情承诺的基本情况，对其进行了进一步分析。从感情承诺组成要素描述统计的显示数据（见表 2-1-16）来看，感情承诺各方面的水平均处于较好的状况，即使学校效益差也不离开均值为 2.39，对单位感情深均值为 2.14，愿做任何贡献均值为 2.24，愿贡献全部心血均值为 2.20，愿贡献业余努力均值为 2.19，相比之下感情承诺中即使学校效益差也不离开处于当前最符合的状况。

表 2-1-16　感情承诺组成要素描述统计

O1 感情承诺	N	极小值	极大值	均值	标准差
O11. 即使学校效益差也不离开	3239	1	5	2.39	1.215
O12. 对单位感情深	3239	1	5	2.14	1.122
O13. 愿做任何贡献	3239	1	5	2.24	1.126
O14. 愿贡献全部心血	3239	1	5	2.20	1.114
O15. 愿贡献业余努力	3239	1	5	2.19	1.103

（二）规范承诺

为了更好地了解规范承诺的基本情况，对其进行了进一步分析。从规范承诺组成要素描述统计的显示数据（见表 2-1-17）来看，规范承诺各方面的水平均处于较好的状况，对单位负有义务均值为 2.12，认为跳槽不道德均值为 2.64，对单位都应忠诚均值为 2.30，对单位全身心投入均值为 2.00，像爱家那样爱单位均值为 2.07，相比之下规范承诺中认为跳槽不道德处于当前最符合的状况。

表 2-1-17　规范承诺组成要素描述统计

O2 规范承诺	N	极小值	极大值	均值	标准差
O21. 对单位负有义务	3239	1	5	2.12	1.074
O22. 认为跳槽不道德	3239	1	5	2.64	1.303
O23. 对单位都应忠诚	3239	1	5	2.30	1.195
O24. 对单位全身心投入	3239	1	5	2.00	1.046
O25. 像爱家那样爱单位	3239	1	5	2.07	1.078

（三）理想承诺

为了更好地了解理想承诺的基本情况，对其进行了进一步分析。从理想承诺组成要素描述统计的显示数据（见表 2-1-18）来看，理想承诺各方面的水平均处于较好的状况，学有所用均值为 1.99，进修机会多均值为 2.73，晋升机会多均值为 2.95，在现在岗位工作挑战与困难并存均值为 2.31，现在学校条件利于实现理想均值为 2.69，相比之下理想承诺中晋升机会多处于当前最符合的状况。

表 2-1-18 理想承诺组成要素描述统计

O3 理想承诺	N	极小值	极大值	均值	标准差
O31. 学有所用	3239	1	5	1.99	1.036
O32. 进修机会多	3239	1	5	2.73	1.247
O33. 晋升机会多	3239	1	5	2.95	1.280
O34. 在现在岗位工作挑战与困难并存	3239	1	5	2.31	1.083
O35. 现在学校条件利于实现理想	3239	1	5	2.69	1.228

（四）经济承诺

为了更好地了解经济承诺的基本情况，对其进行了进一步分析。从经济承诺组成要素描述统计的显示数据（见表 2-1-19）来看，经济承诺各方面的水平均处于较好的状况，离开容易失去福利均值为 2.84，离开损失太大均值为 2.93，即便想也很难离开均值为 2.78，离开需要花费太多时间均值为 2.80，离开容易造成家庭损失均值为 2.81，相比之下经济承诺中离开损失太大处于当前最符合的状况。

表 2-1-19 经济承诺组成要素描述统计

O4 经济承诺	N	极小值	极大值	均值	标准差
O41. 离开容易失去福利	3239	1	5	2.84	1.231
O42. 离开损失太大	3239	1	5	2.93	1.246
O43. 即便想也很难离开	3239	1	5	2.78	1.235
O44. 离开需要花费太多时间	3239	1	5	2.80	1.236
O45. 离开容易造成家庭损失	3239	1	5	2.81	1.272

（五）机会承诺

为了更好地了解机会承诺的基本情况，对其进行了进一步分析。从机会承诺组成要素描述统计的显示数据（见表 2-1-20）来看，机会承诺各方面的水平均处于较好的状况，自己技术低均值为 3.28，别的单位工资不好均值为 3.33，找适合工作不易均值为 3.00，找不到别的单位均值为 3.32，条件好的不易找均值为 2.97，相比之下机会承诺中别的单位工资不好处于当前最符合的状况。

表 2-1-20 机会承诺组成要素描述统计

O5 机会承诺	N	极小值	极大值	均值	标准差
O51. 自己技术低	3239	1	5	3.28	1.259
O52. 别的单位工资不好	3239	1	5	3.33	1.264

续表

O5 机会承诺	N	极小值	极大值	均值	标准差
O53. 找适合工作不易	3239	1	5	3.00	1.255
O54. 找不到别的单位	3239	1	5	3.32	1.281
O55. 条件好的不易找	3239	1	5	2.97	1.261

四、工作满意度基本情况

工作满意度基本情况由 5 个方面组成，即对学校工作环境满意、在学校工作有较强的幸福感、在学校工作有较强的学校荣誉感、对学校有较强的归属感、工作热情较高。这些相关情况因内容不同而在实践中表现出不同的状态与水平。从工作满意度整体基本情况的显示数据（见表 2-1-21）来看，工作满意度整体基本情况整体水平均处于较好的情况，均值为 2.156。

表 2-1-21　工作满意度整体描述统计

维度	N	极小值	极大值	均值	标准差
工作满意度基本情况	3239	1	5	2.156	1.1114

为了更好地了解工作满意度的基本情况，对其进行了进一步分析。从工作满意度组成要素描述统计的显示数据（见表 2-1-22）来看，工作满意度各方面的水平均处于较好的状况，对学校工作环境满意均值为 2.26，在学校工作有较强的幸福感均值为 2.26，在学校工作有较强的学校荣誉感均值为 2.15，对学校有较强的归属感均值为 2.14，工作热情较高均值为 1.97，相比之下工作满意度中对学校工作环境满意、在学校工作有较强的幸福感均处于当前最符合的状况。

表 2-1-22　工作满意度组成要素描述统计

Q 工作满意度	N	极小值	极大值	均值	标准差
Q1. 对学校工作环境满意	3239	1	5	2.26	1.215
Q2. 在学校工作有较强的幸福感	3239	1	5	2.26	1.122
Q3. 在学校工作有较强的学校荣誉感	3239	1	5	2.15	1.126
Q4. 对学校有较强的归属感	3239	1	5	2.14	1.114
Q5. 工作热情较高	3239	1	5	1.97	1.103

五、留任意愿基本情况

留任意愿基本情况由 6 个方面组成，即我没有考虑过离开现在学校、我打算今后一直在现在学校教学、现在的工作环境很适应、愿意和现在的同事一起工作、和现在的学生在一起让我感觉到很舒心、我喜欢在现在学校教学。这些相关情况因内容不同而在实践中表现出不同的状态与水平。从留任意愿整体基本情况的显示数据（见表2-1-23）来看，留任意愿整体基本情况整体水平均处于较好的情况，均值为2.0367。

表2-1-23　留任意愿整体描述统计

维度	N	极小值	极大值	均值	标准差
留任意愿基本情况	3239	1	5	2.0367	1.076

为了更好地了解留任意愿的基本情况，对其进行了进一步分析。从留任意愿组成要素描述统计的显示数据（见表2-1-24）来看，留任意愿各方面的水平均处于较好的状况，我没有考虑过离开现在学校均值为2.16，我打算今后一直在现在学校教学均值为2.06，现在的工作环境很适应均值为2.09，愿意和现在的同事一起工作均值为1.95，和现在的学生在一起让我感觉到很舒心均值为1.93，我喜欢在现在学校教学均值为2.03，相比之下留任意愿中我没有考虑过离开现在学校均处于当前最符合的状况。

表2-1-24　留任意愿组成要素描述统计

P工作满意度	N	极小值	极大值	均值	标准差
P1. 我没有考虑过离开现在学校	3239	1	5	2.16	1.208
P2. 我打算今后一直在现在学校教学	3239	1	5	2.06	1.119
P3. 现在的工作环境很适应	3239	1	5	2.09	1.075
P4. 愿意和现在的同事一起工作	3239	1	5	1.95	1.013
P5. 和现在的学生在一起让我感觉到很舒心	3239	1	5	1.93	0.988
P6. 我喜欢在现在学校教学	3239	1	5	2.03	1.053

第二节　不同性别的地方高校教师差异性分析

一、不同性别教师的专业素质

（一）专业理念

通过不同性别教师专业理念整体差异描述统计（见表2-2-1）可以看出，性别为男性的教师专业理念的均值为1.5076，性别为女性的教师专业理念的均值为1.4548。

表 2-2-1 不同性别教师专业理念整体差异描述统计

性别	均值	标准差	标准误差
男	1.5076	0.6858	0.0199
女	1.4548	0.6158	0.0136

通过不同性别教师专业理念的方差分析表（见表 2-2-2）可以显示，组间 SS 为 2.095，DF 值为 1，MS 为 2.095，F 值为 5.078；组内 SS 为 1335.492，DF 值为 3237，MS 为 0.423；不同性别教师专业理念有显著差异（P<0.001）。

表 2-2-2 不同性别教师专业理念的方差分析表

变异来源	SS	DF	MS	F	事后比较	ω^2	统计检验力
组间	2.095	1	2.095	5.078***	男 > 女	0.002	0.615
组内	1335.492	3237	0.423				
全体	1337.587	3238					

注：Ⅲ型平方和：SS；自由度：DF；均方：MS；检验值：F；效果值：ω；显著性：P。

（二）专业知识

通过不同性别教师专业知识整体差异描述统计（见表 2-2-3）可以看出，性别为男性的教师专业知识的均值为 1.5046，性别为女性的教师专业知识的均值为 1.5188。

表 2-2-3 不同性别教师专业知识整体差异描述统计

性别	均值	标准差	标准误差
男	1.5046	0.6637	0.01926
女	1.5188	0.6422	0.01418

通过不同性别教师专业知识的方差分析表（见表 2-2-4）可以显示，组间 SS 为 0.150，DF 值为 1，MS 为 0.150，F 值为 0.356；组内 SS 为 1368.530，DF 值为 3237，MS 为 0.423；不同性别教师专业知识有显著差异（P<0.001）。

表 2-2-4 不同性别教师专业知识的方差分析表

变异来源	SS	DF	MS	F	事后比较	ω^2	统计检验力
组间	0.150	1	0.150	0.356***	女 > 男	0.000	0.092
组内	1368.530	3237	0.423				
全体	1368.680	3238					

（三）专业能力

通过不同性别教师专业能力整体差异描述统计（见表 2-2-5）可以看出，性别为男性的教师专业能力的均值为 1.5243，性别为女性的教师专业能力的均值为 1.4998。

表 2-2-5　不同性别教师专业能力整体差异描述统计

性别	均值	标准差	标准误差
男	1.5243	0.6567	0.01905
女	1.4998	0.6321	0.01395

通过不同性别教师专业能力的方差分析表（见表 2-2-6）可以显示，组间 SS 为 0.451，DF 值为 1，MS 为 0.451，F 值为 1.096；组内 SS 为 1331.329，DF 值为 3237，MS 为 0.411；不同性别教师专业能力有显著差异（$P<0.001$）。

表 2-2-6　不同性别教师专业能力的方差分析表

变异来源	SS	DF	MS	F	事后比较	ω^2	统计检验力
组间	0.451	1	0.451	1.096^{***}			
组内	1331.329	3237	0.411		男 > 女	0.000	0.182
全体	1331.780	3238					

二、不同性别教师的学校条件与环境

（一）领导支持

通过不同性别教师的领导支持整体差异描述统计（见表 2-2-7）可以看出，性别为男性的教师的领导支持的均值为 2.0176，性别为女性的教师的领导支持的均值为 1.9356。

表 2-2-7　不同性别教师的领导支持整体差异描述统计

性别	均值	标准差	标准误差
男	2.0176	1.0514	0.0305
女	1.9356	0.9789	0.0216

通过不同性别教师的领导支持的方差分析表（见表 2-2-8）可以显示，组间 SS 为 5.062，DF 值为 1，MS 为 5.062，F 值为 5.000；组内 SS 为 3277.008，DF 值为 3237，MS 为 1.012；不同性别教师的领导支持有显著差异（$P<0.001$）。

表 2-2-8　不同性别教师的领导支持的方差分析表

变异来源	SS	DF	MS	F	事后比较	ω^2	统计检验力
组间	5.062	1	5.062	5.000***	男＞女	0.002	0.609
组内	3277.008	3237	1.012				
全体	3282.071	3238					

（二）学校发展

通过不同性别教师的学校发展整体差异描述统计（见表 2-2-9）可以看出，性别为男性的教师的学校发展的均值为 2.1759，性别为女性的教师的学校发展的均值为 2.0530。

表 2-2-9　不同性别教师的学校发展整体差异描述统计

性别	均值	标准差	标准误差
男	2.1759	1.0963	0.0318
女	2.0530	0.9756	0.0215

通过不同性别教师的学校发展的方差分析表（见表 2-2-10）可以显示，组间 SS 为 11.358，DF 值为 1，MS 为 11.358，F 值为 10.884；组内 SS 为 3378.059，DF 值为 3237，MS 为 1.043；不同性别教师的学校发展有显著差异（$P<0.001$）。

表 2-2-10　不同性别教师的学校发展的方差分析表

变异来源	SS	DF	MS	F	事后比较	ω^2	统计检验力
组间	11.358	1	11.358	10.884***	男＞女	0.003	0.910
组内	3378.059	3237	1.043				
全体	3389.418	3238					

（三）学校政策

通过不同性别教师的学校政策整体差异描述统计（见表 2-2-11）可以看出，性别为男性的教师的学校政策的均值为 2.4629，性别为女性的教师的学校政策的均值为 2.3690。

表 2-2-11　不同性别教师的学校政策整体差异描述统计

性别	均值	标准差	标准误差
男	2.4629	1.2433	0.0360
女	2.3690	1.1250	0.0248

通过不同性别教师的学校政策的方差分析表（见表 2-2-12）可以显示，组间 SS 为 6.629，DF 值为 1，MS 为 6.629，F 值为 4.844；组内 SS 为

4429.720，DF 值为 3237，MS 为 1.368；不同性别教师的学校政策有显著差异（$P<0.001$）。

表 2-2-12　不同性别教师的学校政策的方差分析表

变异来源	SS	DF	MS	F	事后比较	ω^2	统计检验力
组间	6.629	1	6.629	4.844^{***}			
组内	4429.720	3237	1.368		男 > 女	0.001	0.595
全体	4436.349	3238					

（四）专业发展计划

通过不同性别教师的专业发展计划整体差异描述统计（见表 2-2-13）可以看出，性别为男性的教师的专业发展计划的均值为 2.2352，性别为女性的教师的专业发展计划的均值为 2.1407。

表 2-2-13　不同性别教师的专业发展计划整体差异描述统计

性别	均值	标准差	标准误差
男	2.2352	1.0656	0.0309
女	2.1407	0.9626	0.0212

通过不同性别教师的专业发展计划的方差分析表（见表 2-2-14）可以显示，组间 SS 为 6.724，DF 值为 1，MS 为 6.724，F 值为 6.702；组内 SS 为 3247.641，DF 值为 3237，MS 为 1.003；不同性别教师的专业发展计划有显著差异（$P<0.001$）。

表 2-2-14　不同性别教师的专业发展计划的方差分析表

变异来源	SS	DF	MS	F	事后比较	ω^2	统计检验力
组间	6.724	1	6.724	6.702^{***}			
组内	3247.641	3237	1.003		男 > 女	0.002	0.735
全体	3254.366	3238					

（五）工作量

通过不同性别教师的工作量整体差异描述统计（见表 2-2-15）可以看出，性别为男性的教师的工作量的均值为 2.4090，性别为女性的教师的工作量的均值为 2.5273。

表 2-2-15　不同性别教师的工作量整体差异描述统计

性别	均值	标准差	标准误差
男	2.4090	1.0100	0.0293
女	2.5273	1.0589	0.0233

通过不同性别教师的工作量的方差分析表（见表2-2-16）可以显示，组间SS为10.512，DF值为1，MS为10.512，F值为9.695；组内SS为3509.902，DF值为3237，MS为1.084；不同性别教师的工作量有显著差异（P<0.001）。

表2-2-16　不同性别教师的工作量的方差分析表

变异来源	SS	DF	MS	F	事后比较	ω^2	统计检验力
组间	10.512	1	10.512	9.695***	女＞男	0.003	0.876
组内	3509.902	3237	1.084				
全体	3520.415	3238					

（六）行政管理

通过不同性别教师的行政管理整体差异描述统计（见表2-2-17）可以看出，性别为男性的教师的行政管理的均值为2.5025，性别为女性的教师的行政管理的均值为2.4180。

表2-2-17　不同性别教师的行政管理整体差异描述统计

性别	均值	标准差	标准误差
男	2.5025	1.2230	0.0354
女	2.4180	1.0970	0.0242

通过不同性别教师的行政管理的方差分析表（见表2-2-18）可以显示，组间SS为5.369，DF值为1，MS为5.369，F值为4.096；组内SS为4242.844，DF值为3237，MS为1.311；不同性别教师的行政管理有显著差异（P<0.001）。

表2-2-18　不同性别教师的行政管理的方差分析表

变异来源	SS	DF	MS	F	事后比较	ω^2	统计检验力
组间	5.369	1	5.369	4.096***	男＞女	0.001	0.525
组内	4242.844	3237	1.311				
全体	4248.214	3238					

（七）设备与教学条件

通过不同性别教师的设备与教学条件整体差异描述统计（见表2-2-19）可以看出，性别为男性的教师的设备与教学条件的均值为2.4187，性别为女性的教师的设备与教学条件的均值为2.3627。

表 2-2-19 不同性别教师的设备与教学条件整体差异描述统计

性别	均值	标准差	标准误差
男	2.4187	1.1285	0.0327
女	2.3627	1.0131	0.0223

通过不同性别教师的设备与教学条件的方差分析表（见表 2-2-20）可以显示，组间 SS 为 2.360，DF 值为 1，MS 为 2.360，F 值为 2.113；组内 SS 为 3616.150，DF 值为 3237，MS 为 1.117；不同性别教师的设备与教学条件有显著差异（P<0.001）。

表 2-2-20　不同性别教师的设备与教学条件的方差分析表

变异来源	SS	DF	MS	F	事后比较	ω^2	统计检验力
组间	2.360	1	2.360	2.113***	男＞女	0.001	0.307
组内	3616.150	3237	1.117				
全体	3618.511	3238					

（八）收入与福利

通过不同性别教师的收入与福利整体差异描述统计（见表 2-2-21）可以看出，性别为男性的教师的收入与福利的均值为 2.8057，性别为女性的教师的收入与福利的均值为 2.7958。

表 2-2-21　不同性别教师的收入与福利整体差异描述统计

性别	均值	标准差	标准误差
男	2.8057	1.2048	0.0349
女	2.7958	1.1004	0.0242

通过不同性别教师的收入与福利的方差分析表（见表 2-2-22）可以显示，组间 SS 为 0.074，DF 值为 1，MS 为 0.074，F 值为 0.057；组内 SS 为 4205.434，DF 值为 3237，MS 为 1.299；不同性别教师的收入与福利有显著差异（P<0.001）。

表 2-2-22　不同性别教师的收入与福利的方差分析表

变异来源	SS	DF	MS	F	事后比较	ω^2	统计检验力
组间	0.074	1	0.074	0.057***	男＞女	0.000	0.057
组内	4205.434	3237	1.299				
全体	4205.509	3238					

三、不同性别教师的组织承诺

（一）感情承诺

通过不同性别教师感情承诺整体差异描述统计（见表2-2-23）可以看出，性别为男性的教师感情承诺的均值为2.2030，性别为女性的教师感情承诺的均值为2.2477。

表2-2-23　不同性别教师感情承诺整体差异描述统计

性别	均值	标准差	标准误差
男	2.2030	1.0896	0.0316
女	2.2477	1.0241	0.0226

通过不同性别教师感情承诺的方差分析表（见表2-2-24）可以显示，组间SS为1.506，DF值为1，MS为1.506，F值为1.370；组内SS为3559.466，DF值为3237，MS为1.099；不同性别教师感情承诺有显著差异（P<0.001）。

表2-2-24　不同性别教师感情承诺的方差分析表

变异来源	SS	DF	MS	F	事后比较	ω^2	统计检验力
组间	1.506	1	1.506	1.370^{***}	男＜女	0.000	0.216
组内	3559.466	3237	1.099				
全体	3560.973	3238					

（二）规范承诺

通过不同性别教师规范承诺整体差异描述统计（见表2-2-25）可以看出，性别为男性的教师规范承诺的均值为2.1993，性别为女性的教师规范承诺的均值为2.2396。

表2-2-25　不同性别教师规范承诺整体差异描述统计

性别	均值	标准差	标准误差
男	2.1993	1.0542	0.0305
女	2.2396	0.9910	0.0218

通过不同性别教师规范承诺的方差分析表（见表2-2-26）可以显示，组间SS为1.225，DF值为1，MS为1.225，F值为1.190；组内SS为3332.488，DF值为3237，MS为1.029；不同性别教师规范承诺有显著差异（P<0.001）。

表2-2-26　不同性别教师规范承诺的方差分析表

变异来源	SS	DF	MS	F	事后比较	ω^2	统计检验力
组间	1.225	1	1.225	1.190^{***}	男＞女	0.000	0.193
组内	3332.488	3237	1.029				
全体	3333.714	3238					

（三）理想承诺

通过不同性别教师理想承诺整体差异描述统计（见表 2-2-27）可以看出，性别为男性的教师理想承诺的均值为 2.5308，性别为女性的教师理想承诺的均值为 2.5358。

表 2-2-27　不同性别教师理想承诺整体差异描述统计

性别	均值	标准差	标准误差
男	2.5308	1.0743	0.0311
女	2.5358	0.9834	0.0217

通过不同性别教师理想承诺的方差分析表（见表 2-2-28）可以显示，组间 SS 为 0.019，DF 值为 1，MS 为 0.019，F 值为 0.018；组内 SS 为 3352.948，DF 值为 3237，MS 为 1.035；不同性别教师理想承诺有显著差异（P<0.001）。

表 2-2-28　不同性别教师理想承诺的方差分析表

变异来源	SS	DF	MS	F	事后比较	ω^2	统计检验力
组间	0.019	1	0.019	0.018^{***}	男 < 女	0.000	0.052
组内	3352.948	3237	1.035				
全体	3352.967	3238					

（四）经济承诺

通过不同性别教师经济承诺整体差异描述统计（见表 2-2-29）可以看出，性别为男性的教师经济承诺的均值为 2.7659，性别为女性的教师经济承诺的均值为 2.8662。

表 2-2-29　不同性别教师经济承诺整体差异描述统计

性别	均值	标准差	标准误差
男	2.7659	1.1576	0.0335
女	2.8662	1.0737	0.0237

通过不同性别教师经济承诺的方差分析表（见表 2-2-30）可以显示，组间 SS 为 7.555，DF 值为 1，MS 为 7.555，F 值为 6.185；组内 SS 为 3954.154，DF 值为 3237，MS 为 1.221；不同性别教师经济承诺有显著差异（P<0.001）。

表 2-2-30　不同性别教师经济承诺的方差分析表

变异来源	SS	DF	MS	F	事后比较	ω^2	统计检验力
组间	7.555	1	7.555	6.185^{***}	男 < 女	0.002	0.701
组内	3954.154	3237	1.221				
全体	3961.710	3238					

（五）机会承诺

通过不同性别教师机会承诺整体差异描述统计（见表 2-2-31）可以看出，性别为男性的教师机会承诺的均值为 3.0949，性别为女性的教师机会承诺的均值为 3.2295。

表 2-2-31　不同性别教师机会承诺整体差异描述统计

性别	均值	标准差	标准误差
男	3.0949	1.1891	0.0344
女	3.2295	1.0884	0.0240

通过不同性别教师机会承诺的方差分析表（见表 2-2-32）可以显示，组间 SS 为 13.628，DF 值为 1，MS 为 13.628，F 值为 10.741；组内 SS 为 4106.899，DF 值为 3237，MS 为 1.268；不同性别教师机会承诺有显著差异（P<0.001）。

表 2-2-32　不同性别教师机会承诺的方差分析表

变异来源	SS	DF	MS	F	事后比较	ω^2	统计检验力
组间	13.628	1	13.628	10.741***			
组内	4106.899	3237	1.268		男＜女	0.003	0.906
全体	4120.527	3238					

四、不同性别教师工作满意度

通过不同性别教师工作满意度的整体差异描述统计（见表 2-2-33）可以看出，性别为男性的教师工作满意度的均值为 2.1971，性别为女性的教师工作满意度的均值为 2.1339。

表 2-2-33　不同性别教师工作满意度的整体差异描述统计

性别	均值	标准差	标准误差
男	2.1971	1.0720	0.0311
女	2.1339	1.0132	0.0223

通过不同性别教师工作满意度的方差分析表（见表 2-2-34）可以显示，组间 SS 为 3.000，DF 值为 1，MS 为 3.000，F 值为 2.800；组内 SS 为 3468.651，DF 值为 3237，MS 为 1.071；不同性别教师工作满意度有显著差异（P<0.001）。

表 2-2-34　不同性别教师工作满意度的方差分析表

变异来源	SS	DF	MS	F	事后比较	ω^2	统计检验力
组间	3.000	1	3.000	2.800***	男 > 女	0.001	0.387
组内	3468.651	3237	1.071				
全体	3471.652	3238					

五、不同性别教师的留任意愿

通过不同性别教师留任意愿整体差异描述统计（见表 2–2–35）可以看出，性别为男性的教师留任意愿的均值为 2.0824，性别为女性的教师留任意愿的均值为 2.0108。

表 2-2-35　不同性别教师留任意愿整体差异描述统计

性别	均值	标准差	标准误差
男	2.0824	0.9956	0.0288
女	2.0108	0.9367	0.0206

通过不同性别教师留任意愿的方差分析表（见表 2–2–36）可以显示，组间 SS 为 3.865，DF 值为 1，MS 为 3.865，F 值为 4.205；组内 SS 为 2975.592，DF 值为 3237，MS 为 0.919；不同性别教师留任意愿有显著差异（$P<0.001$）。

表 2-2-36　不同性别教师留任意愿的方差分析表

变异来源	SS	DF	MS	F	事后比较	ω^2	统计检验力
组间	3.865	1	3.865	4.205***	男 > 女	0.001	0.536
组内	2975.592	3237	0.919				
全体	2979.458	3238					

第三节　不同年龄的地方高校教师差异性分析

一、不同年龄教师的专业素质

（一）专业理念

通过不同年龄教师的专业理念描述统计分析表（见表 2–3–1）可以看出，20~30 岁教师的专业理念均值为 1.4807，31~40 岁教师的专业理念均值为 1.4638，41~50 岁教师的专业理念均值为 1.4763，51~60 岁教师的专业理念均值为 1.4826。

表 2-3-1　不同年龄教师的专业理念描述统计

年龄	均值	标准差	标准误差
20~30 岁	1.4807	0.61974	0.03608
31~40 岁	1.4638	0.64614	0.02121
41~50 岁	1.4763	0.65674	0.01705
51~60 岁	1.4826	0.61051	0.02644

不同年龄教师的专业理念的方差分析表（见表 2–3–2）可以显示，组间 SS 为 0.157，DF 为 3，MS 为 0.052，F 值为 0.126；组内 SS 为 1337.430，DF 为 3235，MS 为 0.413；不同年龄教师的专业理念方面不存在显著差异（$P > 0.05$）。

表 2-3-2　不同年龄教师的专业理念的方差分析表

变异来源	SS	DF	MS	F
组间	0.157	3	0.052	0.126
组内	1337.430	3235	0.413	
全体	1337.587	3238		

（二）专业知识

通过不同年龄教师的专业知识描述统计分析表（见表 2–3–3）可以看出，20~30 岁教师的专业知识均值为 1.5983，31~40 岁教师的专业知识均值为 1.5119，41~50 岁教师的专业知识均值为 1.4922，51~60 岁教师的专业知识均值为 1.5291。

表 2-3-3　不同年龄教师的专业知识描述统计

年龄	均值	标准差	标准误差
20~30 岁	1.5983	0.65950	0.03840
31~40 岁	1.5119	0.65605	0.02154
41~50 岁	1.4922	0.64526	0.01676
51~60 岁	1.5291	0.64577	0.02797

不同年龄教师的专业知识的方差分析表（见表 2–3–4）可以显示，组间 SS 为 2.923，DF 为 3，MS 为 0.974，F 值为 2.308；组内 SS 为 1365.757，DF 为 3235，MS 为 0.422；不同年龄教师的专业知识方面不存在显著差异（$P > 0.05$）。

表 2-3-4　不同年龄教师的专业知识的方差分析表

变异来源	SS	DF	MS	F
组间	2.923	3	0.974	2.308
组内	1365.757	3235	0.422	
全体	1368.680	3238		

（三）专业能力

通过不同年龄教师的专业能力描述统计分析表（见表2-3-5）可以看出，20~30岁教师的专业能力均值为1.5559，31~40岁教师的专业能力均值为1.5058，41~50岁教师的专业能力均值为1.4885，51~60岁教师的专业能力均值为1.5443。

表2-3-5 不同年龄教师的专业能力描述统计分析表

年龄	均值	标准差	标准误差
20~30岁	1.5559	0.62504	0.03639
31~40岁	1.5058	0.64415	0.02115
41~50岁	1.4885	0.63875	0.01659
51~60岁	1.5443	0.65132	0.02821

不同年龄教师的专业能力的方差分析表（见表2-3-6）可以显示，组间SS为1.945，DF为3，MS为0.648，F值为1.577；组内SS为1329.835，DF为3235，MS为0.411；不同年龄教师的专业能力方面不存在显著差异（$P > 0.05$）。

表2-3-6 不同年龄教师的专业能力的方差分析表

变异来源	SS	DF	MS	F
组间	1.945	3	0.648	1.577
组内	1329.835	3235	0.411	
全体	1331.780	3238		

二、不同年龄教师的学校条件与环境

（一）领导支持

通过不同年龄教师的领导支持描述统计分析表（见表2-3-7）可以看出，20~30岁教师的领导支持均值为1.6356，31~40岁教师的领导支持均值为1.8712，41~50岁教师的领导支持均值为2.0573，51~60岁教师的领导支持均值为2.0582。

表2-3-7 不同年龄教师的领导支持描述统计分析表

年龄	均值	标准差	标准误差
20~30岁	1.6356	0.86175	0.05017
31~40岁	1.8712	0.95890	0.03148
41~50岁	2.0573	1.03278	0.02682
51~60岁	2.0582	1.03800	0.04496

不同年龄教师的领导支持的方差分析表（见表2-3-8）可以显示，不同年龄教师的领导支持方面有显著差异（P小于0.001）。由事后比较得知，年龄

在51~60岁之间教师的领导支持均值大于年龄在31~40岁之间教师的领导支持均值，即年龄在31~40岁之间教师的领导支持明显低于年龄在51~60岁之间教师的领导支持。年龄在51~60岁之间教师的领导支持均值大于年龄在20~30岁之间教师的领导支持均值，即年龄在20~30岁之间教师的领导支持明显低于年龄在51~60岁之间教师的领导支持。年龄在41~50岁之间教师的领导支持均值大于年龄在31~40岁之间教师的领导支持均值，即年龄在31~40岁之间教师的领导支持明显低于年龄在41~50岁之间教师的领导支持。年龄在41~50岁之间教师的领导支持均值大于年龄在20~30岁之间教师的领导支持均值，即年龄在20~30岁之间教师的领导支持明显低于年龄在41~50岁之间教师的领导支持。年龄在31~40岁之间教师的领导支持均值大于年龄在20~30岁之间教师的领导支持均值，即年龄在20~30岁之间教师的领导支持明显低于年龄在31~40岁之间教师的领导支持。进一步从关联强度指数来看，ω^2的值等于0.017，可见，教师年龄与领导支持存在相关关系。统计检验力等于1.000，决策正确率较高，教师年龄对领导支持的解释量较大。

表2-3-8　不同年龄教师的领导支持的方差分析表

变异来源	SS	DF	MS	F	事后比较	ω^2	统计检验力
组间	57.433	3	19.144	19.206***	51~60岁>31~40岁>20~30岁，41~50岁>31~40岁>20~30岁，31~40岁>20~30岁	0.017	1.000
组内	3224.638	3235	0.997				
全体	3282.071	3238					

（二）学校发展

通过不同年龄教师的学校发展描述统计分析表（见表2-3-9）可以看出，20~30岁教师的学校发展均值为1.7125，31~40岁教师的学校发展均值为2.0244，41~50岁教师的学校发展均值为2.2058，51~60岁教师的学校发展均值为2.1403。

表2-3-9　不同年龄教师的学校发展描述统计分析表

年龄	均值	标准差	标准误差
20~30岁	1.7125	0.86572	0.05040
31~40岁	2.0244	1.00843	0.03310
41~50岁	2.2058	1.04255	0.02707
51~60岁	2.1403	1.01543	0.04398

不同年龄教师的学校发展的方差分析表（见表 2-3-10）可以显示，不同年龄教师的学校发展方面有显著差异（P 小于 0.001）。由事后比较得知，年龄在 51~60 岁之间教师的学校发展均值大于年龄在 20~30 岁之间教师的学校发展均值，即年龄在 20~30 岁之间教师的学校发展明显低于年龄在 51~60 岁之间教师的学校发展。年龄在 41~50 岁之间教师的学校发展均值大于年龄在 31~40 岁之间教师的学校发展均值，即年龄在 31~40 岁之间教师的学校发展明显低于年龄在 41~50 岁之间教师的学校发展。年龄在 41~50 岁之间教师的学校发展均值大于年龄在 20~30 岁之间教师的学校发展均值，即年龄在 20~30 岁之间教师的学校发展明显低于年龄在 41~50 岁之间教师的学校发展。年龄在 31~40 岁之间教师的学校发展均值大于年龄在 20~30 岁之间教师的学校发展均值，即年龄在 20~30 岁之间教师的学校发展明显低于年龄在 31~40 岁之间教师的学校发展。进一步从关联强度指数来看，ω^2 的值等于 0.019，可见，教师年龄与学校发展存在相关关系。统计检验力等于 1.000，决策正确率较高，教师年龄对学校发展的解释量较大。

表 2-3-10　不同年龄教师的学校发展的方差分析表

变异来源	SS	DF	MS	F	事后比较	ω^2	统计检验力
组间	67.052	3	22.351	21.763***	51~60 岁 >20~30 岁，41~50 岁 >31~40 岁 >20~30 岁，31~40 岁 >20~30 岁	0.019	1.000
组内	3322.366	3235	1.027				
全体	3389.419	3238					

（三）学校政策

通过不同年龄教师的学校政策描述统计分析表（见表 2-3-11）可以看出，年龄在 20~30 岁教师的学校政策均值为 1.8492，年龄在 31~40 岁教师的学校政策均值为 2.3629，年龄在 41~50 岁教师的学校政策均值为 2.5433，年龄在 51~60 岁教师的学校政策均值为 2.3921。

表 2-3-11　不同年龄教师的学校政策描述统计分析表

年龄	均值	标准差	标准误差
20~30 岁	1.8492	0.98486	0.05734
31~40 岁	2.3629	1.17197	0.03847
41~50 岁	2.5433	1.18446	0.03076
51~60 岁	2.3921	1.12853	0.04888

不同年龄教师的学校政策的方差分析表（见表2-3-12）可以显示，不同年龄教师的学校政策方面有显著差异（P小于0.001）。由事后比较得知，年龄在51~60岁之间教师的学校政策均值大于年龄在20~30岁之间教师的学校政策均值，即年龄在20~30岁之间教师的学校政策明显低于年龄在51~60岁之间教师的学校政策。年龄在41~50岁之间教师的学校政策均值大于年龄在31~40岁之间教师的学校政策均值，即年龄在31~40岁之间教师的学校政策明显低于年龄在41~50岁之间教师的学校政策。年龄在41~50岁之间教师的学校政策均值大于年龄在20~30岁之间教师的学校政策均值，即年龄在20~30岁之间教师的学校政策明显低于年龄在41~50岁之间教师的学校政策。年龄在31~40岁之间教师的学校政策均值大于年龄在20~30岁之间教师的学校政策均值，即年龄在20~30岁之间教师的学校政策明显低于年龄在31~40岁之间教师的学校政策。进一步从关联强度指数来看，ω^2的值等于0.026，可见，教师年龄与学校政策存在相关关系。统计检验力等于1.000，决策正确率较高，教师年龄对学校政策的解释量较大。

表2-3-12　不同年龄教师的学校政策的方差分析表

变异来源	SS	DF	MS	F	事后比较	ω^2	统计检验力
组间	121.248	3	40.416	30.300***	51~60岁>20~30岁，41~50岁>31~40岁>20~30岁，31~40岁>20~30岁	0.026	1.000
组内	4315.102	3235	1.334				
全体	4436.350	3238					

（四）专业发展计划

通过不同年龄教师的专业发展计划描述统计分析表（见表2-3-13）可以看出，年龄在20~30岁教师的专业发展计划均值为1.7377，年龄在31~40岁教师的专业发展计划均值为2.0695，年龄在41~50岁教师的专业发展计划均值为2.2965，年龄在51~60岁教师的专业发展计划均值为2.2650。

表2-3-13　不同年龄教师的专业发展计划描述统计分析表

年龄	均值	标准差	标准误差
20~30岁	1.7377	0.84528	0.04921
31~40岁	2.0695	0.96258	0.03160
41~50岁	2.2965	1.01487	0.02635
51~60岁	2.2650	1.03146	0.04468

不同年龄教师的专业发展计划的方差分析表（见表 2-3-14）可以显示，不同年龄教师的专业发展计划方面有显著差异（P小于0.001）。由事后比较得知，年龄在 51~60 岁之间教师的专业发展计划均值大于年龄在 31~40 岁之间教师的专业发展计划均值，即年龄在 31~40 岁之间教师的专业发展计划明显低于年龄在 51~60 岁之间教师的专业发展计划。年龄在 51~60 岁之间教师的专业发展计划均值大于年龄在 20~30 岁之间教师的专业发展计划均值，即年龄在 20~30 岁之间教师的专业发展计划明显低于年龄在 51~60 岁之间教师的专业发展计划。年龄在 41~50 岁之间教师的专业发展计划均值大于年龄在 31~40 岁之间教师的专业发展计划均值，即年龄在 31~40 岁之间教师的专业发展计划明显低于年龄在 41~50 岁之间教师的专业发展计划。年龄在 41~50 岁之间教师的专业发展计划均值大于年龄在 20~30 岁之间教师的专业发展计划均值，即年龄在 20~30 岁之间教师的专业发展计划明显低于年龄在 41~50 岁之间教师的专业发展计划。年龄在 31~40 岁之间教师的专业发展计划均值大于年龄在 20~30 岁之间教师的专业发展计划均值，即年龄在 20~30 岁之间教师的专业发展计划明显低于年龄在 31~40 岁之间教师的专业发展计划。进一步从关联强度指数来看，ω^2 的值等于 0.028，可见，教师年龄与专业发展计划存在相关关系。统计检验力等于 1.000，决策正确率较高，教师年龄对专业发展计划的解释量较大。

表 2-3-14 不同年龄教师的专业发展计划的方差分析表

变异来源	SS	DF	MS	F	事后比较	ω^2	统计检验力
组间	92.958	3	30.986	30.300***	51~60 岁 >31~40 岁 >20~30 岁，41~50 岁 >31~40 岁 >20~30 岁，31~40 岁 >20~30 岁	0.028	1.000
组内	3161.408	3235	0.977				
全体	3254.366	3238					

（五）工作量

通过不同年龄教师的工作量描述统计分析表（见表 2-3-15）可以看出，年龄在 20~30 岁教师的工作量均值为 2.5864，年龄在 31~40 岁教师的工作量均值为 2.4265，年龄在 41~50 岁教师的工作量均值为 2.4695，年龄在 51~60 岁教师的工作量均值为 2.5675。

表 2-3-15　不同年龄教师的工作量描述统计分析表

年龄	均值	标准差	标准误差
20~30 岁	2.5864	1.20539	0.07018
31~40 岁	2.4265	1.09834	0.03605
41~50 岁	2.4695	0.99516	0.02584
51~60 岁	2.5675	0.96661	0.04187

不同年龄教师的工作量的方差分析表（见表 2–3–16）可以显示，不同年龄教师的工作量方面有显著差异（P 小于 0.05）。由事后比较得知，年龄在 20~30 岁之间教师的工作量均值大于年龄在 41~50 岁之间教师的工作量均值，即年龄在 41~50 岁之间教师的工作量明显小于年龄在 20~30 岁之间教师的工作量。年龄在 20~30 岁之间教师的工作量均值大于年龄在 31~40 岁之间教师的工作量均值，即年龄在 31~40 岁之间教师的工作量明显小于年龄在 20~30 岁之间教师的工作量。进一步从关联强度指数来看，ω^2 的值等于 0.002，可见，教师年龄与工作量存在相关关系。统计检验力等于 0.732，决策正确率较高，教师年龄对工作量的解释量较大。

表 2-3-16　不同年龄教师的工作量的方差分析表

变异来源	SS	DF	MS	F	事后比较	ω^2	统计检验力
组间	10.201	3	3.400	3.134^{***}	20~30 岁 >41~50 岁 >31~40 岁	0.002	0.732
组内	3510.214	3235	1.085				
全体	3520.415	3238					

（六）行政管理

通过不同年龄教师的行政管理描述统计分析表（见表 2–3–17）可以看出，年龄在 20~30 岁教师的行政管理均值为 1.8088，年龄在 31~40 岁教师的行政管理均值为 2.3237，年龄在 41~50 岁教师的行政管理均值为 2.6183，年龄在 51~60 岁教师的行政管理均值为 2.5505。

表 2-3-17　不同年龄教师的行政管理描述统计分析表

年龄	均值	标准差	标准误差
20~30 岁	1.8088	0.93811	0.05462
31~40 岁	2.3237	1.11181	0.03650
41~50 岁	2.6183	1.15320	0.02995
51~60 岁	2.5505	1.13824	0.04930

不同年龄教师的行政管理的方差分析表（见表 2-3-18）可以显示，不同年龄教师的行政管理方面有显著差异（P 小于 0.001）。由事后比较得知，年龄在 51~60 岁之间教师的行政管理均值大于年龄在 20~30 岁之间教师的行政管理均值，即年龄在 20~30 岁之间教师的行政管理明显低于年龄在 51~60 岁之间教师的行政管理。年龄在 41~50 岁之间教师的行政管理均值大于年龄在 31~40 岁之间教师的行政管理均值，即年龄在 31~40 岁之间教师的行政管理明显低于年龄在 41~50 岁之间教师的行政管理。年龄在 41~50 岁之间教师的行政管理均值大于年龄在 20~30 岁之间教师的行政管理均值，即年龄在 20~30 岁之间教师的行政管理明显低于年龄在 41~50 岁之间教师的行政管理。年龄在 31~40 岁之间教师的行政管理均值大于年龄在 20~30 岁之间教师的行政管理均值，即年龄在 20~30 岁之间教师的行政管理明显低于年龄在 31~40 岁之间教师的行政管理。进一步从关联强度指数来看，ω^2 的值等于 0.042，可见，教师年龄与行政管理存在相关关系。统计检验力等于 1.000，决策正确率较高，教师年龄对行政管理的解释量较大。

表 2-3-18　不同年龄教师的行政管理的方差分析表

变异来源	SS	DF	MS	F	事后比较	ω^2	统计检验力
组间	183.485	3	61.162	48.677***	51~60 岁 >20~30 岁，41~50 岁 >31~40 岁 >20~30 岁，31~40 岁 >20~30 岁	0.042	1.000
组内	4064.729	3235	1.256				
全体	4248.214	3238					

（七）设备与教学条件

通过不同年龄教师的设备与教学条件描述统计分析表（见表 2-3-19）可以看出，年龄在 20~30 岁教师的设备与教学条件均值为 1.8432，年龄在 31~40 岁教师的设备与教学条件均值为 2.3217，年龄在 41~50 岁教师的设备与教学条件均值为 2.5076，年龄在 51~60 岁教师的设备与教学条件均值为 2.4437。

表 2-3-19　不同年龄教师的设备与教学条件描述统计分析表

年龄	均值	标准差	标准误差
20~30 岁	1.8432	0.94435	0.05498
31~40 岁	2.3217	1.09438	0.03592
41~50 岁	2.5076	1.02991	0.02674
51~60 岁	2.4437	1.02569	0.04443

不同年龄教师的设备与教学条件的方差分析表（见表2–3–20）可以显示，不同年龄教师的设备与教学条件方面有显著差异（P小于0.001）。由事后比较得知，年龄在51~60岁之间教师的设备与教学条件均值大于年龄在20~30岁之间教师的设备与教学条件均值，即年龄在20~30岁之间教师的设备与教学条件明显低于年龄在51~60岁之间教师的设备与教学条件。年龄在41~50岁之间教师的设备与教学条件均值大于年龄在31~40岁之间教师的设备与教学条件均值，即年龄在31~40岁之间教师的设备与教学条件明显低于年龄在41~50岁之间教师的设备与教学条件。年龄在41~50岁之间教师的设备与教学条件均值大于年龄在20~30岁之间教师的设备与教学条件均值，即年龄在20~30岁之间教师的设备与教学条件明显低于年龄在41~50岁之间教师的设备与教学条件。年龄在31~40岁之间教师的设备与教学条件均值大于年龄在20~30岁之间教师的设备与教学条件均值，即年龄在20~30岁之间教师的设备与教学条件明显低于年龄在31~40岁之间教师的设备与教学条件。进一步从关联强度指数来看，ω^2的值等于0.031，可见，教师年龄与设备与教学条件存在相关关系。统计检验力等于1.000，决策正确率较高，教师年龄对设备与教学条件的解释量较大。

表2-3-20　不同年龄教师的设备与教学条件的方差分析表

变异来源	SS	DF	MS	F	事后比较	ω^2	统计检验力
组间	114.427	3	38.142	35.213***	51~60岁>20~30岁，41~50岁>31~40岁>20~30岁，31~40岁>20~30岁	0.031	1.000
组内	3504.085	3235	1.083				
全体	3618.511	3238					

（八）收入与福利

通过不同年龄教师的收入与福利描述统计分析表（见表2–3–21）可以看出，20~30岁教师的收入与福利均值为2.1703，31~40岁教师的收入与福利均值为2.6840，41~50岁教师的收入与福利均值为2.9425，51~60岁教师的收入与福利均值为2.9508。

表2-3-21　不同年龄教师的收入与福利描述统计分析表

年龄	均值	标准差	标准误差
20~30岁	2.1703	1.12901	0.06573
31~40岁	2.6840	1.13183	0.03715

续表

年龄	均值	标准差	标准误差
41~50 岁	2.9425	1.10083	0.02859
51~60 岁	2.9508	1.12695	0.04881

不同年龄教师的收入与福利的方差分析表（见表 2-3-22）可以显示，不同年龄教师的收入与福利方面有显著差异（P 小于 0.001）。由事后比较得知，年龄在 51~60 岁之间教师的收入与福利均值大于年龄在 31~40 岁之间教师的收入与福利均值，即年龄在 31~40 岁之间教师的收入与福利明显低于年龄在 51~60 岁之间教师的收入与福利。年龄在 51~60 岁之间教师的收入与福利均值大于年龄在 20~30 岁之间教师的收入与福利均值，即年龄在 20~30 岁之间教师的收入与福利明显低于年龄在 51~60 岁之间教师的收入与福利。年龄在 41~50 岁之间教师的收入与福利均值大于年龄在 31~40 岁之间教师的收入与福利均值，即年龄在 31~40 岁之间教师的收入与福利明显低于年龄在 41~50 岁之间教师的收入与福利。年龄在 41~50 岁之间教师的收入与福利均值大于年龄在 20~30 岁之间教师的收入与福利均值，即年龄在 20~30 岁之间教师的收入与福利明显低于年龄在 41~50 岁之间教师的收入与福利。年龄在 31~40 岁之间教师的收入与福利均值大于年龄在 20~30 岁之间教师的收入与福利均值，即年龄在 20~30 岁之间教师的收入与福利明显低于年龄在 31~40 岁之间教师的收入与福利。进一步从关联强度指数来看，ω^2 的值等于 0.040，可见，教师年龄与收入与福利存在相关关系。统计检验力等于 1.000，决策正确率较高，教师年龄对收入与福利的解释量较大。

表 2-3-22　不同年龄教师的收入与福利的方差分析表

变异来源	SS	DF	MS	F	事后比较	ω^2	统计检验力
组间	171.680	3	57.227	45.894***	51~60 岁 >31~40 岁 >20~30 岁，41~50 岁 >31~40 岁 >20~30 岁，31~40 岁 >20~30 岁	0.040	1.000
组内	4033.829	3235	1.247				
全体	4205.509	3238					

三、不同年龄教师的组织承诺

（一）感情承诺

通过不同年龄教师的感情承诺描述统计分析表（见表 2-3-23）可以看出，

20~30岁教师的感情承诺均值为1.9742，31~40岁教师的感情承诺均值为2.2718，41~50岁教师的感情承诺均值为2.3091，51~60岁教师的感情承诺均值为2.0871。

表 2-3-23 不同年龄教师的感情承诺描述统计分析表

年龄	均值	标准差	标准误差
20~30 岁	1.9742	0.99270	1.9742
31~40 岁	2.2718	1.05906	2.2718
41~50 岁	2.3091	1.05316	2.3091
51~60 岁	2.0871	1.01370	2.0871

不同年龄教师的感情承诺的方差分析表（见表 2–3–24）可以显示，不同年龄教师的感情承诺方面有显著差异（P 小于 0.001）。由事后比较得知，年龄在 41~50 岁之间教师的感情承诺均值大于年龄在 51~60 岁之间教师的感情承诺均值，即年龄在 51~60 岁之间教师的感情承诺明显低于年龄在 41~50 岁之间教师的感情承诺。年龄在 41~50 岁之间教师的感情承诺均值大于年龄在 20~30 岁之间教师的感情承诺均值，即年龄在 20~30 岁之间教师的感情承诺明显低于年龄在 41~50 岁之间教师的感情承诺。年龄在 31~40 岁之间教师的感情承诺均值大于年龄在 51~60 岁之间教师的感情承诺均值，即年龄在 51~60 岁之间教师的感情承诺明显低于年龄在 31~40 岁之间教师的感情承诺。年龄在 31~40 岁之间教师的感情承诺均值大于年龄在 20~30 岁之间教师的感情承诺均值，即年龄在 20~30 岁之间教师的感情承诺明显低于年龄在 31~40 岁之间教师的感情承诺。进一步从关联强度指数来看，ω^2 的值等于 0.011，可见，教师年龄与感情承诺存在相关关系。统计检验力等于 1.000，决策正确率较高，教师年龄对感情承诺的解释量较大。

表 2-3-24 不同年龄教师的感情承诺的方差分析表

变异来源	SS	DF	MS	F	事后比较	ω^2	统计检验力
组间	41.081	3	13.694	12.585***	41~50 岁 >51~60 岁 >20~30 岁，31~40 岁 >51~60 岁 >20~30 岁	0.011	1.000
组内	3519.892	3235	1.088				
全体	3560.973	3238					

（二）规范承诺

通过不同年龄教师的规范承诺描述统计分析表（见表 2–3–25）可以看出，20~30岁教师的规范承诺均值为1.9234，31~40岁教师的规范承诺均值为2.2304，

41~50 岁教师的规范承诺均值为 2.3180，51~60 岁教师的规范承诺均值为 2.1231。

表 2-3-25　不同年龄教师的规范承诺描述统计统计表

年龄	均值	标准差	标准误差
20~30 岁	1.9234	0.97449	0.05674
31~40 岁	2.2304	1.00264	0.03291
41~50 岁	2.3180	1.02959	0.02674
51~60 岁	2.1231	0.97565	0.04226

不同年龄教师的规范承诺的方差分析表（见表 2-3-26）可以显示，不同年龄教师的规范承诺方面有显著差异（P 小于 0.001）。由事后比较得知，年龄在 51~60 岁之间教师的规范承诺均值大于年龄在 20~30 岁之间教师的规范承诺均值，即年龄在 20~30 岁之间教师的规范承诺明显低于年龄在 51~60 岁之间教师的规范承诺。年龄在 41~50 岁之间教师的规范承诺均值大于年龄在 51~60 岁之间教师的规范承诺均值，即年龄在 51~60 岁之间教师的规范承诺明显低于年龄在 41~50 岁之间教师的规范承诺。年龄在 41~50 岁之间教师的规范承诺均值大于年龄在 20~30 岁之间教师的规范承诺均值，即年龄在 20~30 岁之间教师的规范承诺明显低于年龄在 41~50 岁之间教师的规范承诺。年龄在 31~40 岁之间教师的规范承诺均值大于年龄在 20~30 岁之间教师的规范承诺均值，即年龄在 20~30 岁之间教师的规范承诺明显低于年龄在 31~40 岁之间教师的规范承诺。进一步从关联强度指数来看，ω^2 的值等于 0.013，可见，教师年龄与规范承诺存在相关关系。统计检验力等于 1.000，决策正确率较高，教师年龄对规范承诺的解释量较大。

表 2-3-26　不同年龄教师的规范承诺的方差分析表

<table>
<tr><th>变异来源</th><th>SS</th><th>DF</th><th>MS</th><th>F</th><th>事后比较</th><th>ω^2</th><th>统计检验力</th></tr>
<tr><td>组间</td><td>45.227</td><td>3</td><td>15.076</td><td>14.831***</td><td rowspan="3">51~60 岁 >20~30 岁，41~50 岁 >51~60 岁 >20~30 岁，31~40 岁 >20~30 岁</td><td rowspan="3">0.013</td><td rowspan="3">1.000</td></tr>
<tr><td>组内</td><td>3288.487</td><td>3235</td><td>1.017</td><td></td></tr>
<tr><td>全体</td><td>3333.714</td><td>3238</td><td></td><td></td></tr>
</table>

（三）理想承诺

通过不同年龄教师的理想承诺描述统计分析表（见表 2-3-27）可以看出，20~30 岁教师的理想承诺均值为 1.9478，31~40 岁教师的理想承诺均值为 2.4662，

41~50 岁教师的理想承诺均值为 2.6690，51~60 岁教师的理想承诺均值为 2.6008。

表 2-3-27　不同年龄教师的理想承诺描述统计分析表

年龄	均值	标准差	标准误差
20~30 岁	1.9478	0.95440	0.05557
31~40 岁	2.4662	1.00509	0.03299
41~50 岁	2.6690	1.00567	0.02611
51~60 岁	2.6008	0.98370	0.04261

不同年龄教师的理想承诺的方差分析表（见表 2-3-28）可以显示，不同年龄教师的理想承诺方面有显著差异（P 小于 0.001）。由事后比较得知，年龄在 51~60 岁之间教师的理想承诺均值大于年龄在 20~30 岁之间教师的理想承诺均值，即年龄在 20~30 岁之间教师的理想承诺明显低于年龄在 51~60 岁之间教师的理想承诺。年龄在 41~50 岁之间教师的理想承诺均值大于年龄在 31~40 岁之间教师的理想承诺均值，即年龄在 31~40 岁之间教师的理想承诺明显低于年龄在 41~50 岁之间教师的理想承诺。年龄在 41~50 岁之间教师的理想承诺均值大于年龄在 20~30 岁之间教师的理想承诺均值，即年龄在 20~30 岁之间教师的理想承诺明显低于年龄在 41~50 岁之间教师的理想承诺。年龄在 31~40 岁之间教师的理想承诺均值大于年龄在 20~30 岁之间教师的理想承诺均值，即年龄在 20~30 岁之间教师的理想承诺明显低于年龄在 31~40 岁之间教师的理想承诺。进一步从关联强度指数来看，ω^2 的值等于 0.013，可见，教师年龄与理想承诺存在相关关系。统计检验力等于 1.000，决策正确率较高，教师年龄对理想承诺的解释量较大。

表 2-3-28　不同年龄教师的理想承诺的方差分析表

变异来源	SS	DF	MS	F	事后比较	ω^2	统计检验力
组间	135.065	3	45.022	45.261^{***}	51~60 岁 >20~30 岁，41~50 岁 >31~40 岁 >20~30 岁，31~40 岁 >20~30 岁	0.013	1.000
组内	3217.903	3235	0.995				
全体	3352.967	3238					

（四）经济承诺

通过不同年龄教师的经济承诺描述统计分析表（见表 2-3-29）可以看出，20~30 岁教师的经济承诺均值为 2.6258，31~40 岁教师的经济承诺均值为 2.7616，41~50 岁教师的经济承诺均值为 2.8851，51~60 岁教师的经济承诺均值为 2.9054。

表 2-3-29 不同年龄教师的经济承诺描述统计分析表

年龄	均值	标准差	标准误差
20~30 岁	2.6258	1.25720	0.07320
31~40 岁	2.7616	1.11794	0.03670
41~50 岁	2.8851	1.06347	0.02762
51~60 岁	2.9054	1.09527	0.04744

不同年龄教师的经济承诺的方差分析表（见表 2–3–30）可以显示，不同年龄教师的经济承诺方面有显著差异（P 小于 0.001）。由事后比较得知，年龄在 51~60 岁之间教师的经济承诺均值大于年龄在 20~30 岁之间教师的经济承诺均值，即年龄在 20~30 岁之间教师的经济承诺明显低于年龄在 51~60 岁之间教师的经济承诺。年龄在 41~50 岁之间教师的经济承诺均值大于年龄在 31~40 岁之间教师的经济承诺均值，即年龄在 31~40 岁之间教师的经济承诺明显低于年龄在 41~50 岁之间教师的经济承诺。年龄在 41~50 岁之间教师的经济承诺均值大于年龄在 20~30 岁之间教师的经济承诺均值，即年龄在 20~30 岁之间教师的经济承诺明显低于年龄在 41~50 岁之间教师的经济承诺。进一步从关联强度指数来看，ω^2 的值等于 0.005，可见，教师年龄与经济承诺存在相关关系。统计检验力等于 1.000，决策正确率较高，教师年龄对经济承诺的解释量较大。

表 2-3-30 不同年龄教师的经济承诺的方差分析表

变异来源	SS	DF	MS	F	事后比较	ω^2	统计检验力
组间	24.177	3	8.059	6.621***	51~60 岁 >20~30 岁，41~50 岁 >31~40 岁 >20~30 岁	0.005	1.000
组内	3937.533	3235	1.217				
全体	3961.710	3238					

（五）机会承诺

通过不同年龄教师的机会承诺描述统计分析表（见表 2–3–31）可以看出，20~30 岁教师的机会承诺均值为 2.9186，31~40 岁教师的机会承诺均值为 3.1806，41~50 岁教师的机会承诺均值为 3.2339，51~60 岁教师的机会承诺均值为 3.1749。

表 2-3-31　不同年龄教师的机会承诺描述统计分析表

年龄	均值	标准差	标准误差
20~30 岁	2.9186	1.31041	0.07629
31~40 岁	3.1806	1.14700	0.03765
41~50 岁	3.2339	1.07729	0.02797
51~60 岁	3.1749	1.10680	0.04794

不同年龄教师的机会承诺的方差分析表（见表 2-3-32）可以显示，不同年龄教师的机会承诺方面有显著差异（P 小于 0.001）。由事后比较得知，年龄在 51~60 岁之间教师的机会承诺均值大于年龄在 20~30 岁之间教师的机会承诺均值，即年龄在 20~30 岁之间教师的机会承诺明显低于年龄在 51~60 岁之间教师的机会承诺。年龄在 41~50 岁之间教师的机会承诺均值大于年龄在 20~30 岁之间教师的机会承诺均值，即年龄在 20~30 岁之间教师的机会承诺明显低于年龄在 41~50 岁之间教师的机会承诺。年龄在 31~40 岁之间教师的机会承诺均值大于年龄在 20~30 岁之间教师的机会承诺均值，即年龄在 20~30 岁之间教师的机会承诺明显低于年龄在 31~40 岁之间教师的机会承诺。进一步从关联强度指数来看，ω^2 的值等于 0.005，可见，教师年龄与机会承诺存在相关关系。统计检验力等于 0.970，决策正确率较高，教师年龄对机会承诺的解释量较大。

表 2-3-32　不同年龄教师的机会承诺的方差分析表

变异来源	SS	DF	MS	F	事后比较	ω^2	统计检验力
组间	24.465	3	8.155	6.441***	51~60 岁 >20~30 岁，41~50 岁 >20~30 岁，31~40 岁 >20~30 岁	0.005	0.970
组内	4096.062	3235	1.266				
全体	4120.527	3238					

四、不同年龄教师的工作满意度

通过不同年龄教师的工作满意度描述统计分析表（见表 2-3-33）可以看出，20~30 岁教师的工作满意度均值为 1.7444，31~40 岁教师的工作满意度均值为 2.1416，41~50 岁教师的工作满意度均值为 2.2583，51~60 岁教师的工作满意度均值为 2.1313。

表 2-3-33　不同年龄教师的工作满意度描述统计分析表

年龄	均值	标准差	标准误差
20~30 岁	1.7444	0.90630	0.05277
31~40 岁	2.1416	1.02056	0.03350
41~50 岁	2.2583	1.05547	0.02741
51~60 岁	2.1313	1.01464	0.04395

不同年龄教师的工作满意度的方差分析表（见表 2-3-34）可以显示，不同年龄教师的工作满意度方面有显著差异（P 小于 0.001）。由事后比较得知，年龄在 51~60 岁之间教师的工作满意度均值大于年龄在 20~30 岁之间教师的工作满意度均值，即年龄在 20~30 岁之间教师的工作满意度明显低于年龄在 51~60 岁之间教师的工作满意度。年龄在 41~50 岁之间教师的工作满意度均值大于年龄在 31~40 岁之间教师的工作满意度均值，即年龄在 31~40 岁之间教师的工作满意度明显低于年龄在 41~50 岁之间教师的工作满意度。年龄在 41~50 岁之间教师的工作满意度均值大于年龄在 20~30 岁之间教师的工作满意度均值，即年龄在 20~30 岁之间教师的工作满意度明显低于年龄在 41~50 岁之间教师的工作满意度。年龄在 31~40 岁之间教师的工作满意度均值大于年龄在 20~30 岁之间教师的工作满意度均值，即年龄在 20~30 岁之间教师的工作满意度明显低于年龄在 31~40 岁之间教师的工作满意度。进一步从关联强度指数来看，ω^2 的值等于 0.018，可见，教师年龄与工作满意度存在相关关系。统计检验力等于 1.000，决策正确率较高，教师年龄对工作满意度的解释量较大。

表 2-3-34　不同年龄教师的工作满意度的方差分析表

<table>
<tr><th>变异来源</th><th>SS</th><th>DF</th><th>MS</th><th>F</th><th>事后比较</th><th>ω^2</th><th>统计检验力</th></tr>
<tr><td>组间</td><td>65.996</td><td>3</td><td>21.999</td><td>20.896^{***}</td><td rowspan="3">51~60 岁 >20~30 岁，
41~50 岁 >31~40 岁，
31~40 岁 >20~30 岁</td><td rowspan="3">0.018</td><td rowspan="3">1.000</td></tr>
<tr><td>组内</td><td>3405.656</td><td>3235</td><td>1.053</td><td></td></tr>
<tr><td>全体</td><td>3471.652</td><td>3238</td><td></td><td></td></tr>
</table>

五、不同年龄教师的留任意愿

通过不同年龄教师的留任意愿描述统计分析表（见表 2-3-35）可以看出，20~30 岁教师的留任意愿均值为 1.7554，31~40 岁教师的留任意愿均值为 2.0853，

41~50岁教师的留任意愿均值为2.1026，51~60岁教师的留任意愿均值为1.9268。

表2-3-35　不同年龄教师的留任意愿描述统计分析表

年龄	均值	标准差	标准误差
20~30岁	1.7554	0.87111	0.05072
31~40岁	2.0853	0.95129	0.03123
41~50岁	2.1026	0.97359	0.02528
51~60岁	1.9268	0.94423	0.04090

不同年龄教师的留任意愿的方差分析表（见表2-3-36）可以显示，不同年龄教师的留任意愿方面有显著差异（P小于0.001）。由事后比较得知，年龄在41~50岁之间教师的留任意愿均值大于年龄在51~60岁之间教师的留任意愿均值，即年龄在51~60岁之间教师的留任意愿明显低于年龄在41~50岁之间教师的留任意愿。年龄在41~50岁之间教师的留任意愿均值大于年龄在20~30岁之间教师的留任意愿均值，即年龄在20~30岁之间教师的留任意愿明显低于年龄在41~50岁之间教师的留任意愿。年龄在31~40岁之间教师的留任意愿均值大于年龄在51~60岁之间教师的留任意愿均值，即年龄在51~60岁之间教师的留任意愿明显低于年龄在31~40岁之间教师的留任意愿。年龄在31~40岁之间教师的留任意愿均值大于年龄在20~30岁之间教师的留任意愿均值，即年龄在20~30岁之间教师的留任意愿明显低于年龄在31~40岁之间教师的留任意愿。进一步从关联强度指数来看，ω^2的值等于0.012，可见，教师年龄与留任意愿存在相关关系。统计检验力等于1.000，决策正确率较高，教师年龄对留任意愿的解释量较大。

表2-3-36　不同年龄教师的留任意愿的方差分析表

变异来源	SS	DF	MS	F	事后比较	ω^2	统计检验力
组间	38.417	3	12.806	14.086***	41~50岁>51~60岁，41~50岁>20~30岁，31~40岁>51~60岁，31~40岁>20~30岁	0.012	1.000
组内	2941.042	3235	0.909				
全体	2979.458	3238					

第四节　不同婚姻状况的地方高校教师差异性分析

一、不同婚姻状况教师的专业素质

（一）专业理念

通过不同婚姻状况教师的专业理念的独立样本 T 检验表（见表 2-4-1）可以看出，婚姻情况为已婚的教师专业理念均值为 1.4971，婚姻情况为单身的教师专业理念均值为 1.5758。不同婚姻状况教师的专业理念存在显著差异（T 为 −2.481，P 小于 0.05），已婚教师的专业理念明显低于单身教师的专业理念。

表 2-4-1　不同婚姻状况教师的专业理念的独立样本 T 检验

婚姻状况	N	均值	标准差	df	T	P
已婚	2759	1.4971	0.63580	3237	−2.481	0.013
单身	480	1.5758	0.66895			

注：自由度：df；统计量：T；显著性：P。

（二）专业知识

通过不同婚姻状况教师的专业知识的独立样本 T 检验表（见表 2-4-2）可以看出，婚姻情况为已婚的教师专业知识均值为 1.4998，婚姻情况为单身的教师专业知识均值为 1.5931。不同婚姻状况教师的专业知识存在显著差异（T 为 −2.774，P 小于 0.01），已婚教师的专业知识明显低于单身教师的专业知识。

表 2-4-2　不同婚姻状况教师的专业知识的独立样本 T 检验

婚姻状况	N	均值	标准差	df	T	P
已婚	2759	1.4998	0.64279	633.834	−2.774	0.006
单身	480	1.5931	0.68623			

（三）专业能力

通过不同婚姻状况教师的专业能力的独立样本 T 检验表（见表 2-4-3）可以看出，婚姻情况为已婚的教师专业能力均值为 1.4971，婚姻情况为单身的教师专业能力均值为 1.5758。不同婚姻状况教师的专业能力存在显著差异（T 为 −2.481，P 小于 0.05），已婚教师的专业能力明显低于单身教师的专业能力。

表 2-4-3　不同婚姻状况教师的专业能力的独立样本 T 检验

婚姻状况	N	均值	标准差	df	T	P
已婚	2759	1.4971	0.63580	3237	−2.481	0.013
单身	480	1.5758	0.66895			

二、不同婚姻状况教师的学校条件与环境

（一）领导支持

通过不同婚姻状况教师的领导支持的独立样本 T 检验表（见表 2−4−4）可以看出，婚姻情况为已婚的教师领导支持均值为 1.9749，婚姻情况为单身的教师领导支持均值为 1.9130。不同婚姻状况教师的领导支持没有显著差异（T 为 1.243，P 大于 0.05）。

表 2-4-4　不同婚姻状况教师的领导支持的独立样本 T 检验

婚姻状况	N	均值	标准差	df	T	P
已婚	2759	1.9749	0.99927	3237	1.243	0.214
单身	480	1.9130	1.04847			

（二）学校发展

通过不同婚姻状况教师的学校发展的独立样本 T 检验表（见表 2−4−5）可以看出，婚姻情况为已婚的教师学校发展均值为 2.1139，婚姻情况为单身的教师学校发展均值为 2.0075。不同婚姻状况教师的学校发展存在显著差异（T 为 2.104，P 小于 0.05），单身教师的学校发展明显低于已婚教师的学校发展。

表 2-4-5　不同婚姻状况教师的学校发展的独立样本 T 检验

婚姻状况	N	均值	标准差	df	T	P
已婚	2759	2.1139	1.01677	3237	2.104	0.035
单身	480	2.0075	1.05535			

（三）学校政策

通过不同婚姻状况教师的学校政策的独立样本 T 检验表（见表 2−4−6）可以看出，婚姻情况为已婚的教师学校政策均值为 2.4302，婚姻情况为单身的教师学校政策均值为 2.2500。不同婚姻状况教师的学校政策存在显著差异（T 为 3.118，P 小于 0.01），单身教师的学校政策明显低于已婚教师的学校政策。

表 2-4-6　不同婚姻状况教师的学校政策的独立样本 T 检验

婚姻状况	N	均值	标准差	df	T	P
已婚	2759	2.4302	1.16464	3237	3.118	0.002
单身	480	2.2500	1.19334			

（四）专业发展计划

通过不同婚姻状况教师的专业发展计划的独立样本 T 检验表（见表 2–4–7）可以看出，婚姻情况为已婚的教师专业发展计划均值为 2.2040，婚姻情况为单身的教师专业发展计划均值为 2.0112。不同婚姻状况教师的专业发展计划存在显著差异（T 为 3.897，P 小于 0.001），单身教师的专业发展计划明显低于已婚教师的专业发展计划。

表 2-4-7　不同婚姻状况教师的专业发展计划的独立样本 T 检验

婚姻状况	N	均值	标准差	df	T	P
已婚	2759	2.2040	1.00268	3237	3.897	0.000
单身	480	2.0112	0.98675			

（五）工作量

通过不同婚姻状况教师的工作量的独立样本 T 检验表（见表 2–4–8）可以看出，婚姻情况为已婚的教师工作量均值为 2.4649，婚姻情况为单身的教师工作量均值为 2.5932。不同婚姻状况教师的工作量存在显著差异（T 为 –2.357，P 小于 0.05），已婚教师的工作量明显低于单身教师的工作量。

表 2-4-8　不同婚姻状况教师的工作量的独立样本 T 检验

婚姻状况	N	均值	标准差	df	T	P
已婚	2759	2.4649	1.02907	629.751	–2.357	0.019
单身	480	2.5932	1.11267			

（六）行政管理

通过不同婚姻状况教师的行政管理的独立样本 T 检验表（见表 2–4–9）可以看出，婚姻情况为已婚的教师行政管理均值为 2.4887，婚姻情况为单身的教师行政管理均值为 2.2208。不同婚姻状况教师的行政管理存在显著差异（T 为 4.745，P 小于 0.001），单身教师的行政管理明显低于已婚教师的行政管理。

表 2-4-9　不同婚姻状况教师的行政管理的独立样本 T 检验

婚姻状况	N	均值	标准差	df	T	P
已婚	2759	2.4887	1.13838	629.751	4.745	0.000
单身	480	2.2208	1.16019			

（七）设备与教学条件

通过不同婚姻状况教师的设备与教学条件的独立样本 T 检验表（见表 2-4-10）可以看出，婚姻情况为已婚的教师设备与教学条件均值为 2.4154，婚姻情况为单身的教师设备与教学条件均值为 2.1990。不同婚姻状况教师的设备与教学条件存在显著差异（T 为 4.150，P 小于 0.001），单身教师的设备与教学条件明显低于已婚教师的设备与教学条件。

表 2-4-10　不同婚姻状况教师的设备与教学条件的独立样本 T 检验

婚姻状况	N	均值	标准差	df	T	P
已婚	2759	2.4154	1.05152	3237	4.150	0.000
单身	480	2.1990	1.07143			

（八）收入与福利

通过不同婚姻状况教师的收入与福利的独立样本 T 检验表（见表 2-4-11）可以看出，婚姻情况为已婚的教师收入与福利均值为 2.8411，婚姻情况为单身的教师收入与福利均值为 2.5604。不同婚姻状况教师的收入与福利存在显著差异（T 为 4.998，P 小于 0.05），单身教师的收入与福利明显低于已婚教师的收入与福利。

表 2-4-11　不同婚姻状况教师的收入与福利的独立样本 T 检验

婚姻状况	N	均值	标准差	df	T	P
已婚	2759	2.8411	1.12231	3237	4.998	0.000
单身	480	2.5604	1.20833			

三、不同婚姻状况教师的组织承诺

（一）感情承诺

通过不同婚姻状况教师的感情承诺的独立样本 T 检验表（见表 2-4-12）可以看出，婚姻情况为已婚的教师感情承诺均值为 2.2335，婚姻情况为单身的教师感情承诺均值为 2.2192。不同婚姻状况教师的感情承诺没有显著差异（T 为 0.276，P 大于 0.05）。

表 2-4-12 不同婚姻状况教师的感情承诺的独立样本 T 检验

婚姻状况	N	均值	标准差	df	T	P
已婚	2759	2.2335	1.03852	3237	0.276	0.782
单身	480	2.2192	1.10635			

（二）规范承诺

通过不同婚姻状况教师的规范承诺的独立样本 T 检验表（见表 2-4-13）可以看出，婚姻情况为已婚的教师规范承诺均值为 2.2296，婚姻情况为单身的教师规范承诺均值为 2.1979。不同婚姻状况教师的规范承诺没有显著差异（T 为 0.596，P 大于 0.05。

表 2-4-13 不同婚姻状况教师的规范承诺的独立样本 T 检验

婚姻状况	N	均值	标准差	df	T	P
已婚	2759	2.2296	1.00190	628.987	0.596	0.551
单身	480	2.1979	1.08591			

（三）理想承诺

通过不同婚姻状况教师的理想承诺的独立样本 T 检验表（见表 2-4-14）可以看出，婚姻情况为已婚的教师理想承诺均值为 2.5637，婚姻情况为单身的教师理想承诺均值为 2.3633。不同婚姻状况教师的理想承诺存在显著差异（T 为 3.798，P 小于 0.001），单身教师的理想承诺明显低于已婚教师的理想承诺。

表 2-4-14 不同婚姻状况教师的理想承诺的独立样本 T 检验

婚姻状况	N	均值	标准差	df	T	P
已婚	2759	2.5637	1.00414	632.305	3.798	0.000
单身	480	2.3633	1.07707			

（四）经济承诺

通过不同婚姻状况教师的经济承诺的独立样本 T 检验表（见表 2-4-15）可以看出，婚姻情况为已婚的教师经济承诺均值为 2.8316，婚姻情况为单身的教师经济承诺均值为 2.8171。不同婚姻状况教师的经济承诺没有显著差异（T 为 0.246，P 大于 0.05）。

表 2-4-15 不同婚姻状况教师的经济承诺的独立样本 T 检验

婚姻状况	N	均值	标准差	df	T	P
已婚	2759	2.8316	1.08701	620.515	0.246	0.806
单身	480	2.8171	1.21127			

（五）机会承诺

通过不同婚姻状况教师的机会承诺的独立样本T检验表（见表2-4-16）可以看出，婚姻情况为已婚的教师机会承诺均值为3.1859，婚姻情况为单身的教师机会承诺均值为3.1475。不同婚姻状况教师的机会承诺没有显著差异（T为0.645，P大于0.05）。

表2-4-16　不同婚姻状况教师的机会承诺的独立样本T检验

婚姻状况	N	均值	标准差	df	T	P
已婚	2759	3.1859	1.11197	625.894	0.645	0.519
单身	480	3.1475	1.21724			

四、不同婚姻状况教师的工作满意度

通过不同婚姻状况教师的工作满意度的独立样本T检验表（见表2-4-17）可以看出，婚姻情况为已婚的教师工作满意度均值为2.1740，婚姻情况为单身的教师工作满意度均值为2.0604。不同婚姻状况教师的工作满意度存在显著差异（T为2.219，P小于0.05），单身教师的工作满意度明显低于已婚教师的工作满意度。

表2-4-17　不同婚姻状况教师的工作满意度的独立样本T检验

婚姻状况	N	均值	标准差	df	T	P
已婚	2759	2.1740	1.03258	3237	2.219	0.027
单身	480	2.0604	1.04764			

五、不同婚姻状况教师的留任意愿

通过不同婚姻状况教师的留任意愿的独立样本T检验表（见表2-4-18）可以看出，婚姻情况为已婚的教师留任意愿均值为2.0466，婚姻情况为单身的留任意愿均值为1.9823。不同婚姻状况教师的留任意愿没有显著差异（T为1.357，P大于0.05）。

表2-4-18　不同婚姻状况教师的留任意愿的独立样本T检验

婚姻状况	N	均值	标准差	df	T	P
已婚	2759	2.0466	0.96120	3237	1.357	0.175
单身	480	1.9823	0.94709			

第五节　不同学历的地方高校教师差异性分析

地方高校教师队伍稳定现状因其学历的不同表现出不同的特征，不同学历的地方高校教师的差异性在专业素质、学校条件与环境、组织承诺、工作满意度等方面呈现出不同的现实样态。本节依据现实数据分析在不同学历的情境下，对地方高校教师队伍稳定性的影响，以期对地方高校教师队伍稳定的现状有一个正确的认知。

一、不同学历教师的专业素质

通过不同学历教师的专业素质情况描述统计分析表（见表 2-5-1）可以看出，学历为本科的专业素质均值为 1.5593，学历为硕士的专业素质均值为 1.5029，学历为博士的专业素质均值为 1.3920。

表 2-5-1　不同学历教师的专业素质整体差异描述统计

学历	均值	标准差	标准误差
本科	1.5593	0.69300	0.02597
硕士	1.5029	0.58284	0.01288
博士	1.3920	0.52936	0.02416

不同学历教师的专业素质的方差分析表（见表 2-5-2）可以显示，不同学历教师的专业素质方面有显著差异（P 小于 0.001）。由事后比较得知，学历为本科的被试教师的专业素质均值大于学历为博士的被试教师的专业素质均值，即学历为本科的被试教师的专业素质明显低于学历为博士的被试教师的专业素质。学历为硕士的被试教师的专业素质均值大于学历为博士的被试教师的专业素质均值，即学历为硕士的被试教师的专业素质明显低于学历为博士的被试教师的专业素质。进一步从关联强度指数来看，ω^2 的值等于 0.007，可见，学历与专业素质存在相关关系。统计检验力等于 0.993，决策正确率较高，学历对专业素质的解释量较大。

表 2-5-2　不同学历教师的专业素质的方差分析表

变异来源	SS	DF	MS	F	事后比较	ω^2	统计检验力
组间	8.118	2	4.059	11.220***	本科 > 博士 硕士 > 博士	0.007	0.993
组内	1170.724	3236	0.362				
全体	1178.842	3238					

（一）专业理念

通过不同学历教师的专业理念情况描述统计分析表（见表 2-5-3）可以看出，学历为本科的专业理念均值为 1.5188，学历为硕士的专业理念均值为 1.4855，学历为博士的专业理念均值为 1.3596。

表 2-5-3　不同学历教师的专业理念整体差异描述统计

学历	均值	标准差	标准误差
本科	1.5188	0.71156	0.02667
硕士	1.4855	0.63361	0.01400
博士	1.3596	0.55626	0.02539

不同学历教师的专业理念的方差分析表（见表 2-5-4）可以显示，不同学历教师的专业理念方面有显著差异（P 小于 0.001）。由事后比较得知，学历为本科的被试教师的专业理念均值大于学历为博士的被试教师的专业理念均值，即学历为本科的被试教师的专业理念明显低于学历为博士的被试教师的专业理念。学历为硕士的被试教师的专业理念均值大于学历为博士的被试教师的专业理念均值，即学历为硕士的被试教师的专业理念明显低于学历为博士的被试教师的专业理念。进一步从关联强度指数来看，ω^2 的值等于 0.006，可见，学历与专业理念存在相关关系。统计检验力等于 0.983，决策正确率较高，学历对专业理念的解释量较大。

表 2-5-4　不同学历教师的专业理念的方差分析表

变异来源	SS	DF	MS	F	事后比较	ω^2	统计检验力
组间	7.984	2	3.992	9.716***	本科 > 博士 硕士 > 博士	0.006	0.983
组内	1329.603	3236	0.411				
全体	1337.587	3238					

（二）专业知识

通过不同学历教师的专业知识情况描述统计分析表（见表 2-5-5）可以看

出，学历为本科的专业知识均值为1.5833，学历为硕士的专业知识均值为1.5142，学历为博士的专业知识均值为 1.4073。

表 2-5-5 不同学历教师的专业知识整体差异描述统计

学历	均值	标准差	标准误差
本科	1.5833	0.73983	0.02773
硕士	1.5142	0.63243	0.01398
博士	1.4073	0.56386	0.02574

不同学历教师的专业知识的方差分析表（见表 2-5-6）可以显示，不同学历教师的专业知识方面有显著差异（P 小于 0.001）。由事后比较得知，学历为本科的被试教师的专业知识均值大于学历为博士的被试教师的专业知识均值，即学历为本科的被试教师的专业知识明显低于学历为博士的被试教师的专业知识。学历为硕士的被试教师的专业知识均值大于学历为博士的被试教师的专业知识均值，即学历为硕士的被试教师的专业知识明显低于学历为博士的被试教师的专业知识。进一步从关联强度指数来看，ω^2 的值等于 0.006，可见，学历与专业知识存在相关关系。统计检验力等于 0.989，决策正确率较高，学历对专业知识的解释量较大。

表 2-5-6 不同学历教师的专业知识的方差分析表

变异来源	SS	DF	MS	F	事后比较	ω^2	统计检验力
组间	8.888	2	4.444	10.576^{***}	本科 > 博士 硕士 > 博士	0.006	0.989
组内	1359.792	3236	0.420				
全体	1368.680	3238					

（三）专业能力

通过不同学历教师的专业能力情况描述统计分析表（见表 2-5-7）可以看出，学历为本科的专业能力均值为1.5758，学历为硕士的专业能力均值为1.5089，学历为博士的专业能力均值为 1.4091。

表 2-5-7 不同学历教师的专业能力整体差异描述统计

学历	均值	标准差	标准误差
本科	1.5758	0.72814	0.02729
硕士	1.5089	0.61985	0.01370
博士	1.4091	0.57928	0.02644

不同学历教师的专业能力的方差分析表（见表 2-5-8）可以显示，不同学

历教师的专业能力方面有显著差异（P 小于 0.001）。由事后比较得知，学历为本科的被试教师的专业能力均值大于学历为博士的被试教师的专业能力均值，即学历为本科的被试教师的专业能力明显低于学历为博士的被试教师的专业能力。学历为硕士的被试教师的专业能力均值大于学历为博士的被试教师的专业能力均值，即学历为硕士的被试教师的专业能力明显低于学历为博士的被试教师的专业能力。进一步从关联强度指数来看，ω^2 的值等于 0.006，可见，学历与专业能力存在相关关系。统计检验力等于 0.983，决策正确率较高，学历对专业能力的解释量较大。

表 2-5-8　不同学历教师的专业能力的方差分析表

变异来源	SS	DF	MS	F	事后比较	ω^2	统计检验力
组间	7.970	2	3.985	9.741***	本科 > 博士 硕士 > 博士	0.006	0.983
组内	1323.810	3236	0.409				
全体	1331.780	3238					

二、不同学历教师的学校条件与环境

通过不同学历教师的学校条件与环境情况描述统计分析表（见表 2-5-9）可以看出，学历为本科的学校条件与环境均值为 2.2728，学历为硕士的学校条件与环境均值为 2.3592，学历为博士的学校条件与环境均值为 2.3901。

表 2-5-9　不同学历教师的学校条件与环境整体差异描述统计

学历	均值	标准差	标准误差
本科	2.2728	0.90077	0.03376
硕士	2.3592	0.85913	0.01899
博士	2.3901	0.87503	0.03994

不同学历教师的学校条件与环境的方差分析表（见表 2-5-10）可以显示，不同学历教师的学校条件与环境方面有显著差异（P 小于 0.05）。由事后比较得知，学历为硕士的被试教师的学校条件与环境均值大于学历为本科的被试教师的学校条件与环境均值，即学历为硕士的被试教师的学校条件与环境明显低于学历为本科的被试教师的学校条件与环境。学历为博士的被试教师的学校条件与环境均值大于学历为本科的被试教师的学校条件与环境均值，即学历为博士的被试教师的学校条件与环境明显低于学历为本科的被试教师的学校条件与

环境。进一步从关联强度指数来看，ω^2 的值等于 0.002，可见，学历与学校条件与环境存在相关关系。统计检验力等于 0.637，决策正确率较高，学历对学校条件与环境的解释量较大。

表 2-5-10　不同学历教师的学校条件与环境的方差分析表

变异来源	SS	DF	MS	F	事后比较	ω^2	统计检验力
组间	5.106	2	2.553	3.367*			
组内	2453.809	3236	0.758		硕士 > 本科 博士 > 本科	0.002	0.637
全体	2458.915	3238					

（一）领导支持

通过不同学历教师的领导支持情况描述统计分析表（见表 2–5–11）可以看出，学历为本科的领导支持均值为 1.9375，学历为硕士的领导支持均值为 1.9777，学历为博士的领导支持均值为 1.9568。

表 2-5-11　不同学历教师的领导支持整体差异描述统计

学历	均值	标准差	标准误差
本科	1.9375	1.02832	0.03854
硕士	1.9777	0.98972	0.02188
博士	1.9568	1.04708	0.04779

不同学历教师的领导支持的方差分析表（见表 2–5–12）可以显示，组间 SS 为 0.897，DF 为 2，MS 为 0.448，F 值为 0.442；组内 SS 为 3281.174，DF 为 3236，MS 为 1.014；不同学历教师的领导支持情况方面不存在显著差异（P 大于 0.05）。

表 2-5-12　不同学历教师的领导支持的方差分析表

变异来源	SS	DF	MS	F
组间	0.897	2	0.448	0.442
组内	3281.174	3236	1.014	
全体	3282.071	3238		

（二）学校发展

通过不同学历教师的学校发展情况描述统计分析表（见表 2–5–13）可以看出，学历为本科的学校发展均值为 1.9961，学历为硕士的学校发展均值为 2.1160，学历为博士的学校发展均值为 2.1733。

表 2-5-13　不同学历教师的学校发展整体差异描述统计

学历	均值	标准差	标准误差
本科	1.9961	1.02409	0.03838
硕士	2.1160	1.00338	0.02218
博士	2.1733	1.09382	0.04993

不同学历教师的学校发展的方差分析表（见表 2-5-14）可以显示，不同学历教师的学校发展方面有显著差异（P 小于 0.01）。由事后比较得知，学历为硕士的被试教师的学校发展均值大于学历为本科的被试教师的学校发展均值，即学历为硕士的被试教师的学校发展明显低于学历为本科的被试教师的学校发展。学历为博士的被试教师的学校发展均值大于学历为本科的被试教师的学校发展均值，即学历为博士的被试教师的学校发展明显低于学历为本科的被试教师的学校发展。进一步从关联强度指数来看，ω^2 的值等于 0.003，可见，学历与学校发展存在相关关系。统计检验力等于 0.828，决策正确率较高，学历对学校发展的解释量较大。

表 2-5-14　不同学历教师的学校发展的方差分析表

变异来源	SS	DF	MS	F	事后比较	ω^2	统计检验力
组间	10.783	2	5.392	5.164**	硕士 > 本科 博士 > 本科	0.003	0.828
组内	3378.635	3236	1.044				
全体	3389.419	3238					

（三）学校政策

通过针对不同学历教师的学校政策情况描述统计分析表（见表 2-5-15）可以看出，针对学历为本科的教师的学校政策均值为 2.2440，针对学历为硕士的教师的学校政策均值为 2.4375，针对学历为博士的教师的学校政策均值为 2.4953。

表 2-5-15　针对不同学历教师的学校政策整体差异描述统计

学历	均值	标准差	标准误差
本科	2.2440	1.14609	0.04295
硕士	2.4375	1.16313	0.02571
博士	2.4953	1.21742	0.05557

针对不同学历教师的学校政策的方差分析表（见表 2-5-16）可以显示，针对不同学历教师的学校政策方面有显著差异（P 小于 0.001）。由事后比较得知，针对学历为硕士的被试教师的学校政策均值大于针对学历为本科的被试教

师的学校政策均值，即针对学历为硕士的被试教师的学校政策明显低于针对学历为本科的被试教师的学校政策。针对学历为博士的被试教师的学校政策均值大于针对学历为本科的被试教师的学校政策均值，即针对学历为博士的被试教师的学校政策明显低于针对学历为本科的被试教师的学校政策。进一步从关联强度指数来看，ω^2 的值等于 0.006，可见，学历与学校政策存在相关关系。统计检验力等于 0.974，决策正确率较高，学历对学校政策的解释量较大。

表 2-5-16 针对不同学历教师的学校政策的方差分析表

变异来源	SS	DF	MS	F	事后比较	ω^2	统计检验力
组间	24.515	2	12.257	8.991***	硕士 > 本科 博士 > 本科	0.006	0.974
组内	4411.835	3236	1.363				
全体	4436.350	3238					

（四）专业发展计划

通过不同学历教师的专业发展计划情况描述统计分析表（见表 2-5-17）可以看出，学历为本科的专业发展计划均值为 2.0895，学历为硕士的专业发展计划均值为 2.1933，学历为博士的专业发展计划均值为 2.2266。

表 2-5-17 不同学历教师的专业发展计划整体差异描述统计

学历	均值	标准差	标准误差
本科	2.0895	1.01713	0.03812
硕士	2.1933	0.99051	0.02189
博士	2.2266	1.02607	0.04683

不同学历教师的专业发展计划的方差分析表（见表 2-5-18）可以显示，不同学历教师的专业发展计划方面有显著差异（P 小于 0.05）。由事后比较得知，学历为硕士的被试教师的专业发展计划均值大于学历为本科的被试教师的专业发展计划均值，即学历为硕士的被试教师的专业发展计划明显低于学历为本科的被试教师的专业发展计划。学历为博士的被试教师的专业发展计划均值大于学历为本科的被试教师的专业发展计划均值，即学历为博士的被试教师的专业发展计划明显低于学历为本科的被试教师的专业发展计划。进一步从关联强度指数来看，ω^2 的值等于 0.002，可见，学历与专业发展计划存在相关关系。统计检验力等于 0.664，决策正确率较高，学历对专业发展计划的解释量较大。

表 2-5-18　不同学历教师的专业发展计划的方差分析表

变异来源	SS	DF	MS	F	事后比较	ω^2	统计检验力
组间	7.159	2	3.580	3.567*	硕士 > 本科 博士 > 本科	0.002	0.664
组内	3247.206	3236	1.003				
全体	3254.366	3238					

（五）工作量

通过不同学历教师的工作量情况描述统计分析表（见表2–5–19）可以看出，学历为本科的工作量均值为 2.6117，学历为硕士的工作量均值为 2.4351，学历为博士的工作量均值为 2.5026。

表 2-5-19　不同学历教师的工作量整体差异描述统计

学历	均值	标准差	标准误差
本科	2.6117	1.10610	0.04145
硕士	2.4351	1.02518	0.02266
博士	2.5026	1.00475	0.04586

不同学历教师的工作量的方差分析表（见表 2–5–20）可以显示，不同学历教师的工作量方面有显著差异（P 小于 0.001）。由事后比较得知，学历为本科的被试教师的工作量均值大于学历为硕士的被试教师的工作量均值，即学历为本科的被试教师的工作量明显低于学历为硕士的被试教师的工作量。进一步从关联强度指数来看，ω^2 的值等于 0.005，可见，学历与工作量存在相关关系。统计检验力等于 0.949，决策正确率较高，学历对工作量的解释量较大。

表 2-5-20　不同学历教师的工作量的方差分析表

变异来源	SS	DF	MS	F	事后比较	ω^2	统计检验力
组间	16.654	2	8.327	7.691***	本科 > 硕士	0.005	0.949
组内	3503.761	3236	1.083				
全体	3520.415	3238					

（六）行政管理

通过不同学历教师的行政管理情况描述统计分析表（见表 2–5–21）可以看出，学历为本科的行政管理均值为 2.3242，学历为硕士的行政管理均值为 2.4690，学历为博士的行政管理均值为 2.5492。

表 2-5-21　不同学历教师的行政管理整体差异描述统计

学历	均值	标准差	标准误差
本科	2.3242	1.13558	0.04256
硕士	2.4690	1.13675	0.02513
博士	2.5492	1.18336	0.05401

不同学历教师的行政管理的方差分析表（见表 2–5–22）可以显示，不同学历教师的行政管理方面有显著差异（P 小于 0.01）。由事后比较得知，学历为硕士的被试教师的行政管理均值大于学历为本科的被试教师的行政管理均值，即学历为硕士的被试教师的行政管理明显低于学历为本科的被试教师的行政管理。学历为博士的被试教师的行政管理均值大于学历为本科的被试教师的行政管理均值，即学历为博士的被试教师的行政管理明显低于学历为本科的被试教师的行政管理。进一步从关联强度指数来看，ω^2 的值等于 0.004，可见，学历与行政管理存在相关关系。统计检验力等于 0.903，决策正确率较高，学历对行政管理的解释量较大。

表 2-5-22　不同学历教师的行政管理的方差分析表

变异来源	SS	DF	MS	F	事后比较	ω^2	统计检验力
组间	16.730	2	8.365	6.397**	硕士 > 本科 博士 > 本科	0.004	0.903
组内	4231.484	3236	1.308				
全体	4248.214	3238					

（七）设备与教学条件

通过不同学历教师的设备与教学条件情况描述统计分析表（见表 2–5–23）可以看出，学历为本科的设备与教学条件均值为 2.2672，学历为硕士的设备与教学条件均值为 2.4095，学历为博士的设备与教学条件均值为 2.4438。

表 2-5-23　不同学历教师的设备与教学条件整体差异描述统计

学历	均值	标准差	标准误差
本科	2.2672	1.03370	0.03874
硕士	2.4095	1.06297	0.02349
博士	2.4438	1.05608	0.04820

不同学历教师的设备与教学条件的方差分析表（见表 2–5–24）可以显示，不同学历教师的设备与教学条件方面有显著差异（P 小于 0.01）。由事后比较得知，学历为硕士的被试教师的设备与教学条件均值大于学历为本科的被试教

师的设备与教学条件均值，即学历为硕士的被试教师的设备与教学条件明显低于学历为本科的被试教师的设备与教学条件。学历为博士的被试教师的设备与教学条件均值大于学历为本科的被试教师的设备与教学条件均值，即学历为博士的被试教师的设备与教学条件明显低于学历为本科的被试教师的设备与教学条件。进一步从关联强度指数来看，ω^2 的值等于0.004，可见，学历与设备与教学条件存在相关关系。统计检验力等于0.867，决策正确率较高，学历对设备与教学条件的解释量较大。

表 2-5-24　不同学历教师的设备与教学条件的方差分析表

变异来源	SS	DF	MS	F	事后比较	ω^2	统计检验力
组间	12.756	2	6.378	5.724**	硕士＞本科 博士＞本科	0.004	0.867
组内	3605.756	3236	1.114				
全体	3618.511	3238					

（八）收入与福利

通过不同学历教师的收入与福利情况描述统计分析表（见表2–5–25）可以看出，学历为本科的收入与福利均值为2.7121，学历为硕士的收入与福利均值为2.8360，学历为博士的收入与福利均值为2.7734。

表 2-5-25　不同学历教师的收入与福利整体差异描述统计

学历	均值	标准差	标准误差
本科	2.7121	1.18712	0.04449
硕士	2.8360	1.13641	0.02512
博士	2.7734	1.07428	0.04903

不同学历教师的收入与福利的方差分析表（见表2–5–26）可以显示，不同学历教师的收入与福利方面有显著差异（P 小于0.05）。由事后比较得知，学历为硕士的被试教师的收入与福利均值大于学历为本科的被试教师的收入与福利均值，即学历为硕士的被试教师的收入与福利明显低于学历为本科的被试教师的收入与福利。进一步从关联强度指数来看，ω^2 的值等于0.002，可见，学历与收入与福利存在相关关系。统计检验力等于0.624，决策正确率较高，学历对收入与福利的解释量较大。

表 2-5-26 不同学历教师的收入与福利的方差分析表

变异来源	SS	DF	MS	F	事后比较	ω^2	统计检验力
组间	8.492	2	4.246	3.274*	硕士 > 本科	0.002	0.624
组内	4197.018	3236	1.297				
全体	4205.509	3238					

三、不同学历教师的组织承诺

通过不同学历教师的组织承诺情况描述统计分析表（见表 2–5–27）可以看出，学历为本科的组织承诺均值为 2.4206，学历为硕士的组织承诺均值为 2.6037，学历为博士的组织承诺均值为 2.8501。

表 2-5-27 不同学历教师的组织承诺整体差异描述统计

学历	均值	标准差	标准误差
本科	2.4206	0.83258	0.03120
硕士	2.6037	0.85181	0.01883
博士	2.8501	0.87307	0.03985

不同学历教师的组织承诺的方差分析表（见表 2–5–28）可以显示，不同学历教师的组织承诺方面有显著差异（P 小于 0.001）。由事后比较得知，学历为硕士的被试教师的组织承诺均值大于学历为本科的被试教师的组织承诺均值，即学历为硕士的被试教师的组织承诺明显低于学历为本科的被试教师的组织承诺。学历为博士的被试教师的组织承诺均值大于学历为本科的被试教师的组织承诺均值，即学历为博士的被试教师的组织承诺明显低于学历为本科的被试教师的组织承诺。学历为博士的被试教师的组织承诺均值大于学历为硕士的被试教师的组织承诺均值，即学历为博士的被试教师的组织承诺明显低于学历为硕士的被试教师的组织承诺。进一步从关联强度指数来看，ω^2 的值等于 0.022，可见，学历与组织承诺存在相关关系。统计检验力等于 1.000，决策正确率较高，学历对组织承诺的解释量较大。

表 2-5-28 不同学历教师的组织承诺的方差分析表

变异来源	SS	DF	MS	F	事后比较	ω^2	统计检验力
组间	52.959	2	26.479	36.579***	硕士 > 本科 博士 > 本科 博士 > 硕士	0.022	1.000
组内	2342.500	3236	0.724				
全体	2395.459	3238					

（一）感情承诺

通过不同学历教师的感情承诺情况描述统计分析表（见表 2-5-29）可以看出，学历为本科的感情承诺均值为 2.0076，学历为硕士的感情承诺均值为 2.2626，学历为博士的感情承诺均值为 2.4300。

表 2-5-29　不同学历教师的感情承诺整体差异描述统计

学历	均值	标准差	标准误差
本科	2.0076	0.98077	0.03676
硕士	2.2626	1.04462	0.02309
博士	2.4300	1.10777	0.05056

不同学历教师的感情承诺的方差分析表（见表 2-5-30）可以显示，不同学历教师的感情承诺方面有显著差异（P 小于 0.001）。由事后比较得知，学历为硕士的被试教师的感情承诺均值大于学历为本科的被试教师的感情承诺均值，即学历为硕士的被试教师的感情承诺明显低于学历为本科的被试教师的感情承诺。学历为博士的被试教师的感情承诺均值大于学历为本科的被试教师的感情承诺均值，即学历为博士的被试教师的感情承诺明显低于学历为本科的被试教师的感情承诺。学历为博士的被试教师的感情承诺均值大于学历为硕士的被试教师的感情承诺均值，即学历为博士的被试教师的感情承诺明显低于学历为硕士的被试教师的感情承诺。进一步从关联强度指数来看，ω^2 的值等于 0.016，可见，学历与感情承诺存在相关关系。统计检验力等于 1.000，决策正确率较高，学历对感情承诺的解释量较大。

表 2-5-30　不同学历教师的感情承诺的方差分析表

变异来源	SS	DF	MS	F	事后比较	ω^2	统计检验力
组间	56.595	2	28.297	26.130***	硕士 > 本科 博士 > 本科 博士 > 硕士	0.016	1.000
组内	3504.378	3236	1.083				
全体	3560.973	3238					

（二）规范承诺

通过不同学历教师的规范承诺情况描述统计分析表（见表 2-5-31）可以看出，学历为本科的规范承诺均值为 2.0110，学历为硕士的规范承诺均值为 2.2571，学历为博士的规范承诺均值为 2.4050。

表 2-5-31　不同学历教师的规范承诺整体差异描述统计

学历	均值	标准差	标准误差
本科	2.0110	0.94552	0.03543
硕士	2.2571	1.01694	0.02248
博士	2.4050	1.05378	0.04810

不同学历教师的规范承诺的方差分析表（见表 2–5–32）可以显示，不同学历教师的规范承诺方面有显著差异（P 小于 0.001）。由事后比较得知，学历为硕士的被试教师的规范承诺均值大于学历为本科的被试教师的规范承诺均值，即学历为硕士的被试教师的规范承诺明显低于学历为本科的被试教师的规范承诺。学历为博士的被试教师的规范承诺均值大于学历为本科的被试教师的规范承诺均值，即学历为博士的被试教师的规范承诺明显低于学历为本科的被试教师的规范承诺。学历为博士的被试教师的规范承诺均值大于学历为硕士的被试教师的规范承诺均值，即学历为博士的被试教师的规范承诺明显低于学历为硕士的被试教师的规范承诺。进一步从关联强度指数来看，ω^2 的值等于 0.015，可见，学历与规范承诺存在相关关系。统计检验力等于 1.000，决策正确率较高，学历对规范承诺的解释量较大。

表 2-5-32　不同学历教师的规范承诺的方差分析表

变异来源	SS	DF	MS	F	事后比较	ω^2	统计检验力
组间	50.276	2	25.138	24.775***	硕士 > 本科 博士 > 本科 博士 > 硕士	0.015	1.000
组内	3283.438	3236	1.015				
全体	3333.714	3238					

（三）理想承诺

通过不同学历教师的理想承诺情况描述统计分析表（见表 2–5–33）可以看出，学历为本科的理想承诺均值为 2.4110，学历为硕士的理想承诺均值为 2.5455，学历为博士的理想承诺均值为 2.6675。

表 2-5-33　不同学历教师的理想承诺整体差异描述统计

学历	均值	标准差	标准误差
本科	2.4110	1.01801	0.03815
硕士	2.5455	1.00791	0.02228
博士	2.6675	1.03997	0.04747

不同学历教师的理想承诺的方差分析表（见表 2-5-34）可以显示，不同学历教师的理想承诺方面有显著差异（P 小于 0.001）。由事后比较得知，学历为硕士的被试教师的理想承诺均值大于学历为本科的被试教师的理想承诺均值，即学历为硕士的被试教师的理想承诺明显低于学历为本科的被试教师的理想承诺。学历为博士的被试教师的理想承诺均值大于学历为本科的被试教师的理想承诺均值，即学历为博士的被试教师的理想承诺明显低于学历为本科的被试教师的理想承诺。学历为博士的被试教师的理想承诺均值大于学历为硕士的被试教师的理想承诺均值，即学历为博士的被试教师的理想承诺明显低于学历为硕士的被试教师的理想承诺。进一步从关联强度指数来看，ω^2的值等于0.006，可见，学历与教理想承诺存在相关关系。统计检验力等于 0.981，决策正确率较高，学历对理想承诺的解释量较大。

表 2-5-34　不同学历教师的理想承诺的方差分析表

变异来源	SS	DF	MS	F	事后比较	ω^2	统计检验力
组间	19.604	2	9.802	9.516^{***}	硕士＞本科 博士＞本科 博士＞硕士	0.006	0.981
组内	3333.363	3236	1.030				
全体	3352.967	3238					

（四）经济承诺

通过不同学历教师的经济承诺情况描述统计分析表（见表 2-5-35）可以看出，学历为本科的经济承诺均值为 2.6770，学历为硕士的经济承诺均值为 2.8171，学历为博士的经济承诺均值为 3.1083。

表 2-5-35　不同学历教师的经济承诺整体差异描述统计

学历	均值	标准差	标准误差
本科	2.6770	1.12069	0.04200
硕士	2.8171	1.08776	0.02404
博士	3.1083	1.11326	0.05081

不同学历教师的经济承诺的方差分析表（见表 2-5-36）可以显示，不同学历教师的经济承诺方面有显著差异（P 小于 0.001）。由事后比较得知，学历为硕士的被试教师的经济承诺均值大于学历为本科的被试教师的经济承诺均值，即学历为硕士的被试教师的经济承诺明显低于学历为本科的被试教师的经济承诺。学历为博士的被试教师的经济承诺均值大于学历为本科的被试教师的

经济承诺均值，即学历为博士的被试教师的经济承诺明显低于学历为本科的被试教师的经济承诺。学历为博士的被试教师的经济承诺均值大于学历为硕士的被试教师的经济承诺均值，即学历为博士的被试教师的经济承诺明显低于学历为硕士的被试教师的经济承诺。进一步从关联强度指数来看，ω^2的值等于0.014，可见，学历与经济承诺存在相关关系。统计检验力等于1.000，决策正确率较高，学历对经济承诺的解释量较大。

表 2-5-36　不同学历教师的经济承诺的方差分析表

变异来源	SS	DF	MS	F	事后比较	ω^2	统计检验力
组间	54.200	2	27.100	22.443***	硕士 > 本科 博士 > 本科 博士 > 硕士	0.014	1.000
组内	3907.510	3236	1.208				
全体	3961.710	3238					

（五）机会承诺

通过不同学历教师的机会承诺情况描述统计分析表（见表 2-5-37）可以看出，学历为本科的机会承诺均值为 2.9966，学历为硕士的机会承诺均值为 3.1363，学历为博士的机会承诺均值为 3.6396。

表 2-5-37　不同学历教师的机会承诺整体差异描述统计

学历	均值	标准差	标准误差
本科	2.9966	1.10785	0.04152
硕士	3.1363	1.11129	0.02456
博士	3.6396	1.11165	0.05074

不同学历教师的机会承诺的方差分析表（见表 2-5-38）可以显示，不同学历教师的机会承诺方面有显著差异（P 小于 0.001）。由事后比较得知，学历为硕士的被试教师的机会承诺均值大于学历为本科的被试教师的机会承诺均值，即学历为硕士的被试教师的机会承诺明显低于学历为本科的被试教师的机会承诺。学历为博士的被试教师的机会承诺均值大于学历为本科的被试教师的机会承诺均值，即学历为博士的被试教师的机会承诺明显低于学历为本科的被试教师的机会承诺。学历为博士的被试教师的机会承诺均值大于学历为硕士的被试教师的机会承诺均值，即学历为博士的被试教师的机会承诺明显低于学历为硕士的被试教师的机会承诺。进一步从关联强度指数来看，ω^2的值等于0.031，可见，学历与机会承诺存在相关关系。统计检验力等于1.000，决策正确率较高，

学历对机会承诺的解释量较大。

表 2-5-38　不同学历教师的机会承诺的方差分析表

变异来源	SS	DF	MS	F	事后比较	ω^2	统计检验力
组间	129.235	2	64.617	52.389***	硕士 > 本科 博士 > 本科 博士 > 硕士	0.031	1.000
组内	3991.293	3236	1.233				
全体	4120.527	3238					

四、不同学历教师的工作满意度

通过不同学历教师的工作满意度情况描述统计分析表（见表 2-5-39）可以看出，学历为本科的工作满意度均值为 1.9952，学历为硕士的工作满意度均值为 2.1776，学历为博士的工作满意度均值为 2.3100。

表 2-5-39　不同学历教师的工作满意度整体差异描述统计

学历	均值	标准差	标准误差
本科	1.9952	0.98788	0.03702
硕士	2.1776	1.02513	0.02266
博士	2.3100	1.11632	0.05095

不同学历教师的工作满意度的方差分析表（见表 2-5-40）可以显示，不同学历教师的工作满意度方面有显著差异（P 小于 0.001）。由事后比较得知，学历为硕士的被试教师的工作满意度均值大于学历为本科的被试教师的工作满意度均值，即学历为硕士的被试教师的工作满意度明显低于学历为本科的被试教师的工作满意度。学历为博士的被试教师的工作满意度均值大于学历为本科的被试教师的工作满意度均值，即学历为博士的被试教师的工作满意度明显低于学历为本科的被试教师的工作满意度。进一步从关联强度指数来看，ω^2 的值等于 0.009，可见，学历与工作满意度存在相关关系。统计检验力等于 0.999，决策正确率较高，学历对工作满意度的解释量较大。

表 2-5-40　不同学历教师的工作满意度的方差分析表

变异来源	SS	DF	MS	F	事后比较	ω^2	统计检验力
组间	30.741	2	15.371	14.455***	硕士 > 本科 博士 > 本科	0.009	0.999
组内	3440.911	3236	1.063				
全体	3471.652	3238					

五、不同学历教师的留任意愿

通过不同学历教师的留任意愿情况描述统计分析表（见表 2–5–41）可以看出，学历为本科的留任意愿均值为 1.8612，学历为硕士的留任意愿均值为 2.0493，学历为博士的留任意愿均值为 2.2462。

表 2-5-41　不同学历教师的留任意愿整体差异描述统计

学历	均值	标准差	标准误差
本科	1.8612	0.92695	0.03474
硕士	2.0493	0.94068	0.02079
博士	2.2462	1.03667	0.04732

不同学历教师的留任意愿的方差分析表（见表 2–5–42）可以显示，不同学历教师的留任意愿方面有显著差异（P 小于 0.001）。由事后比较得知，学历为硕士的被试教师的留任意愿均值大于学历为本科的被试教师的留任意愿均值，即学历为硕士的被试教师的留任意愿明显低于学历为本科的被试教师的留任意愿。学历为博士的被试教师的留任意愿均值大于学历为本科的被试教师的留任意愿均值，即学历为博士的被试教师的留任意愿明显低于学历为本科的被试教师的留任意愿。学历为博士的被试教师的留任意愿均值大于学历为硕士的被试教师的留任意愿均值，即学历为博士的被试教师的留任意愿明显低于学历为硕士的被试教师的留任意愿。进一步从关联强度指数来看，ω^2的值等于0.015，可见，学历与留任意愿存在相关关系。统计检验力等于 1.000，决策正确率较高，学历对留任意愿的解释量较大。

表 2-5-42　不同学历教师的留任意愿的方差分析表

变异来源	SS	DF	MS	F	事后比较	ω^2	统计检验力
组间	43.318	2	21.659	23.871***	硕士 > 本科 博士 > 本科 博士 > 硕士	0.015	1.000
组内	2936.140	3236	0.907				
全体	2979.458	3238					

第六节　不同毕业学校的地方高校教师差异性分析

地方高校教师队伍稳定现状因其毕业学校的不同表现出不同的特征，不同毕业学校的地方高校教师的差异性在专业素质、学校条件与环境、组织承诺、工作满意度等方面呈现出不同的现实样态。本节依据现实数据分析在不同毕业学校的情境下，对地方高校教师队伍稳定性的影响，以期对地方高校教师队伍稳定的现状有一个正确的认知。

一、不同毕业学校教师的专业素质

通过不同毕业学校教师的专业素质情况描述统计分析表（见表 2-6-1）可以看出，毕业学校为国内普通高校的专业素质均值为 1.5298，毕业学校为 211 高校的专业素质均值为 1.4243，毕业学校为 985 高校的专业素质均值为 1.4001，毕业学校为国外高校的专业素质均值为 1.5569。

表 2-6-1　不同毕业学校教师的专业素质整体差异描述统计

毕业学校	均值	标准差	标准误差
国内普通高校	1.5298	0.63869	0.01355
211 高校	1.4243	0.49600	0.02074
985 高校	1.4001	0.48863	0.02686
国外高校	1.5569	0.62859	0.05887

不同毕业学校教师的专业素质的方差分析表（见表 2-6-2）可以显示，不同毕业学校教师的专业素质方面有显著差异（P 小于 0.001）。由事后比较得知，毕业学校为国内普通高校的被试教师的专业素质均值大于毕业学校为 211 高校的被试教师的专业素质均值，即毕业学校为国内普通高校的被试教师的专业素质明显低于毕业学校为 211 高校的被试教师的专业素质。毕业学校为国内普通高校的被试教师的专业素质均值大于毕业学校为 985 高校的被试教师的专业素质均值，即毕业学校为国内普通高校的被试教师的专业素质明显低于毕业学校为 985 高校的被试教师的专业素质。进一步从关联强度指数来看，ω^2 的值等于 0.008，可见，毕业学校与专业素质存在相关关系。统计检验力等于 0.993，决策正确率较高，毕业学校对专业素质的解释量较大。

表 2-6-2 不同毕业学校教师的专业素质的方差分析表

变异来源	SS	DF	MS	F	事后比较	ω^2	统计检验力
组间	8.915	3	2.972	8.217***	国内普通高校 > 211 高校 国内普通高校 >985 高校	0.008	0.993
组内	1169.927	3235	0.362				
全体	1178.842	3238					

（一）专业理念

通过不同毕业学校教师的专业理念情况描述统计分析表（见表 2-6-3）可以看出，毕业学校为国内普通高校的专业理念均值为 1.5008，毕业学校为 211 高校的专业理念均值为 1.3951，毕业学校为 985 高校的专业理念均值为 1.4018，毕业学校为国外高校的专业理念均值为 1.5614。

表 2-6-3 不同毕业学校教师的专业理念整体差异描述统计

毕业学校	均值	标准差	标准误差
国内普通高校	1.5008	0.67199	0.01426
211 高校	1.3951	0.51156	0.02139
985 高校	1.4018	0.57070	0.03137
国外高校	1.5614	0.78701	0.07371

不同毕业学校教师的专业理念的方差分析表（见表 2-6-4）可以显示，不同毕业学校教师的专业理念方面有显著差异（P 小于 0.001）。由事后比较得知，毕业学校为国内普通高校的被试教师的专业理念均值大于毕业学校为 211 高校的被试教师的专业理念均值，即毕业学校为国内普通高校的被试教师的专业理念明显低于毕业学校为 211 高校的被试教师的专业理念。毕业学校为国内普通高校的被试教师的专业理念均值大于毕业学校为 985 高校的被试教师的专业理念均值，即毕业学校为国内普通高校的被试教师的专业理念明显低于毕业学校为 985 高校的被试教师的专业理念。进一步从关联强度指数来看，ω^2 的值等于 0.006，可见，毕业学校与专业理念存在相关关系。统计检验力等于 0.967，决策正确率较高，毕业学校对专业理念的解释量较大。

表 2-6-4 不同毕业学校教师的专业理念的方差分析表

变异来源	SS	DF	MS	F	事后比较	ω^2	统计检验力
组间	7.753	3	2.584	6.287***	国内普通高校 > 211 高校国内普通高校 >985 高校	0.006	0.967
组内	1329.834	3235	0.411				
全体	1337.587	3238					

（二）专业知识

通过不同毕业学校教师的专业知识情况描述统计分析表（见表 2-6-5）可以看出，毕业学校为国内普通高校的专业知识均值为 1.5479，毕业学校为 211 高校的专业知识均值为 1.4417，毕业学校为 985 高校的专业知识均值为 1.3852，毕业学校为国外高校的专业知识均值为 1.5775。

表 2-6-5 不同毕业学校教师的专业知识整体差异描述统计

毕业学校	均值	标准差	标准误差
国内普通高校	1.5479	0.68780	0.01459
211 高校	1.4417	0.53810	0.02250
985 高校	1.3852	0.51794	0.02847
国外高校	1.5775	0.68240	0.06391

不同毕业学校教师的专业知识的方差分析表（见表 2-6-6）可以显示，不同毕业学校教师的专业知识方面有显著差异（P 小于 0.001）。由事后比较得知，毕业学校为国内普通高校的被试教师的专业知识均值大于毕业学校为 211 高校的被试教师的专业知识均值，即毕业学校为国内普通高校的被试教师的专业知识明显低于毕业学校为 211 高校的被试教师的专业知识。毕业学校为国内普通高校的被试教师的专业知识均值大于毕业学校为 985 高校的被试教师的专业知识均值，即毕业学校为国内普通高校的被试教师的专业知识明显低于毕业学校为 985 高校的被试教师的专业知识。毕业学校为国外高校的被试教师的专业知识均值大于毕业学校为 985 高校的被试教师的专业知识均值，即毕业学校为国外高校的被试教师的专业知识明显低于毕业学校为 985 高校的被试教师的专业知识。进一步从关联强度指数来看，ω^2 的值等于 0.008，可见，毕业学校与专业知识存在相关关系。统计检验力等于 0.996，决策正确率较高，毕业学校对专业知识的解释量较大。

表 2-6-6 不同毕业学校教师的专业知识的方差分析表

变异来源	SS	DF	MS	F	事后比较	ω^2	统计检验力
组间	11.496	3	3.832	9.134***	国内普通高校 > 211 高校 国内普通高校 >985 高校 国外高校 >985 高校	0.008	0.996
组内	1357.184	3235	0.420				
全体	1368.680	3238					

（三）专业能力

通过不同毕业学校教师的专业能力情况描述统计分析表（见表 2–6–7）可以看出，毕业学校为国内普通高校的专业能力均值为 1.5406，毕业学校为 211 高校的专业能力均值为 1.4362，毕业学校为 985 高校的专业能力均值为 1.4131，毕业学校为国外高校的专业能力均值为 1.5318。

表 2-6-7 不同毕业学校教师的专业能力整体差异描述统计

毕业学校	均值	标准差	标准误差
国内普通高校	1.5406	0.67357	0.01429
211 高校	1.4362	0.55624	0.02326
985 高校	1.4131	0.53105	0.02919
国外高校	1.5318	0.63820	0.05977

不同毕业学校教师的专业能力的方差分析表（见表 2–6–8）可以显示，不同毕业学校教师的专业能力方面有显著差异（P 小于 0.001）。由事后比较得知，毕业学校为国内普通高校的被试教师的专业能力均值大于毕业学校为 211 高校的被试教师的专业能力均值，即毕业学校为国内普通高校的被试教师的专业能力明显低于毕业学校为 211 高校的被试教师的专业能力。毕业学校为国内普通高校的被试教师的专业能力均值大于毕业学校为 985 高校的被试教师的专业能力均值，即毕业学校为国内普通高校的被试教师的专业能力明显低于毕业学校为 985 高校的被试教师的专业能力。进一步从关联强度指数来看，ω^2 的值等于 0.006，可见，毕业学校与专业能力存在相关关系。统计检验力等于 0.977，决策正确率较高，毕业学校对专业能力的解释量较大。

表 2-6-8　不同毕业学校教师的专业能力的方差分析表

变异来源	SS	DF	MS	F	事后比较	ω²	统计检验力
组间	8.346	3	2.782	6.801***	国内普通高校 > 211 高校 国内普通高校 >985 高校	0.006	0.977
组内	1323.434	3235	0.409				
全体	1331.780	3238					

二、不同毕业学校教师的学校条件与环境

通过不同毕业学校教师的学校条件与环境情况描述统计分析表（见表 2-6-9）可以看出，毕业学校为国内普通高校的学校条件与环境均值为 2.3232，毕业学校为 211 高校的学校条件与环境均值为 2.3799，毕业学校为 985 高校的学校条件与环境均值为 2.4232，毕业学校为国外高校的学校条件与环境均值为 2.3618。

表 2-6-9　不同毕业学校教师的学校条件与环境整体差异描述统计

毕业学校	均值	标准差	标准误差
国内普通高校	2.3232	0.87155	0.01849
211 高校	2.3799	0.88014	0.03680
985 高校	2.4232	0.85289	0.04688
国外高校	2.3618	0.87062	0.08154

不同毕业学校教师的学校条件与环境的方差分析表（见表 2-6-10）可以显示，组间 SS 为 3.806，DF 为 3，MS 为 1.269，F 值为 1.672；组内 SS 为 2455.109，DF 为 3235，MS 为 0.759；不同毕业学校教师的学校条件与环境情况方面不存在显著差异（P 大于 0.05）。

表 2-6-10　不同毕业学校教师的学校条件与环境的方差分析表

变异来源	SS	DF	MS	F
组间	3.806	3	1.269	1.672
组内	2455.109	3235	0.759	
全体	2458.915	3238		

（一）领导支持

通过不同毕业学校教师的领导支持情况描述统计分析表（见表 2-6-11）可以看出，毕业学校为国内普通高校的领导支持均值为 1.9680，毕业学校为 211 高校的领导支持均值为 1.9309，毕业学校为 985 高校的领导支持均值为

1.9932，毕业学校为国外高校的领导支持均值为 2.0154。

表 2-6-11 不同毕业学校教师的领导支持整体差异描述统计

毕业学校	均值	标准差	标准误差
国内普通高校	1.9680	1.00709	0.02136
211 高校	1.9309	1.00667	0.04209
985 高校	1.9932	1.00762	0.05538
国外高校	2.0154	1.00677	0.09429

不同毕业学校教师的领导支持的方差分析表（见表 2-6-12）可以显示，组间 SS 为 1.235，DF 为 3，MS 为 0.412，F 值为 0.406；组内 SS 为 3280.836，DF 为 3235，MS 为 1.014；不同毕业学校教师的领导支持情况方面不存在显著差异（P 大于 0.05）。

表 2-6-12 不同毕业学校教师的领导支持的方差分析表

变异来源	SS	DF	MS	F
组间	1.235	3	0.412	0.406
组内	3280.836	3235	1.014	
全体	3282.071	3238		

（二）学校发展

通过不同毕业学校教师的学校发展情况描述统计分析表（见表 2-6-13）可以看出，毕业学校为国内普通高校的学校发展均值为 2.0728，毕业学校为 211 高校的学校发展均值为 2.1143，毕业学校为 985 高校的学校发展均值为 2.1843，毕业学校为国外高校的学校发展均值为 2.2596。

表 2-6-13 不同毕业学校教师的学校发展整体差异描述统计

毕业学校	均值	标准差	标准误差
国内普通高校	2.0728	1.01551	0.02154
211 高校	2.1143	1.03108	0.04311
985 高校	2.1843	1.05013	0.05772
国外高校	2.2596	1.03494	0.09693

不同毕业学校教师的学校发展的方差分析表（见表 2-6-14）可以显示，组间 SS 为 7.005，DF 为 3，MS 为 2.335，F 值为 2.233；组内 SS 为 3382.413，DF 为 3235，MS 为 1.046；不同毕业学校教师的学校发展情况方面不存在显著差异（P 大于 0.05）。

表 2-6-14　不同毕业学校教师的学校发展的方差分析表

变异来源	SS	DF	MS	F
组间	7.005	3	2.335	2.233
组内	3382.413	3235	1.046	
全体	3389.419	3238		

（三）学校政策

通过不同毕业学校教师的学校政策情况描述统计分析表（见表 2–6–15）可以看出，毕业学校为国内普通高校的学校政策均值为 2.3688，毕业学校为 211 高校的学校政策均值为 2.4362，毕业学校为 985 高校的学校政策均值为 2.5370，毕业学校为国外高校的学校政策均值为 2.5285。

表 2-6-15　不同毕业学校教师的学校政策整体差异描述统计

毕业学校	均值	标准差	标准误差
国内普通高校	2.3688	1.15498	0.02450
211 高校	2.4362	1.18895	0.04971
985 高校	2.5370	1.23826	0.06806
国外高校	2.5285	1.15011	0.10772

不同毕业学校教师的学校政策的方差分析表（见表 2–6–16）可以显示，不同毕业学校教师的学校政策方面有显著差异（P 小于 0.05）。由事后比较得知，毕业学校为 985 高校的被试教师的学校政策均值大于毕业学校为国内普通高校的被试教师的学校政策均值，即毕业学校为 985 高校的被试教师的学校政策明显低于毕业学校为国内普通高校的被试教师的学校政策。进一步从关联强度指数来看，ω^2 的值等于 0.002，可见，毕业学校与学校政策存在相关关系。统计检验力等于 0.655，决策正确率较高，毕业学校对学校政策的解释量较大。

表 2-6-16　不同毕业学校教师的学校政策的方差分析表

变异来源	SS	DF	MS	F	事后比较	ω^2	统计检验力
组间	10.966	3	3.655	2.672*	985 高校 > 国内普通高校	0.002	0.655
组内	4425.384	3235	1.368				
全体	4436.350	3238					

（四）专业发展计划

通过不同毕业学校教师的专业发展计划情况描述统计分析表（见表 2–6–17）可以看出，毕业学校为国内普通高校的专业发展计划均值为 2.1535，毕业学校为211高校的专业发展计划均值为2.2074，毕业学校为985高校的专业发展计划均值为2.2443，毕业学校为国外高校的专业发展计划均值为2.2423。

表2-6-17 不同毕业学校教师的专业发展计划整体差异描述统计

毕业学校	均值	标准差	标准误差
国内普通高校	2.1535	0.99326	0.02107
211高校	2.2074	1.01971	0.04264
985高校	2.2443	1.05669	0.05808
国外高校	2.2423	0.92774	0.08689

不同毕业学校教师的专业发展计划的方差分析表（见表2-6-18）可以显示，组间SS为3.738，DF为3，MS为1.246，F值为1.240；组内SS为3250.628，DF为3235，MS为1.005；不同毕业学校教师的专业发展计划情况方面不存在显著差异（P大于0.05）。

表2-6-18 不同毕业学校教师的专业发展计划的方差分析表

变异来源	SS	DF	MS	F
组间	3.738	3	1.246	1.240
组内	3250.628	3235	1.005	
全体	3254.366	3238		

（五）工作量

通过不同毕业学校教师的工作量情况描述统计分析表（见表2-6-19）可以看出，毕业学校为国内普通高校的工作量均值为2.4822，毕业学校为211高校的工作量均值为2.5533，毕业学校为985高校的工作量均值为2.4494，毕业学校为国外高校的工作量均值为2.2697。

表2-6-19 不同毕业学校教师的工作量整体差异描述统计

毕业学校	均值	标准差	标准误差
国内普通高校	2.4822	1.06176	0.02252
211高校	2.5533	1.02593	0.04290
985高校	2.4494	0.98005	0.05387
国外高校	2.2697	0.89377	0.08371

不同毕业学校教师的工作量的方差分析表（见表2-6-20）可以显示，组间SS为8.386，DF为3，MS为2.795，F值为2.575；组内SS为3512.029，DF为3235，MS为1.086；不同毕业学校教师的工作量情况方面不存在显著差异（P大于0.05）。

表 2-6-20 不同毕业学校教师的工作量的方差分析表

变异来源	SS	DF	MS	F
组间	8.386	3	2.795	2.575
组内	3512.029	3235	1.086	
全体	3520.415	3238		

（六）行政管理

通过不同毕业学校教师的行政管理情况描述统计分析表（见表 2-6-21）可以看出，毕业学校为国内普通高校的行政管理均值为 2.4075，毕业学校为 211 高校的行政管理均值为 2.5185，毕业学校为 985 高校的行政管理均值为 2.5994，毕业学校为国外高校的行政管理均值为 2.4737。

表 2-6-21 不同毕业学校教师的行政管理整体差异描述统计

毕业学校	均值	标准差	标准误差
国内普通高校	2.4075	1.12893	0.02395
211 高校	2.5185	1.18833	0.04969
985 高校	2.5994	1.18019	0.06487
国外高校	2.4737	1.10294	0.10330

不同毕业学校教师的行政管理的方差分析表（见表 2-6-22）可以显示，不同毕业学校教师的行政管理方面有显著差异（P 小于 0.05）。由事后比较得知，毕业学校为 211 高校的被试教师的行政管理均值大于毕业学校为国内普通高校的被试教师的行政管理均值，即毕业学校为 211 高校的被试教师的行政管理明显低于毕业学校为国内普通高校的被试教师的行政管理。毕业学校为 985 高校的被试教师的行政管理均值大于毕业学校为国内普通高校的被试教师的行政管理均值，即毕业学校为 985 高校的被试教师的行政管理明显低于毕业学校为国内普通高校的被试教师的行政管理。进一步从关联强度指数来看，ω^2 的值等于 0.003，可见，毕业学校与行政管理存在相关关系。统计检验力等于 0.796，决策正确率较高，毕业学校对行政管理的解释量较大。

表 2-6-22 不同毕业学校教师的行政管理的方差分析表

变异来源	SS	DF	MS	F	事后比较	ω^2	统计检验力
组间	14.154	3	4.718	3.605*	211 高校 > 国内普通高校 985 高校 > 国内普通高校	0.003	0.796
组内	4234.060	3235	1.309				
全体	4248.214	3238					

（七）设备与教学条件

通过不同毕业学校教师的设备与教学条件情况描述统计分析表（见表2-6-23）可以看出，毕业学校为国内普通高校的设备与教学条件均值为2.3498，毕业学校为211高校的设备与教学条件均值为2.4406，毕业学校为985高校的设备与教学条件均值为2.5060，毕业学校为国外高校的设备与教学条件均值为2.3925。

表2-6-23　不同毕业学校教师的设备与教学条件整体差异描述统计

毕业学校	均值	标准差	标准误差
国内普通高校	2.3498	1.04778	0.02223
211高校	2.4406	1.08503	0.04537
985高校	2.5060	1.05563	0.05802
国外高校	2.3925	1.07617	0.10079

不同毕业学校教师的设备与教学条件的方差分析表（见表2-6-24）可以显示，不同毕业学校教师的设备与教学条件方面有显著差异（P小于0.05）。由事后比较得知，毕业学校为985高校的被试教师的设备与教学条件均值大于毕业学校为国内普通高校的被试教师的设备与教学条件均值，即毕业学校为985高校的被试教师的设备与教学条件明显低于毕业学校为国内普通高校的被试教师的设备与教学条件。进一步从关联强度指数来看，ω^2的值等于0.003，可见，毕业学校与设备与教学条件存在相关关系。统计检验力等于0.677，决策正确率较高，毕业学校对设备与教学条件的解释量较大。

表2-6-24　不同毕业学校教师的设备与教学条件的方差分析表

变异来源	SS	DF	MS	F	事后比较	ω^2	统计检验力
组间	9.366	3	3.122	2.798*	985高校＞国内普通高校	0.003	0.677
组内	3609.146	3235	1.116				
全体	3618.511	3238					

（八）收入与福利

通过不同毕业学校教师的收入与福利情况描述统计分析表（见表2-6-25）可以看出，毕业学校为国内普通高校的收入与福利均值为2.7832，毕业学校为211高校的收入与福利均值为2.8383，毕业学校为985高校的收入与福利均值为2.8716，毕业学校为国外高校的收入与福利均值为2.7127。

表 2-6-25　不同毕业学校教师的收入与福利整体差异描述统计

毕业学校	均值	标准差	标准误差
国内普通高校	2.7832	1.14872	0.02437
211 高校	2.8383	1.14820	0.04801
985 高校	2.8716	1.07790	0.05925
国外高校	2.7127	1.09111	0.10219

不同毕业学校教师的收入与福利的方差分析表（见表 2-6-26）可以显示，组间 SS 为 4.031，DF 为 3，MS 为 1.344，F 值为 1.035；组内 SS 为 4201.478，DF 为 3235，MS 为 1.299；不同毕业学校教师的收入与福利情况方面不存在显著差异（P 大于 0.05）。

表 2-6-26　不同毕业学校教师的收入与福利的方差分析表

变异来源	SS	DF	MS	F
组间	4.031	3	1.344	1.035
组内	4201.478	3235	1.299	
全体	4205.509	3238		

三、不同毕业学校教师的组织承诺

通过不同毕业学校教师的组织承诺情况描述统计分析表（见表 2-6-27）可以看出，毕业学校为国内普通高校的组织承诺均值为 2.5453，毕业学校为 211 高校的组织承诺均值为 2.7248，毕业学校为 985 高校的组织承诺均值为 2.7454，毕业学校为国外高校的组织承诺均值为 2.6175。

表 2-6-27　不同毕业学校教师的组织承诺整体差异描述统计

毕业学校	均值	标准差	标准误差
国内普通高校	2.5453	0.85799	0.01820
211 高校	2.7248	0.87239	0.03648
985 高校	2.7454	0.84248	0.04631
国外高校	2.6175	0.78201	0.07324

不同毕业学校教师的组织承诺的方差分析表（见表 2-6-28）可以显示，不同毕业学校教师的组织承诺方面有显著差异（P 小于 0.001）。由事后比较得知，毕业学校为 211 高校的被试教师的组织承诺均值大于毕业学校为国内普通高校的被试教师的组织承诺均值，即毕业学校为 211 高校的被试教师的组织承诺明显低于毕业学校为国内普通高校的被试教师的组织承诺。毕业学校为 985 高校

的被试教师的组织承诺均值大于毕业学校为国内普通高校的被试教师的组织承诺均值，即毕业学校为985高校的被试教师的组织承诺明显低于毕业学校为国内普通高校的被试教师的组织承诺。进一步从关联强度指数来看，ω^2 的值等于0.009，可见，毕业学校与组织承诺存在相关关系。统计检验力等于0.999，决策正确率较高，毕业学校对组织承诺的解释量较大。

表2-6-28 不同毕业学校教师的组织承诺的方差分析表

变异来源	SS	DF	MS	F	事后比较	ω^2	统计检验力
组间	22.583	3	7.528	10.263***	211高校＞国内普通高校 985高校＞国内普通高校	0.009	0.999
组内	2372.876	3235	0.734				
全体	2395.459	3238					

（一）感情承诺

通过不同毕业学校教师的感情承诺情况描述统计分析表（见表2-6-29）可以看出，毕业学校为国内普通高校的感情承诺均值为2.1873，毕业学校为211高校的感情承诺均值为2.3311，毕业学校为985高校的感情承诺均值为2.3589，毕业学校为国外高校的感情承诺均值为2.2193。

表2-6-29 不同毕业学校教师的感情承诺整体差异描述统计

毕业学校	均值	标准差	标准误差
国内普通高校	2.1873	1.03187	0.02189
211高校	2.3311	1.09727	0.04588
985高校	2.3589	1.08276	0.05951
国外高校	2.2193	0.97035	0.09088

不同毕业学校教师的感情承诺的方差分析表（见表2-6-30）可以显示，不同毕业学校教师的感情承诺方面有显著差异（P小于0.01）。由事后比较得知，毕业学校为211高校的被试教师的感情承诺均值大于毕业学校为国内普通高校的被试教师的感情承诺均值，即毕业学校为211高校的被试教师的感情承诺明显低于毕业学校为国内普通高校的被试教师的感情承诺。毕业学校为985高校的被试教师的感情承诺均值大于毕业学校为国内普通高校的被试教师的感情承诺均值，即毕业学校为985高校的被试教师的感情承诺明显低于毕业学校为国内普通高校的被试教师的感情承诺。进一步从关联强度指数来看，ω^2 的值等于0.004，可见，毕业学校与感情承诺存在相关关系。统计检验力等于0.897，

决策正确率较高，毕业学校对感情承诺的解释量较大。

表 2-6-30　不同毕业学校教师的感情承诺的方差分析表

变异来源	SS	DF	MS	F	事后比较	ω^2	统计检验力
组间	15.406	3	5.135	4.686**	211 高校 > 国内普通高校 985 高校 > 国内普通高校	0.004	0.897
组内	3545.567	3235	1.096				
全体	3560.973	3238					

（二）规范承诺

通过不同毕业学校教师的规范承诺情况描述统计分析表（见表 2–6–31）可以看出，毕业学校为国内普通高校的规范承诺均值为 2.1794，毕业学校为 211 高校的规范承诺均值为 2.2944，毕业学校为 985 高校的规范承诺均值为 2.4066，毕业学校为国外高校的规范承诺均值为 2.2351。

表 2-6-31　不同毕业学校教师的规范承诺整体差异描述统计

毕业学校	均值	标准差	标准误差
国内普通高校	2.1794	0.99259	0.02106
211 高校	2.2944	1.05600	0.04415
985 高校	2.4066	1.08982	0.05990
国外高校	2.2351	0.93364	0.08744

不同毕业学校教师的规范承诺的方差分析表（见表 2–6–32）可以显示，不同毕业学校教师的规范承诺方面有显著差异（P 小于 0.001）。由事后比较得知，毕业学校为 985 高校的被试教师的规范承诺均值大于毕业学校为国内普通高校的被试教师的规范承诺均值，即毕业学校为 985 高校的被试教师的规范承诺明显低于毕业学校为国内普通高校的被试教师的规范承诺。进一步从关联强度指数来看，ω^2 的值等于 0.005，可见，毕业学校与规范承诺存在相关关系。统计检验力等于 0.958，决策正确率较高，毕业学校对规范承诺的解释量较大。

表 2-6-32　不同毕业学校教师的规范承诺的方差分析表

变异来源	SS	DF	MS	F	事后比较	ω^2	统计检验力
组间	18.311	3	6.104	5.956***	985 高校 > 国内普通高校	0.005	0.958
组内	3315.403	3235	1.025				
全体	3333.714	3238					

（三）理想承诺

通过不同毕业学校教师的理想承诺情况描述统计分析表（见表 2-6-33）可以看出，毕业学校为国内普通高校的理想承诺均值为 2.4917，毕业学校为 211 高校的理想承诺均值为 2.6287，毕业学校为 985 高校的理想承诺均值为 2.6640，毕业学校为国外高校的理想承诺均值为 2.5053。

表 2-6-33　不同毕业学校教师的理想承诺整体差异描述统计

毕业学校	均值	标准差	标准误差
国内普通高校	2.4917	1.01303	0.02149
211 高校	2.6287	1.03183	0.04314
985 高校	2.6640	1.02491	0.05633
国外高校	2.5053	0.96090	0.09000

不同毕业学校教师的理想承诺的方差分析表（见表 2-6-34）可以显示，不同毕业学校教师的理想承诺方面有显著差异（P 小于 0.01）。由事后比较得知，毕业学校为 211 高校的被试教师的理想承诺均值大于毕业学校为国内普通高校的被试教师的理想承诺均值，即毕业学校为 211 高校的被试教师的理想承诺明显低于毕业学校为国内普通高校的被试教师的理想承诺。毕业学校为 985 高校的被试教师的理想承诺均值大于毕业学校为国内普通高校的被试教师的理想承诺均值，即毕业学校为 985 高校的被试教师的理想承诺明显低于毕业学校为国内普通高校的被试教师的理想承诺。进一步从关联强度指数来看，ω^2 的值等于 0.004，可见，毕业学校与理想承诺存在相关关系。统计检验力等于 0.903，决策正确率较高，毕业学校对理想承诺的解释量较大。

表 2-6-34　不同毕业学校教师的理想承诺的方差分析表

变异来源	SS	DF	MS	F	事后比较	ω^2	统计检验力
组间	14.791	3	4.930	4.778**	211 高校 > 国内普通高校 985 高校 > 国内普通高校	0.004	0.903
组内	3338.176	3235	1.032				
全体	3352.967	3238					

（四）经济承诺

通过不同毕业学校教师的经济承诺情况描述统计分析表（见表 2-6-35）可以看出，毕业学校为国内普通高校的经济承诺均值为 2.7663，毕业学校为 211 高校的经济承诺均值为 2.9969，毕业学校为 985 高校的经济承诺均值为

2.9674，毕业学校为国外高校的经济承诺均值为 2.8193。

表 2-6-35　不同毕业学校教师的经济承诺整体差异描述统计

毕业学校	均值	标准差	标准误差
国内普通高校	2.7663	1.11232	0.02360
211 高校	2.9969	1.10039	0.04601
985 高校	2.9674	1.05665	0.05808
国外高校	2.8193	1.04211	0.09760

不同毕业学校教师的经济承诺的方差分析表（见表 2-6-36）可以显示，不同毕业学校教师的经济承诺方面有显著差异（P 小于 0.001）。由事后比较得知，毕业学校为 211 高校的被试教师的经济承诺均值大于毕业学校为国内普通高校的被试教师的经济承诺均值，即毕业学校为 211 高校的被试教师的经济承诺明显低于毕业学校为国内普通高校的被试教师的经济承诺。毕业学校为 985 高校的被试教师的经济承诺均值大于毕业学校为国内普通高校的被试教师的经济承诺均值，即毕业学校为 985 高校的被试教师的经济承诺明显低于毕业学校为国内普通高校的被试教师的经济承诺。进一步从关联强度指数来看，ω^2 的值等于 0.008，可见，毕业学校与经济承诺存在相关关系。统计检验力等于 0.994，决策正确率较高，毕业学校对经济承诺的解释量较大。

表 2-6-36　不同毕业学校教师的经济承诺的方差分析表

变异来源	SS	DF	MS	F	事后比较	ω^2	统计检验力
组间	31.189	3	10.396	8.557***	211 高校 > 国内普通高校 985 高校 > 国内普通高校	0.008	0.994
组内	3930.521	3235	1.215				
全体	3961.710	3238					

（五）机会承诺

通过不同毕业学校教师的机会承诺情况描述统计分析表（见表 2-6-37）可以看出，毕业学校为国内普通高校的机会承诺均值为 3.1017，毕业学校为 211 高校的机会承诺均值为 3.3727，毕业学校为 985 高校的机会承诺均值为 3.3299，毕业学校为国外高校的机会承诺均值为 3.3088。

表 2-6-37　不同毕业学校教师的机会承诺整体差异描述统计

毕业学校	均值	标准差	标准误差
国内普通高校	3.1017	1.13020	0.02398
211 高校	3.3727	1.10510	0.04621
985 高校	3.3299	1.07576	0.05913
国外高校	3.3088	1.19027	0.11148

不同毕业学校教师的机会承诺的方差分析表（见表 2-6-38）可以显示，不同毕业学校教师的机会承诺方面有显著差异（P 小于 0.001）。由事后比较得知，毕业学校为 211 高校的被试教师的机会承诺均值大于毕业学校为国内普通高校的被试教师的机会承诺均值，即毕业学校为 211 高校的被试教师的机会承诺明显低于毕业学校为国内普通高校的被试教师的机会承诺。毕业学校为 985 高校的被试教师的机会承诺均值大于毕业学校为国内普通高校的被试教师的机会承诺均值，即毕业学校为 985 高校的被试教师的机会承诺明显低于毕业学校为国内普通高校的被试教师的机会承诺。进一步从关联强度指数来看，ω^2 的值等于 0.011，可见，毕业学校与机会承诺存在相关关系。统计检验力等于 1.000，决策正确率较高，毕业学校对机会承诺的解释量较大。

表 2-6-38　不同毕业学校教师的机会承诺的方差分析表

变异来源	SS	DF	MS	F	事后比较	ω^2	统计检验力
组间	44.194	3	14.731	11.691^{***}	211 高校 > 国内普通高校 985 高校 > 国内普通高校	0.011	1.000
组内	4076.333	3235	1.260				
全体	4120.527	3238					

四、不同毕业学校教师的工作满意度

通过不同毕业学校教师的工作满意度情况描述统计分析表（见表 2-6-39）可以看出，毕业学校为国内普通高校的工作满意度均值为 2.1243，毕业学校为 211 高校的工作满意度均值为 2.2017，毕业学校为 985 高校的工作满意度均值为 2.2828，毕业学校为国外高校的工作满意度均值为 2.2088。

表 2-6-39　不同毕业学校教师的工作满意度整体差异描述统计

毕业学校	均值	标准差	标准误差
国内普通高校	2.1243	1.01983	0.02163
211 高校	2.2017	1.08229	0.04525
985 高校	2.2828	1.06755	0.05868
国外高校	2.2088	0.97632	0.09144

不同毕业学校教师的工作满意度的方差分析表（见表 2–6–40）可以显示，不同毕业学校教师的工作满意度方面有显著差异（P 小于 0.05）。由事后比较得知，毕业学校为 985 高校的被试教师的工作满意度均值大于毕业学校为国内普通高校的被试教师的工作满意度均值，即毕业学校为 985 高校的被试教师的工作满意度明显低于毕业学校为国内普通高校的被试教师的工作满意度。进一步从关联强度指数来看，ω^2 的值等于 0.003，可见，毕业学校与工作满意度存在相关关系。统计检验力等于 0.681，决策正确率较高，毕业学校对工作满意度的解释量较大。

表 2-6-40　不同毕业学校教师的工作满意度的方差分析表

变异来源	SS	DF	MS	F	事后比较	ω^2	统计检验力
组间	9.063	3	3.021	2.822*	985 高校 > 国内普通高校	0.003	0.681
组内	3462.589	3235	1.070				
全体	3471.652	3238					

五、不同毕业学校教师的留任意愿

通过不同毕业学校教师的留任意愿情况描述统计分析表（见表 2–6–41）可以看出，毕业学校为国内普通高校的留任意愿均值为 2.0053，毕业学校为 211 高校的留任意愿均值为 2.0889，毕业学校为 985 高校的留任意愿均值为 2.1088，毕业学校为国外高校的留任意愿均值为 2.1901。

表 2-6-41　不同毕业学校教师的留任意愿整体差异描述统计

毕业学校	均值	标准差	标准误差
国内普通高校	2.0053	0.94772	0.02011
211 高校	2.0889	1.00776	0.04214
985 高校	2.1088	0.94820	0.05212
国外高校	2.1901	0.94017	0.08805

不同毕业学校教师的留任意愿的方差分析表（见表 2–6–42）可以显示，

不同毕业学校教师的留任意愿方面有显著差异（P小于0.05）。由事后比较得知，毕业学校为国外高校的被试教师的留任意愿均值大于毕业学校为国内普通高校的被试教师的留任意愿均值，即毕业学校为国外高校的被试教师的留任意愿明显低于毕业学校为国内普通高校的被试教师的留任意愿。进一步从关联强度指数来看，ω^2的值等于0.003，可见，毕业学校与留任意愿存在相关关系。统计检验力等于0.704，决策正确率较高，毕业学校对留任意愿的解释量较大。

表 2-6-42 不同毕业学校教师的留任意愿的方差分析表

变异来源	SS	DF	MS	F	事后比较	ω^2	统计检验力
组间	8.154	3	2.718	2.959*	国外高校 > 国内普通高校	0.003	0.704
组内	2971.305	3235	0.918				
全体	2979.458	3238					

第七节 不同工作时间的地方高校教师差异性分析

地方高校教师队伍稳定现状因其工作时间的不同表现出不同的形势，在不同工作时间的情境下地方高校教师的专业素质、学校条件与环境、组织承诺、工作满意度、留任意愿等呈现出不同的现实样态。本节依据现实数据分析不同工作时间情境下，对地方高校教师队伍稳定现状存在的影响，以期对地方高校教师队伍稳定的现状有一个正确的认知。

一、不同工作时间教师的专业素质

通过不同工作时间教师的专业素质整体差异描述统计（见表2–7–1）可以看出，工作时间为16年以上的被试教师的专业素质的均值为1.4836，工作时间为13~15年的被试教师的专业素质的均值为1.5281，工作时间为10~12年的被试教师的专业素质的均值为1.4486，工作时间为7~9年的被试教师的专业素质的均值为1.5353，工作时间为4~6年的被试教师的专业素质的均值为1.5757，工作时间为0~3年的被试教师的专业素质的均值为1.5259。

表 2-7-1　不同工作时间教师的专业素质差异描述统计

工作时间	均值	标准差	标准误差
16 年以上	1.4836	0.59905	0.01420
13~15 年	1.5281	0.61734	0.03064
10~12 年	1.4486	0.55023	0.03220
7~9 年	1.5353	0.64096	0.05083
4~6 年	1.5757	0.70498	0.05591
0~3 年	1.5259	0.58556	0.02782

不同工作时间教师的专业素质的方差分析表（见表 2-7-2）可以显示，组间 SS 为 2.975，DF 为 5，MS 为 0.595，F 值为 1.636；组内 SS 为 1175.867，DF 为 3233，MS 为 0.364；不同工作时间教师的专业素质不存在显著差异（P 大于 0.05）。

表 2-7-2　不同工作时间教师的专业素质的方差分析表

变异来源	SS	DF	MS	F
组间	2.975	5	0.595	1.636
组内	1175.867	3233	0.364	
全体	1178.842	3238		

（一）专业理念

通过不同工作时间教师的专业理念整体差异描述统计（见表 2-7-3）可以看出，工作时间为 16 年以上的被试教师的专业理念的均值为 1.4610，工作时间为 13~15 年的被试教师的专业理念的均值为 1.5305，工作时间为 10~12 年的被试教师的专业理念的均值为 1.4473，工作时间为 7~9 年的被试教师的专业理念的均值为 1.5409，工作时间为 4~6 年的被试教师的专业理念的均值为 1.5057，工作时间为 0~3 年的被试教师的专业理念的均值为 1.4578。

表 2-7-3　不同工作时间教师的专业理念整体差异描述统计

工作时间	均值	标准差	标准误差
16 年以上	1.4610	0.63719	0.01510
13~15 年	1.5305	0.68074	0.03378
10~12 年	1.4473	0.61512	0.03600
7~9 年	1.5409	0.73418	0.05822
4~6 年	1.5057	0.70111	0.05560
0~3 年	1.4578	0.58619	0.02785

不同工作时间教师的专业理念的方差分析表（见表 2-7-4）可以显示，组

间 SS 为 2.794，DF 为 5，MS 为 0.559，F 值为 1.353；组内 SS 为 1334.793，DF 为 3233，MS 为 0.413；不同工作时间教师的专业理念不存在显著差异（P 大于 0.05）。

表 2-7-4　不同工作时间教师的专业理念的方差分析表

变异来源	SS	DF	MS	F
组间	2.794	5	0.559	1.353
组内	1334.793	3233	0.413	
全体	1337.587	3238		

（二）专业知识

通过不同工作时间教师的专业知识整体差异描述统计（见表 2-7-5）可以看出，工作时间为 16 年以上的被试教师的专业知识的均值为 1.4918，工作时间为 13~15 年的被试教师的专业知识的均值为 1.5386，工作时间为 10~12 年的被试教师的专业知识的均值为 1.4515，工作时间为 7~9 年的被试教师的专业知识的均值为 1.5273，工作时间为 4~6 年的被试教师的专业知识的均值为 1.6184，工作时间为 0~3 年的被试教师的专业知识的均值为 1.5767。

表 2-7-5　不同工作时间教师的专业知识整体差异描述统计

	均值	标准差	标准误
16 年以上	1.4918	0.64072	0.01519
13~15 年	1.5386	0.68083	0.03379
10~12 年	1.4515	0.57439	0.03361
7~9 年	1.5273	0.66505	0.05274
4~6 年	1.6184	0.75644	0.05999
0~3 年	1.5767	0.65315	0.03103

不同工作时间教师的专业知识（见表 2-7-6）可以显示，不同工作时间教师的专业知识有显著差异（P 小于 0.05）。由事后比较得知，工作时间为 4~6 年的被试教师的专业知识的均值大于工作时间为 16 年以上的被试教师的专业知识的均值，即工作时间为 4~6 年的被试教师的专业知识明显低于工作时间为 16 年以上的被试教师的专业知识。工作时间为 4~6 年的被试教师的专业知识的均值大于工作时间为 10~12 年的被试教师的专业知识的均值，即工作时间为 4~6 年的被试教师的专业知识明显低于工作时间为 10~12 年的被试教师的专业知识。工作时间为 0~3 年的被试教师的专业知识的均值大于工作时间为 16 年以上的被试教师的专业知识的均值，即工作时间为 0~3 年的被试教师的专业知

识明显低于工作时间为16年以上的被试教师的专业知识。工作时间为0~3年的被试教师的专业知识的均值大于工作时间为10~12年的被试教师的专业知识的均值，即工作时间为0~3年的被试教师的专业知识明显低于工作时间为10~12年的被试教师的专业知识。进一步从关联强度指数来看，ω^2 的值等于0.004，可见，工作时间与专业知识存在相关关系。统计检验力等于0.828，决策正确率较高，工作时间对专业知识的解释量较大。

表 2-7-6　不同工作时间教师的专业知识的方差分析表

变异来源	SS	DF	MS	F	事后比较	ω^2	统计检验力
组间	5.773	5	1.155	2.739*	4~6年 > 16年以上 4~6年 > 10~12年 0~3年 > 16年以上 0~3年 > 10~12年	0.004	0.828
组内	1362.907	3233	0.422				
全体	1368.680	3238					

（三）专业能力

通过不同工作时间教师的专业能力整体差异描述统计（见表2-7-7）可以看出，工作时间为16年以上的被试教师的专业能力的均值为1.4980，工作时间为13~15年的被试教师的专业能力的均值为1.5151，工作时间为10~12年的被试教师的专业能力的均值为1.4469，工作时间为7~9年的被试教师的专业能力的均值为1.5377，工作时间为4~6年的被试教师的专业能力的均值为1.6030，工作时间为0~3年的被试教师的专业能力的均值为1.5432。

表 2-7-7　不同工作时间教师的专业能力整体差异描述统计

工作时间	均值	标准差	标准误差
16年以上	1.4980	0.64065	0.01518
13~15年	1.5151	0.65041	0.03228
10~12年	1.4469	0.56728	0.03320
7~9年	1.5377	0.66260	0.05255
4~6年	1.6030	0.74624	0.05918
0~3年	1.5432	0.63080	0.02997

不同工作时间教师的专业能力的方差分析表（见表2-7-8）可以显示，组间SS为3.410，DF为5，MS为0.682，F值为1.660；组内SS为1328.370，DF为3233，MS为0.411；不同工作时间教师的专业能力不存在显著差异（P大于0.05）。

表 2-7-8 不同工作时间教师的专业能力的方差分析表

变异来源	SS	DF	MS	F
组间	3.410	5	0.682	1.660
组内	1328.370	3233	0.411	
全体	1331.780	3238		

二、不同工作时间教师的学校条件与环境

通过不同工作时间教师的学校条件与环境整体差异描述统计（见表 2-7-9）可以看出，工作时间为 16 年以上的被试教师的学校条件与环境的均值为 2.4434，工作时间为 13~15 年的被试教师的学校条件与环境的均值为 2.3999，工作时间为 10~12 年的被试教师的学校条件与环境的均值为 2.3117，工作时间为 7~9 年的被试教师的学校条件与环境的均值为 2.3313，工作时间为 4~6 年的被试教师的学校条件与环境的均值为 2.2527，工作时间为 0~3 年的被试教师的学校条件与环境的均值为 1.9578。

表 2-7-9 不同工作时间教师的学校条件与环境整体差异描述统计

工作时间	均值	标准差	标准误差
16 年以上	2.4434	0.87865	0.02083
13~15 年	2.3999	0.86902	0.04313
10~12 年	2.3117	0.86945	0.05088
7~9 年	2.3313	0.80400	0.06376
4~6 年	2.2527	0.86020	0.06822
0~3 年	1.9578	0.75806	0.03602

不同工作时间教师的学校条件与环境的方差分析表（见表 2-7-10）可以显示，不同工作时间教师的学校条件与环境有显著差异（P 小于 0.001）。由事后比较得知，工作时间为 16 年以上的被试教师的学校条件与环境的均值大于工作时间为 0~3 年的被试教师的学校条件与环境的均值，即工作时间为 16 年以上的被试教师的学校条件与环境明显低于工作时间为 0~3 年的被试教师的学校条件与环境。工作时间为 13~15 年的被试教师的学校条件与环境的均值大于工作时间为 0~3 年的被试教师的学校条件与环境的均值，即工作时间为 13~15 年的被试教师的学校条件与环境明显低于工作时间为 0~3 年的被试教师的学校条件与环境。工作时间为 10~12 年的被试教师的学校条件与环境的均值大于工作时间为 0~3 年的被试教师的学校条件与环境的均值，即工作时间为 10~12 年

的被试教师的学校条件与环境明显低于工作时间为 0~3 年的被试教师的学校条件与环境。工作时间为 7~9 年的被试教师的学校条件与环境的均值大于工作时间为 0~3 年的被试教师的学校条件与环境的均值，即工作时间为 7~9 年的被试教师的学校条件与环境明显低于工作时间为 0~3 年的被试教师的学校条件与环境。工作时间为 4~6 年的被试教师的学校条件与环境的均值大于工作时间为 0~3 年的被试教师的学校条件与环境的均值，即工作时间为 4~6 年的被试教师的学校条件与环境明显低于工作时间为 0~3 年的被试教师的学校条件与环境。进一步从关联强度指数来看，ω^2 的值等于 0.035，可见，工作时间与学校条件与环境存在相关关系。统计检验力等于 1.000，决策正确率较高，工作时间对学校条件与环境的解释量较大。

表 2-7-10　不同工作时间教师的学校条件与环境的方差分析表

<table>
<tr><th>变异来源</th><th>SS</th><th>DF</th><th>MS</th><th>F</th><th>事后比较</th><th>ω²</th><th>统计检验力</th></tr>
<tr><td>组间</td><td>86.595</td><td>5</td><td>17.319</td><td>23.602***</td><td rowspan="3">16 年以上 > 0~3 年
13~15 年 > 0~3 年
10~12 年 > 0~3 年
7~9 年 > 0~3 年
4~6 年 > 0~3 年</td><td rowspan="3">0.035</td><td rowspan="3">1.000</td></tr>
<tr><td>组内</td><td>2372.320</td><td>3233</td><td>0.734</td><td></td></tr>
<tr><td>全体</td><td>2458.915</td><td>3238</td><td></td><td></td></tr>
</table>

（一）领导支持

通过不同工作时间教师的领导支持整体差异描述统计（见表 2-7-11）可以看出，工作时间为 16 年以上的被试教师的领导支持的均值为 2.0520，工作时间为 13~15 年的被试教师的领导支持的均值为 2.0259，工作时间为 10~12 年的被试教师的领导支持的均值为 1.9127，工作时间为 7~9 年的被试教师的领导支持的均值为 1.9167，工作时间为 4~6 年的被试教师的领导支持的均值为 1.9418，工作时间为 0~3 年的被试教师的领导支持的均值为 1.6253。

表 2-7-11　不同工作时间教师的领导支持整体差异描述统计

工作时间	均值	标准差	标准误差
16 年以上	2.0520	1.04321	0.02473
13~15 年	2.0259	0.99487	0.04937
10~12 年	1.9127	0.97150	0.05685
7~9 年	1.9167	0.91258	0.07237
4~6 年	1.9418	1.00599	0.07978
0~3 年	1.6253	0.83973	0.03990

不同工作时间教师的领导支持的方差分析表（见表 2-7-12）可以显示，不同工作时间教师的领导支持有显著差异（P 小于 0.001）。由事后比较得知，工作时间为 16 年以上的被试教师的领导支持的均值大于工作时间为 0~3 年的被试教师的领导支持的均值，即工作时间为 16 年以上的被试教师的领导支持明显低于工作时间为 0~3 年的被试教师的领导支持。工作时间为 13~15 年的被试教师的领导支持的均值大于工作时间为 0~3 年的被试教师的领导支持的均值，即工作时间为 13~15 年的被试教师的领导支持明显低于工作时间为 0~3 年的被试教师的领导支持。工作时间为 10~12 年的被试教师的领导支持的均值大于工作时间为 0~3 年的被试教师的领导支持的均值，即工作时间为 10~12 年的被试教师的领导支持明显低于工作时间为 0~3 年的被试教师的领导支持。工作时间为 7~9 年的被试教师的领导支持的均值大于工作时间为 0~3 年的被试教师的领导支持的均值，即工作时间为 7~9 年的被试教师的领导支持明显低于工作时间为 0~3 年的被试教师的领导支持。工作时间为 4~6 年的被试教师的领导支持的均值大于工作时间为 0~3 年的被试教师的领导支持的均值，即工作时间为 4~6 年的被试教师的领导支持明显低于工作时间为 0~3 年的被试教师的领导支持。进一步从关联强度指数来看，ω^2 的值等于 0.021，可见，工作时间与领导支持存在相关关系。统计检验力等于 1.000，决策正确率较高，工作时间对领导支持的解释量较大。

表 2-7-12　不同工作时间教师的领导支持的方差分析表

变异来源	SS	DF	MS	F	事后比较	ω^2	统计检验力
组间	67.347	5	13.469	13.546***	16 年以上 > 0~3 年 13~15 年 > 0~3 年 10~12 年 > 0~3 年 7~9 年 > 0~3 年 4~6 年 > 0~3 年	0.021	1.000
组内	3214.724	3233	0.994				
全体	3282.071	3238					

（二）学校发展

通过不同工作时间教师的学校发展整体差异描述统计（见表 2-7-13）可以看出，工作时间为 16 年以上的被试教师的学校发展的均值为 2.1766，工作时间为 13~15 年的被试教师的学校发展的均值为 2.1916，工作时间为 10~12 年的被试教师的学校发展的均值为 2.0774，工作时间为 7~9 年的被试教师的学校发展的均值为 2.0855，工作时间为 4~6 年的被试教师的学校发展的均值为 2.0516，工作时间为 0~3 年的被试教师的学校发展的均值为 1.7318。

表 2-7-13　不同工作时间教师的学校发展整体差异描述统计

工作时间	均值	标准差	标准误差
16 年以上	2.1766	1.03503	0.02453
13~15 年	2.1916	1.05016	0.05212
10~12 年	2.0774	1.05708	0.06186
7~9 年	2.0855	0.91830	0.07283
4~6 年	2.0516	1.04463	0.08284
0~3 年	1.7318	0.86624	0.04116

不同工作时间教师的学校发展的方差分析表（见表 2-7-14）可以显示，不同工作时间教师的学校发展有显著差异（P 小于 0.001）。由事后比较得知，工作时间为 16 年以上的被试教师的学校发展的均值大于工作时间为 0~3 年的被试教师的学校发展的均值，即工作时间为 16 年以上的被试教师的学校发展明显低于工作时间为 0~3 年的被试教师的学校发展。工作时间为 13~15 年的被试教师的学校发展的均值大于工作时间为 0~3 年的被试教师的学校发展的均值，即工作时间为 13~15 年的被试教师的学校发展明显低于工作时间为 0~3 年的被试教师的学校发展。工作时间为 10~12 年的被试教师的学校发展的均值大于工作时间为 0~3 年的被试教师的学校发展的均值，即工作时间为 10~12 年的被试教师的学校发展明显低于工作时间为 0~3 年的被试教师的学校发展。工作时间为 7~9 年的被试教师的学校发展的均值大于工作时间为 0~3 年的被试教师的学校发展的均值，即工作时间为 7~9 年的被试教师的学校发展明显低于工作时间为 0~3 年的被试教师的学校发展。工作时间为 4~6 年的被试教师的学校发展的均值大于工作时间为 0~3 年的被试教师的学校发展的均值，即工作时间为 4~6 年的被试教师的学校发展明显低于工作时间为 0~3 年的被试教师的学校发展。进一步从关联强度指数来看，ω^2 的值等于 0.022，可见，工作时间与学校发展存在相关关系。统计检验力等于 1.000，决策正确率较高，工作时间对学校发展的解释量较大。

表 2-7-14 不同工作时间教师的学校发展的方差分析表

变异来源	SS	DF	MS	F	事后比较	ω^2	统计检验力
组间	74.453	5	14.891	14.522***	16 年以上 > 0~3 年 13~15 年 > 0~3 年 10~12 年 > 0~3 年 7~9 年 > 0~3 年 4~6 年 > 0~3 年	0.022	1.000
组内	3314.965	3233	1.025				
全体	3389.419	3238					

（三）学校政策

通过不同工作时间教师的学校政策整体差异描述统计（见表 2-7-15）可以看出，工作时间为 16 年以上的被试教师的学校政策的均值为 2.5007，工作时间为 13~15 年的被试教师的学校政策的均值为 2.5413，工作时间为 10~12 年的被试教师的学校政策的均值为 2.4127，工作时间为 7~9 年的被试教师的学校政策的均值为 2.5063，工作时间为 4~6 年的被试教师的学校政策的均值为 2.2704，工作时间为 0~3 年的被试教师的学校政策的均值为 1.8916。

表 2-7-15 不同工作时间教师的学校政策整体差异描述统计

工作时间	均值	标准差	标准误差
16 年以上	2.5007	1.17624	0.02788
13~15 年	2.5413	1.19023	0.05907
10~12 年	2.4127	1.19352	0.06985
7~9 年	2.5063	1.14666	0.09094
4~6 年	2.2704	1.14252	0.09061
0~3 年	1.8916	0.98366	0.04674

不同工作时间教师的学校政策的方差分析表（见表 2-7-16）可以显示，不同工作时间教师的学校政策有显著差异（P 小于 0.001）。由事后比较得知，工作时间为 16 年以上的被试教师的学校政策的均值大于工作时间为 0~3 年的被试教师的学校政策的均值，即工作时间为 16 年以上的被试教师的学校政策明显低于工作时间为 0~3 年的被试教师的学校政策。工作时间为 13~15 年的被试教师的学校政策的均值大于工作时间为 0~3 年的被试教师的学校政策的均值，即工作时间为 13~15 年的被试教师的学校政策明显低于工作时间为 0~3 年的被试教师的学校政策。工作时间为 10~12 年的被试教师的学校政策的均值大于工作时间为 0~3 年的被试教师的学校政策的均值，即工作时间为 10~12 年的被试教师的学校政策明显低于工作时间为 0~3 年的被试教师的学校政策。工作时间为 7~9 年的被试教师的学校政策的均值大于工作时间为 0~3 年的被试教师的学

校政策的均值，即工作时间为7~9年的被试教师的学校政策明显低于工作时间为0~3年的被试教师的学校政策。工作时间为4~6年的被试教师的学校政策的均值大于工作时间为0~3年的被试教师的学校政策的均值，即工作时间为4~6年的被试教师的学校政策明显低于工作时间为0~3年的被试教师的学校政策。进一步从关联强度指数来看，ω^2的值等于0.033，可见，工作时间与学校政策存在相关关系。统计检验力等于1.000，决策正确率较高，工作时间对学校政策的解释量较大。

表2-7-16　不同工作时间教师的学校政策的方差分析表

变异来源	SS	DF	MS	F	事后比较	ω^2	统计检验力
组间	145.105	5	29.021	21.864***	16年以上＞0~3年 13~15年＞0~3年 10~12年＞0~3年 7~9年＞0~3年 4~6年＞0~3年	0.033	1.000
组内	4291.245	3233	1.327				
全体	4436.350	3238					

（四）专业发展计划

通过不同工作时间教师的专业发展计划整体差异描述统计（见表2-7-17）可以看出，工作时间为16年以上的被试教师的专业发展计划的均值为2.2810，工作时间为13~15年的被试教师的专业发展计划的均值为2.2691，工作时间为10~12年的被试教师的专业发展计划的均值为2.1434，工作时间为7~9年的被试教师的专业发展计划的均值为2.1274，工作时间为4~6年的被试教师的专业发展计划的均值为2.0629，工作时间为0~3年的被试教师的专业发展计划的均值为1.7441。

表2-7-17　不同工作时间教师的专业发展计划整体差异描述统计

工作时间	均值	标准差	标准误差
16年以上	2.2810	1.02224	0.02423
13~15年	2.2691	1.03131	0.05118
10~12年	2.1434	0.97092	0.05682
7~9年	2.1274	0.93663	0.07428
4~6年	2.0629	0.94602	0.07502
0~3年	1.7441	0.82625	0.03926

不同工作时间教师的专业发展计划的方差分析表（见表2-7-18）可以显示，不同工作时间教师的专业发展计划有显著差异（P小于0.001）。由事后比较得知，

工作时间为 16 年以上的被试教师的专业发展计划的均值大于工作时间为 0~3 年的被试教师的专业发展计划的均值，即工作时间为 16 年以上的被试教师的专业发展计划明显低于工作时间为 0~3 年的被试教师的专业发展计划。工作时间为 13~15 年的被试教师的专业发展计划的均值大于工作时间为 0~3 年的被试教师的专业发展计划的均值，即工作时间为 13~15 年的被试教师的专业发展计划明显低于工作时间为 0~3 年的被试教师的专业发展计划。工作时间为 10~12 年的被试教师的专业发展计划的均值大于工作时间为 0~3 年的被试教师的专业发展计划的均值，即工作时间为 10~12 年的被试教师的专业发展计划明显低于工作时间为 0~3 年的被试教师的专业发展计划。工作时间为 7~9 年的被试教师的专业发展计划的均值大于工作时间为 0~3 年的被试教师的专业发展计划的均值，即工作时间为 7~9 年的被试教师的专业发展计划明显低于工作时间为 0~3 年的被试教师的专业发展计划。工作时间为 4~6 年的被试教师的专业发展计划的均值大于工作时间为 0~3 年的被试教师的专业发展计划的均值，即工作时间为 4~6 年的被试教师的专业发展计划明显低于工作时间为 0~3 年的被试教师的专业发展计划。进一步从关联强度指数来看，ω^2 的值等于 0.033，可见，工作时间与专业发展计划存在相关关系。统计检验力等于 1.000，决策正确率较高，工作时间对专业发展计划的解释量较大。

表 2-7-18　不同工作时间教师的专业发展计划的方差分析表

变异来源	SS	DF	MS	F	事后比较	ω^2	统计检验力
组间	108.496	5	21.699	22.300***	16 年以上 > 0~3 年 13~15 年 > 0~3 年 10~12 年 > 0~3 年 7~9 年 > 0~3 年 4~6 年 > 0~3 年	0.033	1.000
组内	3145.869	3233	0.973				
全体	3254.366	3238					

（五）工作量

通过不同工作时间教师的工作量整体差异描述统计（见表 2-7-19）可以看出，工作时间为 16 年以上的被试教师的工作量的均值为 2.4750，工作时间为 13~15 年的被试教师的工作量的均值为 2.3867，工作时间为 10~12 年的被试教师的工作量的均值为 2.4366，工作时间为 7~9 年的被试教师的工作量的均值为 2.4890，工作时间为 4~6 年的被试教师的工作量的均值为 2.4308，工作时间为 0~3 年的被试教师的工作量的均值为 2.6574。

表 2-7-19　不同工作时间教师的工作量整体差异描述统计

工作时间	均值	标准差	标准误差
16 年以上	2.4750	0.99100	0.02349
13~15 年	2.3867	1.02730	0.05098
10~12 年	2.4366	1.06845	0.06253
7~9 年	2.4890	1.02822	0.08154
4~6 年	2.4308	0.99282	0.07874
0~3 年	2.6574	1.23345	0.05860

不同工作时间教师的工作量的方差分析表（见表 2–7–20）可以显示，不同工作时间教师的工作量有显著差异（P 小于 0.01）。由事后比较得知，工作时间为 0~3 年的被试教师的工作量的均值大于工作时间为 13~15 年的被试教师的工作量的均值，即工作时间为 0~3 年的被试教师的工作量明显低于工作时间为 13~15 年的被试教师的工作量。进一步从关联强度指数来看，ω^2 的值等于 0.005，可见，工作时间与工作量存在相关关系。统计检验力等于 0.910，决策正确率较高，工作时间对工作量的解释量较大。

表 2-7-20　不同工作时间教师的工作量的方差分析表

变异来源	SS	DF	MS	F	事后比较	ω^2	统计检验力
组间	18.424	5	3.685	3.402^{**}	0~3 年 > 13~15 年	0.005	0.910
组内	3501.991	3233	1.083				
全体	3520.415	3238					

（六）行政管理

通过不同工作时间教师的行政管理的整体差异描述统计（见表 2–7–21）可以看出，工作时间为 16 年以上的被试教师的行政管理的均值为 2.5921，工作时间为 13~15 年的被试教师的行政管理的均值为 2.5591，工作时间为 10~12 年的被试教师的行政管理的均值为 2.4151，工作时间为 7~9 年的被试教师的行政管理的均值为 2.3560，工作时间为 4~6 年的被试教师的行政管理的均值为 2.3270，工作时间为 0~3 年的被试教师的行政管理的均值为 1.8727。

表 2-7-21　不同工作时间教师的行政管理整体差异描述统计

工作时间	均值	标准差	标准误差
16 年以上	2.5921	1.15674	0.02742
13~15 年	2.5591	1.12962	0.05606

续表

工作时间	均值	标准差	标准误差
10~12 年	2.4151	1.12798	0.06601
7~9 年	2.3560	1.08070	0.08571
4~6 年	2.3270	1.09114	0.08653
0~3 年	1.8727	0.96961	0.04607

不同工作时间教师的行政管理的方差分析表（见表 2-7-22）可以显示，不同工作时间教师的行政管理有显著差异（P 小于 0.001）。由事后比较得知，工作时间为 16 年以上的被试教师的行政管理的均值大于工作时间为 0~3 年的被试教师的行政管理的均值，即工作时间为 16 年以上的被试教师的行政管理明显低于工作时间为 0~3 年的被试教师的行政管理。工作时间为 13~15 年的被试教师的行政管理的均值大于工作时间为0~3年的被试教师的行政管理的均值，即工作时间为 13~15 年的被试教师的行政管理明显低于工作时间为 0~3 年的被试教师的行政管理。工作时间为 10~12 年的被试教师的行政管理的均值大于工作时间为 0~3 年的被试教师的行政管理的均值，即工作时间为 10~12 年的被试教师的行政管理明显低于工作时间为 0~3 年的被试教师的行政管理。工作时间为 7~9 年的被试教师的行政管理的均值大于工作时间为 0~3 年的被试教师的行政管理的均值，即工作时间为 7~9 年的被试教师的行政管理明显低于工作时间为 0~3 年的被试教师的行政管理。工作时间为 4~6 年的被试教师的行政管理的均值大于工作时间为 0~3 年的被试教师的行政管理的均值，即工作时间为 4~6 年的被试教师的行政管理明显低于工作时间为 0~3 年的被试教师的行政管理。进一步从关联强度指数来看，ω^2 的值等于 0.045，可见，工作时间与行政管理存在相关关系。统计检验力等于 1.000，决策正确率较高，工作时间对行政管理的解释量较大。

表 2-7-22　不同工作时间教师的行政管理的方差分析表

变异来源	SS	DF	MS	F	事后比较	ω^2	统计检验力
组间	192.605	5	38.521	30.708***	16 年以上 > 0~3 年 13~15 年 > 0~3 年 10~12 年 > 0~3 年 7~9 年 > 0~3 年 4~6 年 > 0~3 年	0.045	1.000
组内	4055.610	3233	1.254				
全体	4248.214	3238					

（七）设备与教学条件

通过不同工作时间教师的设备与教学条件整体差异描述统计（见表 2-7-23）可以看出，工作时间为 16 年以上的被试教师的设备与教学条件的均值为 2.5010，工作时间为 13~15 年的被试教师的设备与教学条件的均值为 2.4224，工作时间为 10~12 年的被试教师的设备与教学条件的均值为 2.3750，工作时间为 7~9 年的被试教师的设备与教学条件的均值为 2.3836，工作时间为 4~6 年的被试教师的设备与教学条件的均值为 2.2877，工作时间为 0~3 年的被试教师的设备与教学条件的均值为 1.9142。

表 7-2-23　不同工作时间教师的设备与教学条件整体差异描述统计

工作时间	均值	标准差	标准误差
16 年以上	2.5010	1.04778	0.02483
13~15 年	2.4224	1.02235	0.05074
10~12 年	2.3750	1.09934	0.06433
7~9 年	2.3836	1.06949	0.08482
4~6 年	2.2877	1.09197	0.08660
0~3 年	1.9142	0.94787	0.04503

不同工作时间教师的设备与教学条件的方差分析表（见表 2-7-24）可以显示，不同工作时间教师的设备与教学条件有显著差异（P 小于 0.001）。由事后比较得知，工作时间为 16 年以上的被试教师的设备与教学条件的均值大于工作时间为 0~3 年的被试教师的设备与教学条件的均值，即工作时间为 16 年以上的被试教师的设备与教学条件明显低于工作时间为 0~3 年的被试教师的设备与教学条件。工作时间为 13~15 年的被试教师的设备与教学条件的均值大于工作时间为 0~3 年的被试教师的设备与教学条件的均值，即工作时间为 13~15 年的被试教师的设备与教学条件明显低于工作时间为 0~3 年的被试教师的设备与教学条件。工作时间为 10~12 年的被试教师的设备与教学条件的均值大于工作时间为 0~3 年的被试教师的设备与教学条件的均值，即工作时间为 10~12 年的被试教师的设备与教学条件明显低于工作时间为 0~3 年的被试教师的设备与教学条件。工作时间为 7~9 年的被试教师的设备与教学条件的均值大于工作时间为 0~3 年的被试教师的设备与教学条件的均值，即工作时间为 7~9 年的被试教师的设备与教学条件明显低于工作时间为 0~3 年的被试教师的设备与教学条件。工作时间为 4~6 年的被试教师的设备与教学条件的均值大于工作时间为

0~3 年的被试教师的设备与教学条件的均值，即工作时间为 4~6 年的被试教师的设备与教学条件明显低于工作时间为 0~3 年的被试教师的设备与教学条件。进一步从关联强度指数来看，ω^2 的值等于 0.034，可见，工作时间与设备与教学条件存在相关关系。统计检验力等于 1.000，决策正确率较高，工作时间对设备与教学条件的解释量较大。

表 2-7-24　不同工作时间教师的设备与教学条件的方差分析表

变异来源	SS	DF	MS	F	事后比较	ω^2	统计检验力
组间	124.221	5	24.844	22.986***	16 年以上 > 0~3 年 13~15 年 > 0~3 年 10~12 年 > 0~3 年 7~9 年 > 0~3 年 4~6 年 > 0~3 年	0.034	1.000
组内	3494.291	3233	1.081				
全体	3618.511	3238					

（八）收入与福利

通过不同工作时间教师的收入与福利整体差异描述统计（见表 2-7-25）可以看出，工作时间为 16 年以上的被试教师的收入与福利的均值为 2.9691，工作时间为 13~15 年的被试教师的收入与福利的均值为 2.8030，工作时间为 10~12 年的被试教师的收入与福利的均值为 2.7209，工作时间为 7~9 年的被试教师的收入与福利的均值为 2.7862，工作时间为 4~6 年的被试教师的收入与福利的均值为 2.6494，工作时间为 0~3 年的被试教师的收入与福利的均值为 2.2252。

表 2-7-25　不同工作时间教师的收入与福利整体差异描述统计

工作时间	均值	标准差	标准误差
16 年以上	2.9691	1.12506	0.02667
13~15 年	2.8030	1.08524	0.05386
10~12 年	2.7209	1.12168	0.06564
7~9 年	2.7862	1.07762	0.08546
4~6 年	2.6494	1.14015	0.09042
0~3 年	2.2252	1.08358	0.05148

不同工作时间教师的收入与福利的方差分析表（见表 2-7-26）可以显示，不同工作时间教师的收入与福利有显著差异（P 小于 0.001）。由事后比较得知，工作时间为 16 年以上的被试教师的收入与福利的均值大于工作时间为 13~15 年的被试教师的收入与福利的均值，即工作时间为 16 年以上的被试教师

的收入与福利明显低于工作时间为 13~15 年的被试教师的收入与福利。工作时间为 16 年以上的被试教师的收入与福利的均值大于工作时间为 10~12 年的被试教师的收入与福利的均值，即工作时间为 16 年以上的被试教师的收入与福利明显低于工作时间为 10~12 年的被试教师的收入与福利。工作时间为 16 年以上的被试教师的收入与福利的均值大于工作时间为 7~9 年的被试教师的收入与福利的均值，即工作时间为 16 年以上的被试教师的收入与福利明显低于工作时间为 7~9 年的被试教师的收入与福利。工作时间为 16 年以上的被试教师的收入与福利的均值大于工作时间为 4~6 年的被试教师的收入与福利的均值，即工作时间为 16 年以上的被试教师的收入与福利明显低于工作时间为 4~6 年的被试教师的收入与福利。工作时间为 16 年以上的被试教师的收入与福利的均值大于工作时间为 0~3 年的被试教师的收入与福利的均值，即工作时间为 16 年以上的被试教师的收入与福利明显低于工作时间为 0~3 年的被试教师的收入与福利。工作时间为 13~15 年的被试教师的收入与福利的均值大于工作时间为 0~3 年的被试教师的收入与福利的均值，即工作时间为 13~15 年的被试教师的收入与福利明显低于工作时间为 0~3 年的被试教师的收入与福利。工作时间为 10~12 年的被试教师的收入与福利的均值大于工作时间为 0~3 年的被试教师的收入与福利的均值，即工作时间为 10~12 年的被试教师的收入与福利明显低于工作时间为 0~3 年的被试教师的收入与福利。工作时间为 7~9 年的被试教师的收入与福利的均值大于工作时间为 0~3 年的被试教师的收入与福利的均值，即工作时间为 7~9 年的被试教师的收入与福利明显低于工作时间为 0~3 年的被试教师的收入与福利。工作时间为 4~6 年的被试教师的收入与福利的均值大于工作时间为 0~3 年的被试教师的收入与福利的均值，即工作时间为 4~6 年的被试教师的收入与福利明显低于工作时间为 0~3 年的被试教师的收入与福利。进一步从关联强度指数来看，ω^2 的值等于 0.048，可见，工作时间与收入与福利存在相关关系。统计检验力等于 1.000，决策正确率较高，工作时间对收入与福利的解释量较大。

表 2-7-26 不同工作时间教师的收入与福利的方差分析表

变异来源	SS	DF	MS	F	事后比较	ω^2	统计检验力
组间	202.748	5	40.550	32.752***	16 年以上 > 13~15 年 16 年以上 > 10~12 年 16 年以上 > 7~9 年 16 年以上 > 4~6 年 16 年以上 > 0~3 年 13~15 年 > 0~3 年 10~12 年 > 0~3 年 7~9 年 > 0~3 年 4~6 年 > 0~3 年	0.048	1.000
组内	4002.761	3233	1.238				
全体	4205.509	3238					

三、不同工作时间教师的组织承诺

通过不同工作时间教师的组织承诺整体差异描述统计（见表 2–7–27）可以看出，工作时间为 16 年以上的被试教师的组织承诺的均值为 2.6526，工作时间为 13~15 年的被试教师的组织承诺的均值为 2.6283，工作时间为 10~12 年的被试教师的组织承诺的均值为 2.6032，工作时间为 7~9 年的被试教师的组织承诺的均值为 2.6873，工作时间为 4~6 年的被试教师的组织承诺的均值为 2.5645，工作时间为 0~3 年的被试教师的组织承诺的均值为 2.3420。

表 2-7-27 不同工作时间教师的组织承诺整体差异描述统计

工作时间	均值	标准差	标准误差
16 年以上	2.6526	0.84661	0.02007
13~15 年	2.6283	0.82013	0.04070
10~12 年	2.6032	0.89297	0.05226
7~9 年	2.6873	0.86489	0.06859
4~6 年	2.5645	0.89933	0.07132
0~3 年	2.3420	0.86903	0.04129

不同工作时间教师的组织承诺的方差分析表（见表 2–7–28）可以显示，不同工作时间教师的组织承诺有显著差异（P 小于 0.001）。由事后比较得知，工作时间为 16 年以上的被试教师的组织承诺的均值大于工作时间为 0~3 年的被试教师的组织承诺的均值，即工作时间为 16 年以上的被试教师的组织承诺明显低于工作时间为 0~3 年的被试教师的组织承诺。工作时间为 13~15 年的被试教师的组织承诺的均值大于工作时间为0~3 年的被试教师的组织承诺的均值，即工作时间为 13~15 年的被试教师的组织承诺明显低于工作时间为 0~3 年的被

试教师的组织承诺。工作时间为10~12年的被试教师的组织承诺的均值大于工作时间为0~3年的被试教师的组织承诺的均值，即工作时间为10~12年的被试教师的组织承诺明显低于工作时间为0~3年的被试教师的组织承诺。工作时间为7~9年的被试教师的组织承诺的均值大于工作时间为0~3年的被试教师的组织承诺的均值，即工作时间为7~9年的被试教师的组织承诺明显低于工作时间为0~3年的被试教师的组织承诺。工作时间为4~6年的被试教师的组织承诺的均值大于工作时间为0~3年的被试教师的组织承诺的均值，即工作时间为4~6年的被试教师的组织承诺明显低于工作时间为0~3年的被试教师的组织承诺。进一步从关联强度指数来看，ω^2的值等于0.015，可见，工作时间与组织承诺存在相关关系。统计检验力等于1.000，决策正确率较高，工作时间对组织承诺的解释量较大。

表 2-7-28 不同工作时间教师的组织承诺的方差分析表

变异来源	SS	DF	MS	F	事后比较	ω^2	统计检验力
组间	36.138	5	7.228	9.904^{***}	16 年以上 > 0~3 年 13~15 年 > 0~3 年 10~12 年 > 0~3 年 7~9 年 > 0~3 年 4~6 年 > 0~3 年	0.015	1.000
组内	2359.322	3233	0.730				
全体	2395.459	3238					

（一）感情承诺

通过不同工作时间教师的感情承诺整体差异描述统计（见表2-7-29）可以看出，工作时间为16年以上的被试教师的感情承诺的均值为2.2249，工作时间为13~15年的被试教师的感情承诺的均值为2.3310，工作时间为10~12年的被试教师的感情承诺的均值为2.3425，工作时间为7~9年的被试教师的感情承诺的均值为2.4038，工作时间为4~6年的被试教师的感情承诺的均值为2.2868，工作时间为0~3年的被试教师的感情承诺的均值为2.0108。

表 2-7-29 不同工作时间教师的感情承诺整体差异描述统计

工作时间	均值	标准差	标准误差
16 年以上	2.2249	1.04834	0.02485
13~15 年	2.3310	1.04948	0.05208
10~12 年	2.3425	1.07568	0.06295
7~9 年	2.4038	1.05865	0.08396
4~6 年	2.2868	1.03960	0.08245
0~3 年	2.0108	0.99858	0.04744

不同工作时间教师的感情承诺的方差分析表（见表 2-7-30）可以显示，不同工作时间教师的感情承诺有显著差异（P 小于 0.001）。由事后比较得知，工作时间为 16 年以上的被试教师的感情承诺的均值大于工作时间为 0~3 年的被试教师的感情承诺的均值，即工作时间为 16 年以上的被试教师的感情承诺明显低于工作时间为 0~3 年的被试教师的感情承诺。工作时间为 13~15 年的被试教师的感情承诺的均值大于工作时间为 0~3 年的被试教师的感情承诺的均值，即工作时间为 13~15 年的被试教师的感情承诺明显低于工作时间为 0~3 年的被试教师的感情承诺。工作时间为 10~12 年的被试教师的感情承诺的均值大于工作时间为 0~3 年的被试教师的感情承诺的均值，即工作时间为 10~12 年的被试教师的感情承诺明显低于工作时间为 0~3 年的被试教师的感情承诺。工作时间为 7~9 年的被试教师的感情承诺的均值大于工作时间为 16 年以上的被试教师的感情承诺的均值，即工作时间为 7~9 年的被试教师的感情承诺明显低于工作时间为 16 年以上的被试教师的感情承诺。工作时间为 7~9 年的被试教师的感情承诺的均值大于工作时间为 0~3 年的被试教师的感情承诺的均值，即工作时间为 7~9 年的被试教师的感情承诺明显低于工作时间为 0~3 年的被试教师的感情承诺。工作时间为 4~6 年的被试教师的感情承诺的均值大于工作时间为 0~3 年的被试教师的感情承诺的均值，即工作时间为 4~6 年的被试教师的感情承诺明显低于工作时间为 0~3 年的被试教师的感情承诺。进一步从关联强度指数来看，ω^2 的值等于 0.010，可见，工作时间与感情承诺存在相关关系。统计检验力等于 0.997，决策正确率较高，工作时间对感情承诺的解释量较大。

表 2-7-30　不同工作时间教师的感情承诺的方差分析表

变异来源	SS	DF	MS	F	事后比较	ω^2	统计检验力
组间	34.470	5	6.894	6.320^{***}	16 年以上 > 0~3 年 13~15 年 > 0~3 年 10~12 年 > 0~3 年 7~9 年 > 16 年以上 7~9 年 > 0~3 年 4~6 年 > 0~3 年	0.010	0.997
组内	3526.503	3233	1.091				
全体	3560.973	3238					

（二）规范承诺

通过不同工作时间教师的规范承诺整体差异描述统计（见表 2-7-31）可以看出，工作时间为 16 年以上的被试教师的规范承诺的均值为 2.2470，工作时间为13~15年的被试教师的规范承诺的均值为2.2872，工作时间为10~12年的被试教师的规范承诺的均值为2.3075，工作时间为7~9年的被试教师的规范承诺的均值为2.3409，工作时间为4~6年的被试教师的规范承诺的均值为2.2893，工作时间为0~3年的被试教师的规范承诺的均值为1.9598。

表2-7-31　不同工作时间教师的规范承诺整体差异描述统计

工作时间	均值	标准差	标准误差
16年以上	2.2470	1.01647	0.02409
13~15年	2.2872	1.01124	0.05019
10~12年	2.3075	1.03297	0.06045
7~9年	2.3409	0.99557	0.07895
4~6年	2.2893	1.01798	0.08073
0~3年	1.9598	0.96580	0.04589

不同工作时间教师的规范承诺的方差分析表（见表2-7-32）可以显示，不同工作时间教师的规范承诺有显著差异（P小于0.001）。由事后比较得知，工作时间为16年以上的被试教师的规范承诺的均值大于工作时间为0~3年的被试教师的规范承诺的均值，即工作时间为16年以上的被试教师的规范承诺明显低于工作时间为0~3年的被试教师的规范承诺。工作时间为13~15年的被试教师的规范承诺的均值大于工作时间为0~3年的被试教师的规范承诺的均值，即工作时间为13~15年的被试教师的规范承诺明显低于工作时间为0~3年的被试教师的规范承诺。工作时间为10~12年的被试教师的规范承诺的均值大于工作时间为0~3年的被试教师的规范承诺的均值，即工作时间为10~12年的被试教师的规范承诺明显低于工作时间为0~3年的被试教师的规范承诺。工作时间为7~9年的被试教师的规范承诺的均值大于工作时间为0~3年的被试教师的规范承诺的均值，即工作时间为7~9年的被试教师的规范承诺明显低于工作时间为0~3年的被试教师的规范承诺。工作时间为4~6年的被试教师的规范承诺的均值大于工作时间为0~3年的被试教师的规范承诺的均值，即工作时间为4~6年的被试教师的规范承诺明显低于工作时间为0~3年的被试教师的规范承诺。进一步从关联强度指数来看，ω^2的值等于0.012，可见，工作时间与规范承诺存在相关关系。统计检验力等于0.999，决策正确率较高，工作时间对规范承诺的解释量较大。

表 2-7-32 不同工作时间教师的规范承诺的方差分析表

变异来源	SS	DF	MS	F	事后比较	ω²	统计检验力
组间	38.363	5	7.673	7.527***	16 年以上 > 0~3 年 13~15 年 > 0~3 年 10~12 年 > 0~3 年 7~9 年 > 0~3 年 4~6 年 > 0~3 年	0.012	0.999
组内	3295.351	3233	1.019				
全体	3333.714	3238					

（三）理想承诺

通过不同工作时间教师的理想承诺整体差异描述统计（见表 2-7-33）可以看出，工作时间为 16 年以上的被试教师的理想承诺的均值为 2.6530，工作时间为 13~15 年的被试教师的理想承诺的均值为 2.6049，工作时间为 10~12 年的被试教师的理想承诺的均值为 2.5068，工作时间为 7~9 年的被试教师的理想承诺的均值为 2.5660，工作时间为 4~6 年的被试教师的理想承诺的均值为 2.3962，工作时间为 0~3 年的被试教师的理想承诺的均值为 2.0465。

表 2-7-33 不同工作时间教师的理想承诺整体差异描述统计

工作时间	均值	标准差	标准误差
16 年以上	2.6530	0.99709	0.02363
13~15 年	2.6049	1.01863	0.05055
10~12 年	2.5068	1.03497	0.06057
7~9 年	2.5660	0.96370	0.07643
4~6 年	2.3962	0.99809	0.07915
0~3 年	2.0465	0.96580	0.04589

不同工作时间教师的理想承诺的方差分析表（见表 2-7-34）可以显示，不同工作时间教师的理想承诺有显著差异（P 小于 0.001）。由事后比较得知，工作时间为 16 年以上的被试教师的理想承诺的均值大于工作时间为 10~12 年的被试教师的理想承诺的均值，即工作时间为 16 年以上的被试教师的理想承诺明显低于工作时间为 10~12 年的被试教师的理想承诺。工作时间为 16 年以上的被试教师的理想承诺的均值大于工作时间为 4~6 年的被试教师的理想承诺的均值，即工作时间为 16 年以上的被试教师的理想承诺明显低于工作时间为 4~6 年的被试教师的理想承诺。工作时间为 16 年以上的被试教师的理想承诺的均值大于工作时间为 0~3 年的被试教师的理想承诺的均值，即工作时间为 16 年以上的被试教师的理想承诺明显低于工作时间为 0~3 年的被试教师的理想承

诺。工作时间为13~15年的被试教师的理想承诺的均值大于工作时间为4~6年的被试教师的理想承诺的均值，即工作时间为13~15年的被试教师的理想承诺明显低于工作时间为4~6年的被试教师的理想承诺。工作时间为13~15年的被试教师的理想承诺的均值大于工作时间为0~3年的被试教师的理想承诺的均值，即工作时间为13~15年的被试教师的理想承诺明显低于工作时间为0~3年的被试教师的理想承诺。工作时间为10~12年的被试教师的理想承诺的均值大于工作时间为0~3年的被试教师的理想承诺的均值，即工作时间为10~12年的被试教师的理想承诺明显低于工作时间为0~3年的被试教师的理想承诺。工作时间为7~9年的被试教师的理想承诺的均值大于工作时间为0~3年的被试教师的理想承诺的均值，即工作时间为7~9年的被试教师的理想承诺明显低于工作时间为0~3年的被试教师的理想承诺。工作时间为4~6年的被试教师的理想承诺的均值大于工作时间为0~3年的被试教师的理想承诺的均值，即工作时间为4~6年的被试教师的理想承诺明显低于工作时间为0~3年的被试教师的理想承诺。进一步从关联强度指数来看，ω^2 的值等于0.041，可见，工作时间与理想承诺存在相关关系。统计检验力等于1.000，决策正确率较高，工作时间对理想承诺的解释量较大。

表2-7-34　不同工作时间教师的理想承诺的方差分析表

变异来源	SS	DF	MS	F	事后比较	ω^2	统计检验力
组间	135.941	5	27.188	27.323***	16年以上＞10~12年 16年以上＞4~6年 16年以上＞0~3年 13~15年＞4~6年 13~15年＞0~3年 10~12年＞0~3年 7~9年＞0~3年 4~6年＞0~3年	0.041	1.000
组内	3217.026	3233	0.995				
全体	3352.967	3238					

（四）经济承诺

通过不同工作时间教师的经济承诺整体差异描述统计（见表2–7–35）可以看出，工作时间为16年以上的被试教师的经济承诺的均值为2.9081，工作时间为13~15年的被试教师的经济承诺的均值为2.7562，工作时间为10~12年的被试教师的经济承诺的均值为2.7219，工作时间为7~9年的被试教师的经济承诺的均值为 2.8528，工作时间为 4~6 年的被试教师的经济承诺的均值为 2.7358，工作时间为 0~3 年的被试教师的经济承诺的均值为 2.6767。

表 2-7-35　不同工作时间教师的经济承诺整体差异描述统计

工作时间	均值	标准差	标准误差
16 年以上	2.9081	1.08588	0.02574
13~15 年	2.7562	1.02200	0.05072
10~12 年	2.7219	1.11482	0.06524
7~9 年	2.8528	1.08952	0.08640
4~6 年	2.7358	1.14346	0.09068
0~3 年	2.6767	1.21903	0.05792

不同工作时间教师的经济承诺的方差分析表（见表 2–7–36）可以显示，不同工作时间教师的经济承诺有显著差异（P 小于 0.001）。由事后比较得知，工作时间为 16 年以上的被试教师的经济承诺的均值大于工作时间为 0~3 年的被试教师的经济承诺的均值，即工作时间为 16 年以上的被试教师的经济承诺明显低于工作时间为 0~3 年的被试教师的经济承诺。进一步从关联强度指数来看，ω^2 的值等于 0.007，可见，工作时间与经济承诺存在相关关系。统计检验力等于 0.977，决策正确率较高，工作时间对经济承诺的解释量较大。

表 2-7-36　不同工作时间教师的经济承诺的方差分析表

变异来源	SS	DF	MS	F	事后比较	ω^2	统计检验力
组间	28.375	5	5.675	4.665***	16 年以上 > 0~3 年	0.007	0.977
组内	3933.335	3233	1.217				
全体	3961.710	3238					

（五）机会承诺

通过不同工作时间教师的机会承诺整体差异描述统计（见表 2–7–37）可以看出，工作时间为 16 年以上的被试教师的机会承诺的均值为 3.2298，工作时间为 13~15 年的被试教师的机会承诺的均值为 3.1621，工作时间为 10~12 年的被试教师的机会承诺的均值为 3.1370，工作时间为 7~9 年的被试教师的机会承诺的均值为 3.2730，工作时间为 4~6 年的被试教师的机会承诺的均值为 3.1145，工作时间为 0~3 年的被试教师的机会承诺的均值为 3.0163。

表 2-7-37　不同工作时间教师的机会承诺整体差异描述统计

工作时间	均值	标准差	标准误差
16 年以上	3.2298	1.10031	0.02608
13~15 年	3.1621	1.05888	0.05255
10~12 年	3.1370	1.14568	0.06705
7~9 年	3.2730	1.17644	0.09330
4~6 年	3.1145	1.15560	0.09165
0~3 年	3.0163	1.24214	0.05902

不同工作时间教师的机会承诺的方差分析表（见表 2-7-38）可以显示，不同工作时间教师的机会承诺有显著差异（P 小于 0.05）。由事后比较得知，工作时间为 16 年以上的被试教师的机会承诺的均值大于工作时间为 0~3 年的被试教师的机会承诺的均值，即工作时间为 16 年以上的被试教师的机会承诺明显低于工作时间为 0~3 年的被试教师的机会承诺。进一步从关联强度指数来看，ω^2 的值等于 0.005，可见，工作时间与机会承诺存在相关关系。统计检验力等于 0.866，决策正确率较高，工作时间对机会承诺的解释量较大。

表 2-7-38　不同工作时间教师的机会承诺的方差分析表

变异来源	SS	DF	MS	F	事后比较	ω^2	统计检验力
组间	19.016	5	3.803	2.998*	16 年以上 > 0~3 年	0.005	0.866
组内	4101.512	3233	1.269				
全体	4120.527	3238					

四、不同工作时间教师的工作满意度

通过不同工作时间教师的工作满意度整体差异描述统计（见表 2-7-39）可以看出，工作时间为 16 年以上的被试教师的工作满意度的均值为 2.2167，工作时间为 13~15 年的被试教师的工作满意度的均值为 2.2276，工作时间为 10~12 年的被试教师的工作满意度的均值为 2.2507，工作时间为 7~9 年的被试教师的工作满意度的均值为 2.1824，工作时间为 4~6 年的被试教师的工作满意度的均值为 2.1447，工作时间为 0~3 年的被试教师的工作满意度的均值为 1.7869。

表 2-7-39　不同工作时间教师的工作满意度整体差异描述统计

工作时间	均值	标准差	标准误差
16 年以上	2.2167	1.05609	0.02503
13~15 年	2.2276	1.01856	0.05055
10~12 年	2.2507	1.06111	0.06210
7~9 年	2.1824	0.99349	0.07879
4~6 年	2.1447	0.98184	0.07786
0~3 年	1.7869	0.90204	0.04286

不同工作时间教师的工作满意度的方差分析表（见表 2–7–40）可以显示，不同工作时间教师的工作满意度有显著差异（P 小于 0.001）。由事后比较得知，工作时间为 16 年以上的被试教师的工作满意度的均值大于工作时间为 0~3 年的被试教师的工作满意度的均值，即工作时间为 16 年以上的被试教师的工作满意度明显低于工作时间为 0~3 年的被试教师的工作满意度。工作时间为 13~15 年的被试教师的工作满意度的均值大于工作时间为 0~3 年的被试教师的工作满意度的均值，即工作时间为 13~15 年的被试教师的工作满意度明显低于工作时间为 0~3 年的被试教师的工作满意度。工作时间为 10~12 年的被试教师的工作满意度的均值大于工作时间为 0~3 年的被试教师的工作满意度的均值，即工作时间为 10~12 年的被试教师的工作满意度明显低于工作时间为 0~3 年的被试教师的工作满意度。工作时间为 7~9 年的被试教师的工作满意度的均值大于工作时间为 0~3 年的被试教师的工作满意度的均值，即工作时间为 7~9 年的被试教师的工作满意度明显低于工作时间为 0~3 年的被试教师的工作满意度。工作时间为 4~6 年的被试教师的工作满意度的均值大于工作时间为 0~3 年的被试教师的工作满意度的均值，即工作时间为 4~6 年的被试教师的工作满意度明显低于工作时间为 0~3 年的被试教师的工作满意度。进一步从关联强度指数来看，ω^2 的值等于 0.021，可见，工作时间与工作满意度存在相关关系。统计检验力等于 1.000，决策正确率较高，工作时间对工作满意度的解释量较大。

表 2-7-40 不同工作时间教师的工作满意度的方差分析表

变异来源	SS	DF	MS	F	事后比较	ω^2	统计检验力
组间	71.742	5	14.348	13.644***	16 年以上 > 0~3 年 13~15 年 > 0~3 年 10~12 年 > 0~3 年 7~9 年 > 0~3 年 4~6 年 > 0~3 年	0.021	1.000
组内	3399.910	3233	1.052				
全体	3471.652	3238					

五、不同工作时间教师的留任意愿

通过不同工作时间教师的留任意愿整体差异描述统计（见表 2-7-41）可以看出，工作时间为 16 年以上的被试教师的留任意愿的均值为 2.0457，工作时间为 13~15 年的被试教师的留任意愿的均值为 2.1174，工作时间为 10~12 年的被试教师的留任意愿的均值为 2.1444，工作时间为 7~9 年的被试教师的留任意愿的均值为 2.1520，工作时间为 4~6 年的被试教师的留任意愿的均值为 2.1363，工作时间为 0~3 年的被试教师的留任意愿的均值为 1.7814。

表 2-7-41 不同工作时间教师的留任意愿整体差异描述统计

工作时间	均值	标准差	标准误差
16 年以上	2.0457	0.96830	0.02295
13~15 年	2.1174	0.96810	0.04805
10~12 年	2.1444	0.98518	0.05765
7~9 年	2.1520	0.91985	0.07295
4~6 年	2.1363	0.95850	0.07601
0~3 年	1.7814	0.86650	0.04117

不同工作时间教师的留任意愿的方差分析表（见表 2-7-42）可以显示，不同工作时间教师的留任意愿有显著差异（P 小于 0.001）。由事后比较得知，工作时间为 16 年以上的被试教师的留任意愿的均值大于工作时间为 0~3 年的被试教师的留任意愿的均值，即工作时间为 16 年以上的被试教师的留任意愿明显低于工作时间为 0~3 年的被试教师的留任意愿。工作时间为 13~15 年的被试教师的留任意愿的均值大于工作时间为 0~3 年的被试教师的留任意愿的均值，即工作时间为 13~15 年的被试教师的留任意愿明显低于工作时间为 0~3 年的被试教师的留任意愿。工作时间为 10~12 年的被试教师的留任意愿的均值大于工作时间为 0~3 年的被试教师的留任意愿的均值，即工作时间为 10~12 年的被试

教师的留任意愿明显低于工作时间为 0~3 年的被试教师的留任意愿。工作时间为 7~9 年的被试教师的留任意愿的均值大于工作时间为 0~3 年的被试教师的留任意愿的均值，即工作时间为 7~9 年的被试教师的留任意愿明显低于工作时间为 0~3 年的被试教师的留任意愿。工作时间为 4~6 年的被试教师的留任意愿的均值大于工作时间为 0~3 年的被试教师的留任意愿的均值，即工作时间为 4~6 年的被试教师的留任意愿明显低于工作时间为 0~3 年的被试教师的留任意愿。进一步从关联强度指数来看，ω^2 的值等于 0.013，可见，工作时间与留任意愿存在相关关系。统计检验力等于 1.000，决策正确率较高，工作时间对留任意愿的解释量较大。

表 2-7-42 不同工作时间教师的留任意愿的方差分析表

<table>
<tr><th>变异来源</th><th>SS</th><th>DF</th><th>MS</th><th>F</th><th>事后比较</th><th>ω^2</th><th>统计检验力</th></tr>
<tr><td>组间</td><td>38.736</td><td>5</td><td>7.747</td><td>8.517***</td><td rowspan="3">16 年以上 > 0~3 年
13~15 年 > 0~3 年
10~12 年 > 0~3 年
7~9 年 > 0~3 年
4~6 年 > 0~3 年</td><td rowspan="3">0.013</td><td rowspan="3">1.000</td></tr>
<tr><td>组内</td><td>2940.723</td><td>3233</td><td>0.910</td><td></td></tr>
<tr><td>全体</td><td>2979.458</td><td>3238</td><td></td><td></td></tr>
</table>

第三章 地方高校教师队伍稳定的影响因素间传导机制

第一节　地方高校教师队伍稳定的影响因素相关性分析

为研究地方高校教师队伍稳定的影响因素间的相关性，本节从教师学校条件与环境、组织承诺、工作满意度与地方高校教师的留任意愿之间做相关性分析，研究结果显示各因素与教师的留任意愿均存在显著的相关关系，教师的留任意愿与学校条件与环境间相关系数为0.680，与组织承诺相关系数为0.718，与工作满意度间相关系数为0.879；学校条件与环境、组织承诺和工作满意度3个影响因素间两两相关，学校条件和环境与组织承诺之间相关系数0.764，与工作满意度之间相关系数0.767，组织承诺与工作满意度间有0.763的显著相关。从表中数据得知教师的留任意愿与教师工作满意度、组织承诺及学校条件与环境间相关程度较高。

表 3-1-1　教师留任意愿相关分析

影响因素	学校条件与环境	组织承诺	工作满意度	留任意愿
学校条件与环境	–			
组织承诺	0.764***	–		
工作满意度	0.767***	0.763***	–	
留任意愿	0.680***	0.718***	0.879***	–

注：***P<0.001。

一、学校条件与环境与教师留任意愿相关性分析

从领导支持、学校发展、学校政策、专业发展计划、工作量、行政管理、设备与教学条件及收入与福利 8 个方面分析学校条件与环境跟地方高校教师留任意愿的关系，研究结果如表 3-1-2 所示，教师的留任意愿和学校条件与环境的 8 个方面均有显著相关。教师的留任意愿与领导支持的相关系数为 0.598，与学校发展的相关系数为 0.633，与学校政策的相关系数为 0.607，与专业发展计划的相关系数为 0.648，与工作量的相关系数为 0.095，与行政管理的相关系数为 0.621，与设备与教学条件的相关系数为 0.619，和收入与福利的相关系数为 0.566。根据数据可以推断出专业发展计划为学校条件与环境的一个因子与教师的留任意愿相关程度相对较高，工作量与教师的留任意愿相关程度相对较低。

表 3-1-2　教师留任意愿相关因素分析（工作条件与环境）

影响因素	领导支持	学校发展	学校政策	专业发展计划	工作量	行政管理	设备与教学条件	收入与福利	留任意愿
领导支持	–								
学校发展	0.838***	–							
学校政策	0.758***	0.851***	–						
专业发展计划	0.804***	0.871***	0.875***	–					
工作量	0.114***	0.134***	0.126***	0.134***	–				
行政管理	0.742***	0.805***	0.816***	0.834***	0.139***	–			
设备与教学条件	0.642***	0.719***	0.742***	0.764***	0.170***	0.788***	–		
收入与福利	0.585***	0.643***	0.713***	0.696***	0.191***	0.751***	0.737***	–	
留任意愿	0.598***	0.633***	0.607***	0.648***	0.095***	0.621***	0.619***	0.566***	–

注：***P<0.001。

（一）领导支持与教师留任意愿相关

从相关分析的数据可以看出，地方高校教师的留任意愿与学校领导定期关注教师工作与生活问题、学校领导对教师反映问题有反馈并予以解决、自己单位领导对教师工作给予关注与支持及自己单位领导对教师的生活给予帮助与支持之间有显著的相关（见表 3–1–3）。教师的留任意愿与学校领导定期关注教师工作与生活问题之间的相关系数为 0.568，与学校领导对教师反映问题有反馈并予以解决之间的相关系数为 0.569，与自己单位领导对教师的工作给予关

注与支持之间的相关系数为 0.554，与自己单位领导对教师的生活给予帮助与支持之间的相关系数为 0.550。从数据可以推断出领导支持的各因子与教师的留任意愿均有高水平的相关，特别是学校领导对教师反映问题有反馈并予以解决与教师的留任意愿相关程度相对较高。

表 3-1-3　领导支持与教师留任意愿相关分析

影响因素	D1	D2	D3	D4	留任意愿
D1 学校领导定期关注教师工作与生活问题	–				
D2 学校领导对教师反映问题有反馈并予以解决	0.919***	–			
D3 自己单位领导对教师的工作给予关注与支持	0.797***	0.800***	–		
D4 自己单位领导对教师的生活给予帮助与支持	0.790***	0.795***	0.930***	–	
留任意愿	0.568***	0.569***	0.554***	0.550***	–

注：***P<0.001。

（二）学校发展与教师留任意愿相关

相关分析的数据显示，留任意愿与明确学校发展与建设目标、教师参与学校发展规划制定、与同类学校相比本学校发展较好、学校每年都能取得较大成绩、学校近 3 年发展速度较快之间有显著相关（见表 3-1-4）。地方高校教师的留任意愿与明确学校发展与建设目标相关系数 0.613，与教师参与学校发展规划制定相关系数 0.584，与同类学校相比本学校发展较好相关系数 0.601，与学校每年都能取得较大成绩相关系数 0.591，与学校近 3 年发展速度较快相关系数 0.593。从表中的数据可以推断出明确学校发展与建设目标和与同类学校相比本学校发展较好与教师的留任意愿相关程度相对较高。

表 3-1-4　学校发展与教师留任意愿相关分析

影响因素	G1	G2	G3	G4	G5	留任意愿
G1 明确学校发展与建设目标	–					
G2 教师参与学校发展规划制定	0.827***	–				
G3 与同类学校相比本学校发展较好	0.805***	0.868***	–			
G4 学校每年都能取得较大成绩	0.804***	0.869***	0.926***	–		
G5 学校近三年发展速度较快	0.804***	0.840***	0.897***	0.924***	–	
留任意愿	0.613***	0.584***	0.601***	0.591***	0.593***	–

注：***P<0.001。

（三）学校政策与教师留任意愿相关

通过相关分析可以看出，地方高校教师的留任意愿与学校人才政策吸引力较强、学校职称评定能激发教师的专业热情、学校的岗位定级能激发教师的专业发展动力、学校的各类科研成果认定能提高教师的专业能力之间存在显著相关（见表 3-1-5）。教师的留任意愿与学校人才政策吸引力较强相关系数为 0.597，与学校职称评定能激发教师的专业热情之间相关系数为 0.559，与学校的岗位定级能激发教师的专业发展动力之间的相关系数 0.578，与学校的各类科研成果认定能提高教师的专业能力之间有 0.586 的显著相关。从表中的数据可以看出学校人才政策吸引力较强与教师的留任意愿之间相关程度相对较高。

表 3-1-5 学校政策与教师留任意愿相关分析

影响因素	H1	H2	H3	H4	留任意愿
H1 学校人才政策吸引力较强	–				
H2 学校职称评定能激发教师的专业热情	0.836***	–			
H3 学校的岗位定级能激发教师的专业发展动力	0.843***	0.942***	–		
H4 学校的各类科研成果认定能提高教师的专业能力	0.837***	0.901***	0.923***	–	
留任意愿	0.597***	0.559***	0.578***	0.586***	–

注：***P<0.001。

（四）专业发展计划与教师留任意愿相关

通过相关分析可以看出，地方高校教师的留任意愿与教育管理部门开展新入职教师的教学指导项目、学校对所有教师提供有效的专业辅导、教师能定期参加各种专业培训、教师从事专业活动的自由支配时间充裕、教师参加校外教学与学术交流机会较多、学校的培训有实效性、学校的培训有效果的跟踪服务及愿意参加学校组织的各类培训之间有显著相关（见表 3-1-6）。教师的留任意愿与教育管理部门开展新入职教师的教学指导项目相关系数 0.595，与学校对所有教师提供有效的专业辅导相关系数 0.596，与教师能定期参加各种专业培训相关系数 0.577，与学校教师从事专业活动的自由支配时间充裕相关系数 0.588，与教师参加校外教学与学术交流的机会较多之间相关系数为 0.554，与学校的培训有实效性之间有 0.608 的显著相关，与学校的培训有培训效果的跟踪服务相关系数 0.582，与愿意参加学校组织的各类培训之间的相关系数为 0.607。表中的数据显示教师的留任意愿与学校的培训有实效性之间相关程度相对较高。

表 3-1-6　专业发展计划与教师留任意愿相关分析

影响因素	J1	J2	J3	J4	J5	J6	J7	J8	留任意愿
J1 教育管理部门开展新入职教师的教学指导项目	–								
J2 学校对所有教师提供有效的专业辅导	0.818***	–							
J3 教师能定期参加各种专业培训	0.777***	0.856***	–						
J4 教师从事专业活动的自由支配时间充裕	0.725***	0.803***	0.784***	–					
J5 教师参加校外教学与学术交流的机会较多	0.684***	0.790***	0.783***	0.774***	–				
J6 学校的培训有实效性	0.760***	0.841***	0.882***	0.804***	0.870***	–			
J7 学校的培训有效果的跟踪服务	0.731***	0.834***	0.808***	0.800***	0.875***	0.933***	–		
J8 愿意参加学校组织的各类培训	0.727***	0.774***	0.734***	0.757***	0.753***	0.847***	0.827***	–	
留任意愿	0.595***	0.596***	0.577***	0.588***	0.554***	0.608***	0.582***	0.607***	–

注：***P<0.001。

（五）工作量与教师留任意愿相关

根据相关分析得知地方高校教师的留任意愿与每学期教授3门及以上课程、完成许多与教学相关的重复工作、承担大量教学以外的工作之间有显著相关，与非工作时接受大量工作之间没有显著的相关性（见表 3-1-7）。教师的留任意愿与教师每学期教授 3 门及以上课程相关系数为 0.184，与完成许多与教学相关的重复工作之间相关系数为0.075，与承担大量教学以外的工作之间有 0.035 的显著相关。从表中的数据可以看出教师的留任意愿与教师每学期教授 3 门及以上课程、完成许多与教学相关的重复工作、承担大量教学以外的工作之间有显著相关但相关程度较低。

表 3-1-7　工作量与教师留任意愿相关分析

影响因素	K1	K2	K3	K4	留任意愿
K1 每学期教授 3 门及以上课程	–				
K2 完成许多与教学相关的重复工作	0.592^{***}	–			
K3 承担大量教学以外的工作	0.488^{***}	0.688^{***}	–		
K4 非工作时间接受大量工作	0.480^{***}	0.614^{***}	0.847^{***}	–	
留任意愿	0.184^{***}	0.075^{***}	0.035^{*}	0.021	–

注：***P<0.001，*P<0.05。

（六）行政管理与教师留任意愿相关

根据相关分析的数据，地方高校教师的留任意愿与职能部门能为一线教师提供优质服务、教师有机会参与职能部门管理制度的制定、职能部门管理方式比较人性化、职能部门管理制度执行具有连续性及职能部门工作以学生培养为中心之间存在显著相关（见表 3-1-8）。教师的留任意愿与职能部门能为一线教师提供优质服务之间相关系数为 0.604，与教师有机会参与职能部门管理制度的制定相关系数为 0.554，与职能部门管理方式比较人性化相关系数为 0.600，与职能部门管理制度执行具有连续性之间相关系数为 0.599，与职能部门工作以学生培养为中心之间的相关系数为 0.603。从表中的数据可以推断出，从行政管理方面来看，职能部门能为一线教师提供优质服务及职能部门的工作以学生培养为中心与教师的留任意愿之间相关程度相对较高。

表 3-1-8　行政管理与教师留任意愿相关分析

影响因素	L1	L2	L3	L4	L5	留任意愿
L1 职能部门能为一线教师提供优质服务	–					
L2 教师有机会参与职能部门管理制度的制定	0.856^{***}	–				
L3 职能部门管理方式比较人性化	0.908^{***}	0.895^{***}	–			
L4 职能部门管理制度执行具有连续性	0.893^{***}	0.883^{***}	0.940^{***}	–		
L5 职能部门工作以学生培养为中心	0.862^{***}	0.822^{***}	0.881^{***}	0.892^{***}	–	
留任意愿	0.604^{***}	0.554^{***}	0.600^{***}	0.599^{***}	0.603^{***}	–

注：***P<0.001。

（七）设备与教学条件和教师留任意愿相关

通过相关分析得出，地方高校教师的留任意愿与教学设备跟实验条件、教育文本和电子材料能满足教学、科研的需要之间显著相关（见表 3-1-9）。教师的留任意愿和教学设备与实验条件能满足教学需要之间的相关系数为0.590，和教学设备与实验条件能满足科研需要之间的相关系数为0.572，和教育文本与电子资料能满足教学需要之间的相关系数为0.597，和教育文本与电子材料能满足科研需要之间有0.594的显著相关。根据表中的数据可以看出，教师的留任意愿和教育文本与电子资料能满足教学和科研的需要相关程度相对较高。

表 3-1-9　设备与教学条件和教师留任意愿相关分析

影响因素	M1	M2	M3	M4	留任意愿
M1 教学设备与实验条件能满足教学需要	–				
M2 教学设备与实验条件能满足科研需要	0.912***	–			
M3 教育文本与电子资料能满足教学需要	0.842***	0.836***	–		
M4 教育文本与电子资料能满足科研需要	0.838***	0.870***	0.924***	–	
留任意愿	0.590***	0.572***	0.597***	0.594***	–

注：***P<0.001。

（八）收入与福利和教师留任意愿相关

根据相关分析得出地方高校教师的留任意愿与教师的绩效工资能体现多劳多得、教师的课时费与其他高校没有区别、教师每年的津贴比较多及工会为教师提供福利之间存在显著相关（见表3-1-10）。其中教师的留任意愿与教师的绩效工资能体现多劳多得的相关系数为0.586，与教师的课时费与其他高校没有区别之间的相关系数为0.476，与教师每年的津贴比较多之间有0.477的显著相关，与工会为教师提供福利之间的相关系数为0.503。从表中的数据可以看出，教师的绩效工资能体现多劳多得与教师的留任意愿之间相关程度相对较高。

表 3-1-10　行政管理与教师留任意愿相关分析

影响因素	N1	N2	N3	N4	留任意愿
N1 教师的绩效工资能体现多劳多得	–				
N2 教师的课时费与其他高校没有区别	0.734***	–			
N3 教师每年的津贴比较多	0.723***	0.841***	–		
N4 工会为教师提供福利	0.688***	0.707***	0.743***	–	
留任意愿	0.586***	0.476***	0.477***	0.503***	

注：***P<0.001。

二、组织承诺与教师留任意愿相关性分析

从感情承诺、规范承诺、理想承诺、经济承诺及机会承诺5个方面分析组织承诺与地方高校教师的留任意愿之间的关系，研究结果如表3-1-11所示，教师留任意愿与组织承诺的5个方面均具有显著相关关系。教师的留任意愿与感情承诺相关系数为0.769，与规范承诺相关系数为0.750，与理想承诺相关系数为0.721，与经济承诺相关系数为0.413，与机会承诺之间有0.292的显著相关。感情承诺、规范承诺、理想承诺、经济承诺及机会承诺之间两两相关，感情承诺与规范承诺的相关系数为0.900，与理想承诺的相关系数为0.777，与经济承诺的相关系数为0.450，与机会承诺的相关系数为0.300；规范承诺与理想承诺之间有0.804的显著相关，与经济承诺有0.470的显著相关，与机会承诺有0.313的显著相关；理想承诺与经济承诺的相关系数为0.585，与机会承诺的相关系数为0.432；经济承诺与机会承诺之间有0.708的显著相关。表中的相关数据表明教师的留任意愿与感情承诺、规范承诺和理想承诺相关程度较高。

表3-1-11 教师留任意愿相关因素分析（组织承诺）

影响因素	感情承诺	规范承诺	理想承诺	经济承诺	机会承诺	留任意愿
感情承诺	–					
规范承诺	0.900***	–				
理想承诺	0.777***	0.804***	–			
经济承诺	0.450***	0.470***	0.585***	–		
机会承诺	0.300***	0.313***	0.432***	0.708***	–	
留任意愿	0.769***	0.750***	0.721***	0.413***	0.292***	–

注：***P<0.001。

（一）感情承诺与教师留任意愿相关

根据相关分析得知，地方高校教师留任意愿与教师承诺即使学校效益差也不离开、教师对单位感情深、教师愿做任何贡献、愿贡献全部心血、愿贡献业余努力之间存在显著的相关（见表3-1-12）。教师的留任意愿与教师承诺即使学校效益差也不离开间相关系数为0.706，与教师对单位感情深相关系数0.721，与教师愿做任何贡献相关系数0.706，与教师愿贡献全部心血间有0.711的显著相关，与教师愿贡献业余努力间相关系数为0.707。表中的信息可以得出教师的留任意愿与教师对单位感情深、愿贡献全部心血和业余努力、即使学

校效益差也不离开及愿做任何贡献间均存在高水平的显著相关。

表 3-1-12 感情承诺与教师留任意愿相关分析

影响因素	O11	O12	O13	O14	O15	留任意愿
O11 即使学校效益差也不离开	–					
O12 对单位感情深	0.748***	–				
O13 愿做任何贡献	0.756***	0.835***	–			
O14 愿贡献全部心血	0.742***	0.826***	0.941***	–		
O15 愿贡献业余努力	0.725***	0.816***	0.889***	0.902***	–	
留任意愿	0.706***	0.721***	0.706***	0.711***	0.707***	–

注：***P<0.001。

（二）规范承诺与教师留任意愿相关

通过相关分析可以看出，地方高校教师的留任意愿与教师认为对单位负有义务、认为跳槽不道德、对单位都应忠诚、对单位全身心投入、像爱家那样爱单位之间存在显著相关（见表 3–1–13）。教师的留任意愿与教师认为对单位负有义务相关系数 0.691，与教师认为跳槽不道德之间相关系数为 0.582，与教师认为对单位都应忠诚之间有 0.684 的显著相关，与教师认为对单位全身心投入相关系数为 0.701，与像爱家那样爱单位之间相关系数为 0.699。从表中数据可以得知教师的留任意愿与教师的规范承诺有显著相关，教师对单位全身心投入与教师的留任意愿之间相关程度相对较高。

表 3-1-13 规范承诺与教师留任意愿相关分析

	O21	O22	O23	O24	O25	留任意愿
O21 对单位负有义务	–					
O22 认为跳槽不道德	0.640***	–				
O23 对单位都应忠诚	0.787***	0.774***	–			
O24 对单位全身心投入	0.805***	0.589***	0.756***	–		
O25 像爱家那样爱单位	0.808***	0.625***	0.776***	0.910***	–	
留任意愿	0.691***	0.582***	0.684***	0.701***	0.699***	–

注：***P<0.001。

（三）理想承诺与教师留任意愿相关

通过相关分析得知，地方高校教师的留任意愿与教师认为学有所用，进修、晋升机会多、在现在的岗位工作挑战与困难并存及现在的学校条件有利于实现理想之间存在显著的相关（见表 3–1–14）。教师的留任意愿与教师认为可以学有所用之间有 0.720 的显著相关，与进修机会多相关系数为 0.587，与晋升机会多间相关系数为 0.570，与现在的岗位工作挑战与困难并存相关系数为 0.606，与现在的学校条件有利于实现理想间相关系数为 0.655。研究数据表明教师认为学有所用相对于其他因素在理想承诺层面与教师的留任意愿相关程度较高。

表 3-1-14 理想承诺与教师留任意愿相关分析

影响因素	O31	O32	O33	O34	O35	留任意愿
O31 学有所用	–					
O32 进修机会多	0.589***					
O33 晋升机会多	0.527***	0.838***	–			
O34 现在岗位工作挑战与困难并存	0.638***	0.628***	0.640***	–		
O35 现在学校条件有利于实现理想	0.607***	0.792***	0.837***	0.695***	–	
留任意愿	0.720***	0.587***	0.570***	0.606***	0.655***	–

注：***P<0.001。

（四）经济承诺与教师留任意愿相关

通过相关分析得知，地方高校教师的留任意愿与教师认为离开容易失去福利、离开损失太大、即使想也很难离开、离开需要花费太多时间、离开容易造成家庭损失之间存在显著相关（见表 3-1-15）。教师的留任意愿与教师认为离开容易失去福利之间相关系数为 0.460，与教师认为离开损失太大之间相关系数为 0.424，与教师即使想也很难离开之间相关系数为 0.308，与离开需要花费太多时间之间有 0.317 的显著相关，与离开容易造成家庭损失之间相关系数为 0.328。根据表中数据可以看出，教师在经济承诺层面相对于其他因素会更容易因考虑到离开容易失去福利而选择继续留任。

表 3-1-15 经济承诺与教师留任意愿相关分析

影响因素	O41	O42	O43	O44	O45	留任意愿
O41 离开容易失去福利	–					
O42 离开损失太大	0.839***	–				
O43 即使想也很难离开	0.632***	0.709***	–			
O44 离开需要花费太多时间	0.647***	0.731***	0.865***	–		
O45 离开容易造成家庭损失	0.657***	0.733***	0.756***	0.811***	–	
留任意愿	0.460***	0.424***	0.308***	0.317***	0.328***	–

注：***P<0.001。

（五）机会承诺与教师留任意愿相关

通过相关分析得知，地方高校教师的留任意愿与教师认为自己技术低、别的单位工资不好、找适合工作不易、找不到别的单位及条件好的不易找之间存在显著相关（见表 3-1-16）。教师的留任意愿与教师认为自己技术低之间相关系数为 0.206，与别的单位工资不好之间相关系数为 0.297，与找适合工作不易之间相关系数为 0.279，与找不到别的单位之间相关系数为 0.259，与条件好的工作不易找之间有 0.260 的显著相关。表中的数据显示教师层面的各因素与教师的留任意愿虽有显著相关但是相关程度较低。

表 3-1-16　机会承诺与教师留任意愿相关分析

影响因素	O51	O52	O53	O54	O55	留任意愿
O51 自己技术低	–					
O52 别的单位工资不好	0.732***	–				
O53 找适合工作不易	0.667***	0.737***	–			
O54 找不到别的单位	0.759***	0.815***	0.790***	–		
O55 条件好的工作不易找	0.646***	0.689***	0.840***	0.777***	–	
留任意愿	0.206***	0.297***	0.279***	0.259***	0.260***	–

注：***P<0.001。

三、工作满意度与教师留任意愿相关性分析

通过相关分析得知教师的工作满意度与留任意愿之间有0.879的显著相关，具体而言（见表 3-1-17）教师对学校工作环境满意与教师留任意愿之间相关系数为 0.830，教师的留任意愿与在学校工作有较强的幸福感之间相关系数为 0.822，与在学校工作有较强的学校荣誉感之间相关系数为 0.812，与对学校有较强的归属感之间相关系数为 0.827，与工作热情较高之间相关系数为 0.803。从表中数据可以看出，教师工作满意度无论是对学校工作环境的满意度还是对学校有较强的归属感都与教师的留任意愿之间有显著的高水平相关。

表 3-1-17　教师留任意愿相关因素分析（工作满意度）

影响因素	Q1	Q2	Q3	Q4	Q5	工作满意度	留任意愿
Q1 对学校工作环境满意	–						
Q2 在学校工作有较强的幸福感	0.893***	–					
Q3 在学校工作有较强的学校荣誉感	0.828***	0.867***	–				
Q4 对学校有较强的归属感	0.830***	0.864***	0.930***	–			
Q5 工作热情较高	0.740***	0.765***	0.801***	0.813***	–		
工作满意度	0.924***	0.945***	0.951***	0.954***	0.880***	–	
留任意愿	0.830***	0.822***	0.812***	0.827***	0.803***	0.879***	–

注：***P<0.001。

经过上述分析可以得出影响地方高校教师队伍稳定的 4 个因素：专业素质、学校条件与环境、组织承诺及工作满意度均与教师的留任意愿存在显著相关关系；4 个因素的各个维度：学校条件与环境下的领导支持、学校发展、学校政策、专业发展计划、工作量、行政管理、设备与教学条件及收入与福利，组织承诺下的感情承诺、规范承诺、理想承诺、经济承诺和机会承诺，以及工作满意度均与教师的留任意愿存在显著相关关系；各维度下的各因子除了非工作时间接受大量工作外均对地方高校教师的留任意愿存在显著相关关系，说明非工作时间的额外工作量并不能作为留不下地方高校乡村教师的原因。

第二节　地方高校教师队伍稳定的影响因素回归分析

一、学校条件与环境与教师留任意愿回归分析

以地方高校教师的留任意愿作为因变量，将学校条件与环境中领导支持、学校发展、学校政策、专业发展计划、工作量、行政管理、设备与教学条件及收入与福利 8 个方面作为自变量进行线性回归分析（见表 3-2-1）。

表 3-2-1　教师留任意愿的线性回归分析结果（学校条件与环境）

因变量	模型																							
	模型 1			模型 2			模型 3			模型 4			模型 5			模型 6			模型 7			模型 8		
	标准化β	T值	P值	标准化β	T值	P值	标准化β	T值	P值	标准化β	T值	P值	标准化β	T值	P值	标准化β	T值	P值	标准化β	T值	P值	标准化β	T值	P值
领导支持	0.598	42.416	0.000***	0.226	9.194	0.000***	0.194	7.854	0.000***	0.136	5.437	0.000***	0.136	5.438	0.000***	0.118	4.745	0.000***	0.131	5.366	0.000***	0.134	5.502	0.0000***
学校发展				0.443	18.004	0.000***	0.286	9.350	0.000***	0.181	5.658	0.000***	0.181	5.647	0.000***	0.148	4.611	0.000***	0.135	4.298	0.0000***	0.151	4.809	0.000***
学校政策							0.216	8.429	0.000***	0.070	2.413	0.0016	0.070	2.411	0.0016	0.0016	0.524	0.601	−0.0019	−0.633	0.527	−0.052	−1.742	0.082
专业发展计划										0.319	9.946	0.000***	0.319	9.933	0.000***	0.248	7.476	0.000***	0.184	5.588	0.000***	0.180	5.473	0.000***
工作量													0.003	0.251	0.802	−0.001	−0.064	0.268	−0.0014	−1.109	0.268	−0.023	−1.773	0.076
行政管理																0.195	7.678	0.002	0.084	3.135	0.002	0.039	1.395	0.163
设备与教学条件																			0.352	11.160	0.000***	0.205	8.926	0.000***
收入与福利																						0.127	6.009	0.000***
F值（P值）	1799.151（0.000b）			1151.441（0.000c）			807.924（0.000d）			649.018（0.000e）			519.076（0.000f）			450.144（0.000g）			418.377（0.000h）			374.572（0.000i）		
R^2	0.357			0.416			0.428			0.445			0.445			0.455			0.475			0.481		
调整后 R^2	0.357			0.415			0.428			0.445			0.444			0.454			0.474			0.480		
df	3237			3236			3236			3234			3233			3232			3231			3230		

注：因变量：地方高校教师的留任意愿。
模型 1：预测变量（常量）：领导支持。
模型 2：预测变量（常量）：领导支持、学校发展。
模型 3：预测变量（常量）：领导支持、学校发展、学校政策。
模型 4：预测变量（常量）：领导支持、学校发展、学校政策、专业发展计划。
模型 5：预测变量（常量）：领导支持、学校发展、学校政策、专业发展计划、工作量。
模型 6：预测变量（常量）：领导支持、学校发展、学校政策、专业发展计划、工作量、行政管理。
模型 7：预测变量（常量）：领导支持、学校发展、学校政策、专业发展计划、工作量、行政管理、设备与教学条件。
模型 8：预测变量（常量）：领导支持、学校发展、学校政策、专业发展计划、工作量、行政管理、设备与教学条件、收入与福利。

模型 1：进入自变量——领导支持，此变量对地方高校教师的留任意愿解释度为 35.7%（调整后 R^2=0.357），在 0.001 显著水平上，模型 1 回归效果显著（F=1799.151，P=0.000<0.001）。自变量领导支持的回归系数达到显著水平（β=0.598，P=0.000<0.001）。

模型 2：进一步进入自变量——领导支持、学校发展，所有变量对教师留任意愿解释度为 41.5%（调整 R^2=0.415），在 0.001 显著性水平上，模型 2 回归效果显著（F=1151.441，P=0.000<0.001）。自变量中，领导支持的标准化回归系数达到显著水平（β=0.226，P=0.000<0.001），学校发展的标准化回归系数达到显著水平（β=0.443，P=0.000<0.001）。

模型 3：进一步进入自变量——领导支持、学校发展、学校政策，所有变量对教师留任意愿解释度为 42.8%（调整后 R^2=0.428），在 0.001 显著性水平上，模型 3 回归效果显著（F=807.924，P=0.000<0.001）。自变量中，领导支持的标准化回归系数达到显著水平（β=0.194，P=0.000<0.001），学校发展的标准化回归系数达到显著水平（β=0.286，P=0.000<0.001），学校政策的标准化回归系数达到显著水平（β=0.216，P=0.000<0.001）。

模型 4：进一步进入自变量——领导支持、学校发展、学校政策、专业发展计划，所有变量对教师留任意愿解释度为 44.5%（调整 R^2=0.445），在 0.001 显著性水平上，模型 4 回归效果显著（F=649.018，P=0.000<0.001）。自变量中，领导支持的标准化回归系数达到显著水平（β=0.136，P=0.000<0.001），学校发展的标准化回归系数达到显著水平（β=0.181，P=0.000<0.001），学校政策标准化回归系数达到显著水平（β=0.070，P=0.0016<0.01），专业发展计划的标准化回归系数达到显著水平（β=0.319，P=0.000<0.001）。

模型 5：进一步进入自变量——领导支持、学校发展、学校政策、专业发展计划、工作量，所有变量对教师留任意愿解释度为44.4%（调整 R^2=0.444），在0.001显著性水平上，模型5回归效果显著（F=519.076，P=0.000<0.001）。自变量中，领导支持的标准化回归系数达到显著水平（β=0.136，P=0.000<0.001），学校发展的标准化回归系数达到显著水平（β=0.181，P=0.000<0.001），学校政策的标准化回归系数达到显著水平（β=0.070，P=0.0016<0.01），专业发展计划的标准化回归系数达到显著水平（β=0.319，P=0.000<0.001），工作量的标准化回归系数未达到显著水平（β=0.003，P=0.802>0.05）。

模型6：进一步进入自变量——领导支持、学校发展、学校政策、专业发展计划、工作量、行政管理，所有变量对教师留任意愿解释度为45.4%（调整 R^2=0.454），在0.001显著性水平上，模型6回归效果显著（F=450.144，P=0.000<0.001）。自变量中，领导支持的标准化回归系数达到显著水平（β=0.118，P=0.000<0.001），学校发展的标准化回归系数达到显著水平（β=0.148，P=0.000<0.001），学校政策的标准化回归系数未达到显著水平（β=0.0016，P=0.601>0.05），专业发展计划的标准化回归系数达到显著水平（β=0.248，P=0.000<0.001），工作量的标准化回归系数未达到显著水平（β=−0.001，P=0.268>0.05），行政管理的标准化回归系数达到显著水平（β=0.195，P=0.002<0.01）。

模型7：进一步进入自变量——领导支持、学校发展、学校政策、专业发展计划、工作量、行政管理、设备与教学条件，所有变量对教师留任意愿解释度为47.4%（调整 R^2=0.474），在0.001显著性水平上，模型7回归效果显著（F=418.377，P=0.000<0.001）。自变量中，领导支持的标准化回归系数达到显著水平（β=0.131，P=0.000<0.001），学校发展的标准化回归系数达到显著水平（β=0.135，P=0.000<0.001），学校政策的标准化回归系数未达到显著水平（β=−0.0019，P=0.527>0.05），专业发展计划的标准化回归系数达到显著水平（β=0.184，P=0.000<0.001），工作量的标准化回归系数未达到显著水平（β=−0.0014，P=0.268>0.05），行政管理的标准化回归系数达到显著水平（β=0.084，P=0.002<0.01），设备与教学条件的标准化回归系数达到显著水平（β=0.352，P=0.000<0.001）。

模型8：进一步进入自变量——领导支持、学校发展、学校政策、专业发展计划、工作量、行政管理、设备与教学条件、收入与福利，所有变量对教师留任意愿解释度为48.0%（调整 R^2=0.480），在0.001显著性水平上，模型8回归效果显著（F=374.572，P=0.000<0.001）。自变量中，领导支持的标准化回归系数达到显著水平（β=0.134，P=0.000<0.001），学校发展的标准化回归系数达到显著水平（β=0.151，P=0.000<0.001），学校政策的标准化回归系数未达到显著水平（β=−0.052，P=0.082>0.05），专业发展计划的标准化回归系数达到显著水平（β=0.180，P=0.000<0.001），工作量的标准化回归系数未达到显著水平（β=−0.023，P=0.076>0.05），行政管理的标准化回归系数未达到显著水平（β=0.039，P=0.163>0.05），设备与教学条件的标准化回归系数未达到显著水平（β=0.205，P=0.000<0.001），收入与福利的标准化回归系数达到显著水平（β=0.127，P=0.000<0.001）。

（一）领导支持与教师留任意愿回归分析

以地方高校教师的留任意愿作为因变量，从领导支持的学校领导定期关注教师工作与生活问题、对教师反映问题有反馈并予以解决、自己单位领导对教师的工作给予关注与支持、对教师的生活给予帮助与支持四个方面作为自变量进行线性回归分析（见表3-2-2）。

表3-2-2　教师留任意愿的线性回归分析结果（领导支持）

因变量	模型											
	模型1			模型2			模型3			模型4		
	标准化β	T值	P值	标准化β	T值	P值	标准化β	T值	P值	标准化β	T值	P值
D1	0.568	39.242	0.000***	0.289	7.963	0.000***	0.193	5.223	0.000***	0.186	5.023	0.000***
D2				0.304	8.378	0.000***	0.199	5.345	0.000***	0.187	5.008	0.000***
D3							0.240	9.841	0.000***	0.140	3.487	0.000***
D4										0.124	3.317	0.000***
F值（P值）	1539.943（0.000b）			821.521（0.000c）			596.80（0.000d）			450.817（0.000e）		
R^2	0.322			0.337			0.356			0.358		
调整后 R^2	0.322			0.336			0.355			0.357		
df	3237			3236			3235			3234		

注：D1学校领导定期关注教师工作与生活问题、D2学校领导对教师反映问题有反馈并予以解决、D3自己单位领导对教师的工作给予关注与支持、D4自己单位领导对教师的生活给予帮助与支持。

因变量：地方高校教师的留任意愿。

模型1：预测变量（常量）：学校领导定期关注教师工作与生活问题。

模型2：预测变量（常量）：学校领导定期关注教师工作与生活问题、学校领导对教师反映问题有反馈并予以解决。

模型 3：预测变量（常量）：学校领导定期关注教师工作与生活问题、学校领导对教师反映问题有反馈并予以解决、自己单位领导对教师的工作给予关注与支持。
模型 4：预测变量（常量）：学校领导定期关注教师工作与生活问题、学校领导对教师反映问题有反馈并予以解决、自己单位领导对教师的工作给予关注与支持、自己单位领导对教师的生活给予帮助与支持。

模型 1：进入自变量——学校领导定期关注教师工作与生活问题，此变量对地方高校教师的留任意愿解释度为 32.2%（调整后 R^2=0.322），在 0.001 显著水平上，模型 1 回归效果显著（F=1539.943，P=0.000<0.001）。自变量中，学校领导定期关注教师工作与生活问题的回归系数达到显著水平（β=0.568，P=0.000<0.001）。

模型 2：进一步进入自变量——学校领导定期关注教师工作与生活问题、学校领导对教师反映问题有反馈并予以解决，所有变量对教师留任意愿解释度为 33.6%（调整 R^2=0.336），在 0.001 显著性水平上，模型 2 回归效果显著（F=821.521，P=0.000<0.001）。自变量中，学校领导定期关注教师工作与生活问题的回归系数达到显著水平（β=0.289，P=0.000<0.001），学校领导对教师反映问题有反馈并予以解决的标准化回归系数达到显著水平（β=0.304，P=0.000<0.001）。

模型 3：进一步进入自变量——学校领导定期关注教师工作与生活问题、学校领导对教师反映问题有反馈并予以解决、自己单位领导对教师的工作给予关注与支持，所有变量对教师留任意愿解释度为 35.5%（调整 R^2=0.355），在 0.001 显著性水平上，模型 3 回归效果显著（F=596.80，P=0.000<0.001）。自变量中，学校领导定期关注教师工作与生活问题的回归系数达到显著水平（β=0.193，P=0.000<0.001），学校领导对教师反映问题有反馈并予以解决的标准化回归系数达到显著水平（β=0.199，P=0.000<0.001），自己单位领导对教师的工作给予关注与支持的标准化回归系数达到显著水平（β=0.240，P=0.000<0.001）。

模型 4：进一步进入自变量——学校领导定期关注教师工作与生活问题、学校领导对教师反映问题有反馈并予以解决、自己单位领导对教师的工作给予关注与支持、自己单位领导对教师的生活给予帮助与支持，所有变量对教师留任意愿解释度为 35.7%（调整 R^2=0.357），在 0.001 显著性水平上，模型 4 回归效果显著（F=450.817，P=0.000<0.001）。自变量中，学校领导定期关注教师工作与生活问题的回归系数达到显著水平（β=0.186，P=0.000<0.001），学校领导对教师反映问题有反馈并予以解决的标准化回归系数达到显著水平（β=0.187，P=0.000<0.001），自己单位领导对教师的工作给予关注与支持

的标准化回归系数达到显著水平（β=0.140，P=0.000<0.001），自己单位领导对教师的生活给予帮助与支持的标准化回归系数达到显著水平（β=0.124，P=0.000<0.001）。

（二）学校发展与教师留任意愿回归分析

以地方高校教师的留任意愿作为因变量，从学校发展的明确学校发展与建设目标、教师参与学校发展规划制定、与同类学校相比本学校发展较好、学校每年都能取得较大成绩、学校近 3 年发展速度较快 5 个方面作为自变量进行线性回归分析（见表 3-2-3）。

表 3-2-3 教师留任意愿的线性回归分析结果（学校发展）

因变量	模型														
	模型 1			模型 2			模型 3			模型 4			模型 5		
	标准化 β	T 值	P 值	标准化 β	T 值	P 值	标准化 β	T 值	P 值	标准化 β	T 值	P 值	标准化 β	T 值	P 值
G1	0.613	44.088	0.000***	0.410	16.862	0.000***	0.338	13.354	0.000***	0.331	12.964	0.000***	0.316	12.198	0.000***
G2				0.244	10.045	0.000***	0.077	2.537	0.0011**	0.058	1.864	0.062	0.055	1.747	0.081
G3							0.262	9.152	0.000***	0.207	5.406	0.000***	0.179	4.558	0.000***
G4										0.083	2.156	0.031*	0.009	.208	0.835
G5													0.125	3.306	0.000***
F 值（P 值）	1943.755（0.000b）			1052.321（0.000c）			747.405（0.000d）			562.347（0.000e）			453.446（0.000f）		
R^2	0.375			0.394			0.409			0.410			0.412		
调整后 R^2	0.375			0.394			0.409			0.409			0.411		
df	3237			3236			3235			3234			3233		

注：G1 明确学校发展与建设目标、G2 教师参与学校发展规划制定、G3 与同类学校相比本学校发展较好、G4 学校每年都能取得较大成绩、G5 学校近 3 年发展速度较快。

因变量：地方高校教师的留任意愿。

模型 1：预测变量（常量）：明确学校发展与建设目标。

模型 2：预测变量（常量）：明确学校发展与建设目标、教师参与学校发展规划制定。

模型 3：预测变量（常量）：明确学校发展与建设目标、教师参与学校发展规划制定、与同类学校相比本学校发展较好。

模型 4：预测变量（常量）：明确学校发展与建设目标、教师参与学校发展规划制定、与同类学校相比本学校发展较好、学校每年都能取得较大成绩。

模型 5：预测变量（常量）：明确学校发展与建设目标、教师参与学校发展规划制定、与同类学校相比本学校发展较好、学校每年都能取得较大成绩、学校近 3 年发展速度较快。

模型 1：进入自变量——明确学校发展与建设目标，此变量对地方高校教师的留任意愿解释度为 37.5%（调整后 R^2=0.375），在 0.001 显著水平上，模型 1 回归效果显著（F=1943.755，P=0.000<0.001）。自变量明确学校发展与建设目标的回归系数达到显著水平（β=0.613，P=0.000<0.001）。

模型 2：进一步进入自变量——明确学校发展与建设目标、教师参与学校发展规划制定，所有变量对教师留任意愿解释度为 39.4%（调整 R^2=0.394），在 0.001 显著性水平上，模型 2 回归效果显著（F=1052.321，P=0.000<0.001）。自变量中，明确学校发展与建设目标的回归系数达到显著水平（β=0.410，P=0.000<0.001），教师参与学校发展规划制定的标准化回归系数达到显著水平（β=0.244，P=0.000<0.001）。

模型 3：进一步进入自变量——明确学校发展与建设目标、教师参与学校发展规划制定、与同类学校相比本学校发展较好，所有变量对教师留任意愿解释度为 40.9%（调整 R^2=0.409），在 0.001 显著性水平上，模型 3 回归效果显著（F=747.405，P=0.000<0.001）。自变量中，明确学校发展与建设目标的回归系数达到显著水平（β=0.338，P=0.000<0.001），教师参与学校发展规划制定的标准化回归系数达到显著水平（β=0.077，P=0.0011<0.01），与同类学校相比本学校发展较好的标准化回归系数达到显著水平（β=0.262，P=0.000<0.001）。

模型 4：进一步进入自变量——明确学校发展与建设目标、教师参与学校发展规划制定、与同类学校相比本学校发展较好、学校每年都能取得较大成绩，所有变量对教师留任意愿解释度为 40.9%（调整 R^2=0.409），在 0.001 显著性水平上，模型 4 回归效果显著（F=562.347，P=0.000<0.001）。自变量中，明确学校发展与建设目标的回归系数达到显著水平（β=0.331，P=0.000<0.001），教师参与学校发展规划制定的标准化回归系数未达到显著水平（β=0.058，P=0.062>0.05），与同类学校相比本学校发展较好的标准化回归系数达到显著水平（β=0.207，P=0.000<0.001），学校每年都能取得较大成绩的标准化回归系数未达到显著水平（β=0.083，P=0.031<0.05）。

模型 5：进一步进入自变量——明确学校发展与建设目标、教师参与学校发展规划制定、与同类学校相比本学校发展较好、学校每年都能取得较大成绩、学校近 3 年发展速度较快，所有变量对教师留任意愿解释度为 41.1%（调整 R^2=0.411），在 0.001 显著性水平上，模型 5 回归效果显著（F=453.446，P=0.000<0.001）。自变量中，明确学校发展与建设目标的回归系数达到显著水平（β=0.316，P=0.000<0.001），教师参与学校发展规划制定的标准化回

归系数未达到显著水平（β=0.055，P=0.081>0.05），与同类学校相比本学校发展较好的标准化回归系数达到显著水平（β=0.179，P=0.000<0.001），学校每年都能取得较大成绩的标准化回归系数未达到显著水平（β=0.009，P=0.835>0.05），学校近 3 年发展速度较快的标准化回归系数达到显著水平（β=0.125，P=0.000<0.001）。

（三）学校政策与教师留任意愿回归

以地方高校教师的留任意愿作为因变量，将学校政策中学校人才政策吸引力较强、学校职称评定能激发教师的专业热情、学校的岗位定级能激发教师的专业发展动力、学校的各类科研成果认定能提高教师的专业能力 4 个方面作为自变量进行线性回归分析（见表 3-2-4）。

表 3-2-4　教师留任意愿的线性回归分析结果（学校政策）

因变量	模型											
	模型 1			模型 2			模型 3			模型 4		
	标准化β	T值	P值	标准化β	T值	P值	标准化β	T值	P值	标准化β	T值	P值
H1	0.579	42.284	0.000***	0.429	16.835	0.000***	0.379	14.254	.0000***	0.339	12.445	0.000***
H2				0.299	7.838	0.000***	−0.0013	−0.296	0.767	−0.063	−1.466	0.143
H3							0.270	6.229	0.000***	0.134	2.766	0.006**
H4										0.236	1.824	0.000***
F值（P值）	1787.966（0.000b）			941.389（0.000c）			647.857（0.000d）			501.038（0.000e）		
R^2	0.356			0.368			0.375			0.383		
调整后 R^2	0.356			0.367			0.375			0.382		
df	3237			3236			3235			3234		

注：H1 学校人才政策吸引力较强、H2 学校职称评定能激发教师的专业热情、H3 学校的岗位定级能激发教师的专业发展动力、H4 学校的各类科研成果认定能提高教师的专业能力。

因变量：地方高校教师的留任意愿。

模型 1：预测变量（常量）：学校人才政策吸引力较强。

模型 2：预测变量（常量）：学校人才政策吸引力较强、学校职称评定能激发教师的专业热情。

模型 3：预测变量（常量）：学校人才政策吸引力较强、学校职称评定能激发教师的专业热情、学校的岗位定级能激发教师的专业发展动力。

模型 4：预测变量（常量）：学校人才政策吸引力较强、学校职称评定能激发教师的专业热情、学校的岗位定级能激发教师的专业发展动力、学校的各类科研成果认定能提高教师的专业能力。

模型 1：进入自变量——学校人才政策吸引力较强，此变量对地方高校教师的留任意愿解释度为 35.6%（调整后 R^2=0.356），在 0.001 显著水平上，模型 1 回归效果显著（F=1787.966，P=0.000<0.001）。自变量学校人才政策吸引

力较强的回归系数达到显著水平（β=0.579，P=0.000<0.001）。

模型2：进一步进入自变量——学校人才政策吸引力较强、学校职称评定能激发教师的专业热情，所有变量对教师留任意愿解释度为36.7%（调整R^2=0.367），在0.001显著性水平上，模型2回归效果显著（F=941.389，P=0.000<0.001）。自变量中，学校人才政策吸引力较强的回归系数达到显著水平（β=0.429，P=0.000<0.001），学校职称评定能激发教师的专业热情的标准化回归系数达到显著水平（β=0.299，P=0.000<0.001）。

模型3：进一步进入自变量——学校人才政策吸引力较强、学校职称评定能激发教师的专业热情、学校的岗位定级能激发教师的专业发展动力，所有变量对教师留任意愿解释度为37.5%（调整R^2=0.375），在0.001显著性水平上，模型3回归效果显著（F=647.857，P=0.000<0.001）。自变量中，学校人才政策吸引力较强的回归系数达到显著水平（β=0.379，P=0.000<0.001），学校职称评定能激发教师的专业热情的标准化回归系数未达到显著水平（β=−0.0013，P=0.767>0.05），学校的岗位定级能激发教师的专业发展动力的标准化回归系数达到显著水平（β=0.270，P=0.000<0.001）。

模型4：进一步进入自变量——学校人才政策吸引力较强、学校职称评定能激发教师的专业热情、学校的岗位定级能激发教师的专业发展动力、学校的各类科研成果认定能提高教师的专业能力，所有变量对教师留任意愿解释度为38.2%（调整R^2=0.382），在0.001显著性水平上，模型4回归效果显著（F=501.038，P=0.000<0.001）。自变量中，学校人才政策吸引力较强的回归系数达到显著水平（β=0.339，P=0.000<0.001），学校职称评定能激发教师的专业热情的标准化回归系数未达到显著水平（β=−0.063，P=0.143>0.05），学校的岗位定级能激发教师的专业发展动力的标准化回归系数达到显著水平（β=0.134，P=0.006<0.01）学校的各类科研成果认定能提高教师的专业能力的标准化回归系数达到显著水平（β=0.236，P=0.000<0.001）。

（四）专业发展计划与教师留任意愿回归

以地方高校教师的留任意愿作为因变量，将专业发展计划中教育管理部门开展新入职教师的教学指导项目、学校对所有教师提供有效的专业辅导、教师能定期参加各种专业培训、学校教师从事专业活动的自由支配时间充裕、教师参加校外教学与学术交流的机会较多、学校的培训有实效性、学校的培训有培训效果的跟踪服务、愿意参加学校组织的各类培训8个方面作为自变量进行线性回归分析（见表3-2-5）。

表 3-2-5 教师留任意愿的线性回归分析结果（专业发展计划）

因变量	模型																							
	模型 1			模型 2			模型 3			模型 4			模型 5			模型 6			模型 7			模型 8		
	标准化 β	T 值	P 值	标准化 β	T 值	P 值	标准化 β	T 值	P 值	标准化 β	T 值	P 值	标准化 β	T 值	P 值	标准化 β	T 值	P 值	标准化 β	T 值	P 值	标准化 β	T 值	P 值
J1	0.595	42.168	0.000***	0.327	13.692	0.000***	0.288	11.726	0.000***	0.257	10.548	0.000***	0.259	10.644	0.000***	0.236	9.631	0.000***	0.235	9.583	0.000***	0.203	8.283	0.000***
J2				0.329	13.768	0.000***	0.217	7.239	0.000***	0.119	3.830	0.000***	0.088	2.769	0.006**	0.050	1.542	0.123	0.054	1.643	0.100	0.039	1.200	0.230
J3							0.168	6.144	0.000***	0.092	3.268	0.001**	0.062	2.143	0.032*	0.036	1.227	0.220	0.036*	1.244	0.213	0.048*	1.681	0.093
J4										0.234	9.751	0.000***	0.201	7.981	0.000***	0.173	6.826	0.000***	0.175	6.875	0.000***	0.144	5.632	0.000***
J5													0.103	4.221	0.000***	0.007	0.262	0.793	0.0015	0.497	0.619	0.025	0.856	0.392
J6																0.212	6.404	0.006**	0.233	5.615	0.000***	0.134	3.127	0.002**
J7																			−0.034	−0.845	0.398	−0.083	−2.051	0.040*
J8																						0.222	8.424	0.000***
F 值（P 值）	1778.115（0.000b）			1035.635（0.000c）			710.844（0.000d）			572.406（0.000e）			463.870（0.000f）			398.179（0.000g）			341.369（0.000h）			314.034（00.000i）		
R^2	0.355			0.390			0.397			0.415			0.418			0.425			0.425			0.438		
调整后 R^2	0.354			0.390			0.397			0.414			0.417			0.424			0.424			0.436		
df	3237			3236			3235			3234			3233			3232			3231			3230		

注：J1 教育管理部门开展新入职教师的教学指导项目、J2 学校对所有教师提供有效的专业辅导、J3 教师能定期参加各种专业培训、J4 学校教师从事专业活动的自由支配时间充裕、J5 教师参加校外教学与学术交流的机会较多、J6 学校的培训有实效性、J7 学校的培训有培训效果的跟踪服务、J8 愿意参加学校组织的各类培训。

因变量：地方高校教师的留任意愿。

模型 1：预测变量（常量）：教育管理部门开展新入职教师的教学指导项目。

模型 2：预测变量（常量）：教育管理部门开展新入职教师的教学指导项目、学校对所有教师提供有效的专业辅导。

模型 3：预测变量（常量）：教育管理部门开展新入职教师的教学指导项目、学校对所有教师提供有效的专业辅导、教师能定期参加各种专业培训。

模型 4：预测变量（常量）：教育管理部门开展新入职教师的教学指导项目、学校对所有教师提供有效的专业辅导、教师能定期参加各种专业培训、学校教师从事专业活动的自由支配时间充裕。

模型 5：预测变量（常量）：教育管理部门开展新入职教师的教学指导项目、学校对所有教师提供有效的专业辅导、教师能定期参加各种专业培训、学校教师从事专业活动的自由支配时间充裕、教师参加校外教学与学术交流的机会较多。

模型 6：预测变量（常量）：教育管理部门开展新入职教师的教学指导项目、学校对所有教师提供有效的专业辅导、教师能定期参加各种专业培训、学校教师从事专业活动的自由支配时间充裕、教师参加校外教学与学术交流的机会较多、学校的培训有实效性。

模型 7：预测变量（常量）：教育管理部门开展新入职教师的教学指导项目、学校对所有教师提供有效的专业辅导、教师能定期参加各种专业培训、学校教师从事专业活动的自由支配时间充裕、教师参加校外教学与学术交流的机会较多、学校的培训有实效性、学校的培训有培训效果的跟踪服务。

模型 8：预测变量（常量）：教育管理部门开展新入职教师的教学指导项目、学校对所有教师提供有效的专业辅导、教师能定期参加各种专业培训、学校教师从事专业活动的自由支配时间充裕、教师参加校外教学与学术交流的机会较多、学校的培训有实效性、学校的培训有培训效果的跟踪服务、愿意参加学校组织的各类培训。

模型 1：进入自变量——教育管理部门开展新入职教师的教学指导项目，此变量对地方高校教师的留任意愿解释度为 35.4%（调整后 $R^2=0.354$），在 0.001 显著水平上，模型 1 回归效果显著（F=1778.115，P=0.000<0.001）。自变量教育管理部门开展新入职教师的教学指导项目的回归系数达到显著水平（β=0.595，P=0.000<0.001）。

模型 2：进一步进入自变量——教育管理部门开展新入职教师的教学指导项目、学校对所有教师提供有效的专业辅导，所有变量对教师留任意愿解释度为 39.0%（调整 $R^2=0.390$），在 0.001 显著性水平上，模型 2 回归效果显著（F=1035.635，P=0.000<0.001）。自变量中，教育管理部门开展新入职教师的教学指导项目的回归系数达到显著水平（β=0.327，P=0.000<0.001），学校对所有教师提供有效的专业辅导的标准化回归系数达到显著水平（β=0.329，P=0.000<0.001）。

模型 3：进一步进入自变量——教育管理部门开展新入职教师的教学指

导项目、学校对所有教师提供有效的专业辅导、教师能定期参加各种专业培训，所有变量对教师留任意愿解释度为39.7%（调整 R^2=0.397），在0.001显著性水平上，模型3回归效果显著（F=710.844，P=0.000<0.001）。自变量中，教育管理部门开展新入职教师的教学指导项目的回归系数达到显著水平（β=0.288，P=0.000<0.001），学校对所有教师提供有效的专业指导的标准化回归系数达到显著水平（β=0.217，P=0.000<0.001），教师能定期参加各种专业培训的标准化回归系数达到显著水平（β=0.168，P=0.000<0.001）。

模型4：进一步进入自变量——教育管理部门开展新入职教师的教学指导项目、学校对所有教师提供有效的专业辅导、教师能定期参加各种专业培训、学校教师从事专业活动的自由支配时间充裕，所有变量对教师留任意愿解释度为41.4%（调整 R^2=0.414），在0.001显著性水平上，模型4回归效果显著（F=572.406，P=0.000<0.001）。自变量中，教育管理部门开展新入职教师的教学指导项目的回归系数达到显著水平（β=0.257，P=0.000<0.01），学校对所有教师提供有效的专业辅导的标准化回归系数达到显著水平（β=0.119，P=0.000<0.001），教师能定期参加各种专业培训的标准化回归系数达到显著水平（β=0.092，P=0.001<0.01），学校教师从事专业活动的自由支配时间充裕的标准化回归系数未达到显著水平（β=0.234，P=0.000<0.001）。

模型5：进一步进入自变量——教育管理部门开展新入职教师的教学指导项目、学校对所有教师提供有效的专业辅导、教师能定期参加各种专业培训、学校教师从事专业活动的自由支配时间充裕、教师参加校外教学与学术交流的机会较多，所有变量对教师留任意愿解释度为41.7%（调整 R^2=0.417），在0.001显著性水平上，模型5回归效果显著（F=463.870，P=0.000<0.001）。自变量中，教育管理部门开展新入职教师的教学指导项目的回归系数达到显著水平（β=0.259，P=0.000<0.001），学校对所有教师提供有效的专业辅导的标准化回归系数达到显著水平（β=0.088，P=0.006<0.01），教师能定期参加各种专业培训的标准化回归系数达到显著水平（β=0.062，P=0.032<0.05），学校教师从事专业活动的自由支配时间充裕的标准化回归系数达到显著水平（β=0.201，P=0.000<0.001），教师参加校外教学与学术交流的机会较多的标准化回归系数达到显著水平（β=0.103，P=0.000<0.001）。

模型6：进一步进入自变量——教育管理部门开展新入职教师的教学指

导项目、学校对所有教师提供有效的专业辅导、教师能定期参加各种专业培训、学校教师从事专业活动的自由支配时间充裕、教师参加校外教学与学术交流的机会较多、学校的培训有实效性，所有变量对教师留任意愿解释度为 42.4%（调整 R^2=0.424），在 0.001 显著性水平上，模型 6 回归效果显著（F=398.179，P=0.000<0.001）。自变量中，教育管理部门开展新入职教师的教学指导项目的回归系数达到显著水平（β=0.236，P=0.000<0.001），学校对所有教师提供有效的专业指导的标准化回归系数未达到显著水平（β=0.050，P=0.123>0.05），教师们能定期参加各种专业培训的标准化回归系数未达到显著水平（β=0.036，P=0.220>0.05），学校教师从事专业活动的自由支配时间充裕的标准化回归系数达到显著水平（β=0.173，P=0.000<0.001），教师参加校外教学与学术交流的机会较多的标准化回归系数未达到显著水平（β=0.007，P=0.793>0.05），学校的培训有实效性的标准化回归系数达到显著水平（β=0.212，P=0.006<0.01）。

模型 7：进一步进入自变量——教育管理部门开展新入职教师的教学指导项目、学校对所有教师提供有效的专业辅导、教师能定期参加各种专业培训、学校教师从事专业活动的自由支配时间充裕、教师参加校外教学与学术交流的机会较多、学校的培训有实效性、学校的培训有培训效果的跟踪服务，所有变量对教师留任意愿解释度为 42.4%（调整 R^2=0.424），在 0.001 显著性水平上，模型 7 回归效果显著（F=341.369，P=0.000<0.001）。自变量中，教育管理部门开展新入职教师的教学指导项目的回归系数达到显著水平（β=0.235，P=0.000<0.001），学校对所有教师提供有效的专业辅导的标准化回归系数未达到显著水平（β=0.054，P=0.100>0.05），教师能定期参加各种专业培训的标准化回归系数未达到显著水平（β=0.036，P=0.213>0.05），学校教师从事专业活动的自由支配时间充裕的标准化回归系数达到显著水平（β=0.175，P=0.000<0.001），教师参加校外教学与学术交流的机会较多的标准化回归系数未达到显著水平（β=0.0015，P=0.619>0.05），学校的培训有实效性的标准化回归系数达到显著水平（β=0.235，P=0.000<0.001），学校的培训有培训效果的跟踪服务的标准化回归系数未达到显著水平（β=−0.034，P=0.398>0.05）。

模型 8：进一步进入自变量——教育管理部门开展新入职教师的教学指导项目、学校对所有教师提供有效的专业辅导、教师能定期参加各种专业培训、学校教师从事专业活动的自由支配时间充裕、教师参加校外教学与学术交流的机会较多、学校的培训有实效性、学校的培训有培训效果的跟踪服务、愿意参加学校组织的各类培训，所有变量对教师留任意愿解释度为 43.6%（调整 R^2=0.436），在 0.001 显著性水平上，模型 8 回归效果显著（F=314.034，P=0.000<0.001）。自变量中，教育管理部门开展新入职教师的教学指导项目的回归系数达到显著水平（β=0.203，P=0.000<0.001），学校对所有教师提供有效的专业辅导的标准化回归系数未达到显著水平（β=0.039，P=0.230>0.05），教师能定期参加各种专业培训的标准化回归系数未达到显著水平（β=0.048，P=0.093>0.05），学校教师从事专业活动的自由支配时间充裕的标准化回归系数达到显著水平（β=0.144，P=0.000<0.001），教师参加校外教学与学术交流的机会较多的标准化回归系数未达到显著水平（β=0.025，P=0.392>0.05），学校的培训有实效性的标准化回归系数达到显著水平（β=0.134，P=0.002<0.01），学校的培训有培训效果的跟踪服务的标准化回归系数达到显著水平（β=−0.083，P=0.040<0.05），愿意参加学校组织的各类培训的标准化回归系数达到显著水平（β=0.222，P=0.000<0.001）。

（五）工作量与教师留任意愿回归

以地方高校教师的留任意愿作为因变量，将工作量中每学期教授 3 门及以上课程、完成许多教学相关的重复工作、承担大量教学以外工作量、非工作时间接受大量工作 4 个方面作为自变量进行线性回归分析（见表 3-2-6）。

表 3-2-6 教师留任意愿的线性回归分析结果（工作量）

因变量	模型											
	模型 1			模型 2			模型 3			模型 4		
	标准化β	T值	P值	标准化β	T值	P值	标准化β	T值	P值	标准化β	T值	P值
K1	0.184	10.647	0.000***	0.214	10.0012	0.000***	0.223	10.310	0.000***	0.228	10.499	0.000***
K2				−0.052	−2.408	0.0016**	−0.0011	−0.415	0.678	−0.004	−0.158	0.874
K3							−0.066	−2.773	0.006**	−0.005	−0.139	0.889
K4										−0.081	−2.464	0.0014**
F值（P值）	113.361（0.000b）			59.663（0.000c）			42.421（0.000d）			33.383（0.000e）		
R^2	0.034			0.036			0.038			0.040		
调整后 R^2	0.034			0.035			0.037			0.038		
df	3237			3236			3235			3234		

注：K1 每学期教授 3 门及以上课程、K2 完成许多教学相关的重复工作、K3 承担大量教学以外工作量、K4 非工作时间接受大量工作。

因变量：地方高校教师的留任意愿。
模型 1：预测变量（常量）：每学期教授 3 门及以上课程。
模型 2：预测变量（常量）：每学期教授 3 门及以上课程、完成许多教学相关的重复工作。
模型 3：预测变量（常量）：每学期教授 3 门及以上课程、完成许多教学相关的重复工作、承担大量教学以外工作量。
模型 4：预测变量（常量）：每学期教授 3 门及以上课程、完成许多教学相关的重复工作、承担大量教学以外工作量、非工作时间接受大量工作。

模型 1：进入自变量——每学期教授 3 门及以上课程，此变量对地方高校教师的留任意愿解释度为 3.4%（调整后 R^2=0.034），在 0.001 显著水平上，模型 1 回归效果显著（F=113.361，P=0.000<0.001）。自变量每学期教授 3 门及以上课程的回归系数达到显著水平（β=0.184，P=0.000<0.001）。

模型 2：进一步进入自变量——每学期教授 3 门及以上课程、完成许多教学相关的重复工作，所有变量对教师留任意愿解释度为 3.5%（调整 R^2=0.035），在 0.001 显著性水平上，模型 2 回归效果显著（F=59.663，P=0.000<0.001）。自变量中，每学期教授 3 门及以上课程的回归系数达到显著水平（β=0.214，P=0.000<0.001），完成许多教学相关的重复工作的标准化回归系数达到显著水平（β=−0.052，P=0.0016<0.01）。

模型 3：进一步进入自变量——每学期教授 3 门及以上课程、完成许多教学相关的重复工作、承担大量教学以外工作量，所有变量对教师留任意愿解释度为 3.7%（调整 R^2=0.037），在 0.001 显著性水平上，模型 3 回归效果显著（F=42.421，P=0.000<0.001）。自变量中，每学期教授 3 门及以上课程的回归系数达到显著水平（β=0.223，P=0.000<0.001），完成许多教学相关的重复工作的标准化回归系数未达到显著水平（β=−0.0011，P=0.678>0.05），承担大量教学以外工作量的标准化回归系数达到显著水平（β=−0.066，P=0.006<0.01）。

模型 4：进一步进入自变量——每学期教授 3 门及以上课程、完成许多教学相关的重复工作、承担大量教学以外工作量、非工作时间接受大量工作，所有变量对教师留任意愿解释度为 3.8%（调整 R^2=0.038），在 0.001 显著性水平上，模型 4 回归效果显著（F=33.383，P=0.000<0.001）。自变量中，每学期教授 3 门及以上课程的回归系数达到显著水平（β=0.228，P=0.000<0.001），完成许多教学相关的重复工作的标准化回归系数未达到显著水平（β=−0.004，P=0.874>0.05），承担大量教学以外工作量的标准化回归系数未达到显著水平

（β=-0.005，P=0.889>0.05），非工作时间接受大量工作的标准化回归系数达到显著水平（β=-0.081，P=0.0014<0.01）。

（六）行政管理与教师留任意愿回归

以地方高校教师的留任意愿作为因变量，将行政管理中职能部门能为一线教师提供优质服务、教师有机会参与职能部门管理制度的制定、职能部门管理方式比较人性化、职能部门管理制度执行具有连续性、职能部门工作以学生培养为中心5个方面作为自变量进行线性回归分析（见表3-2-7）。

表3-2-7　教师留任意愿的线性回归分析结果（行政管理）

因变量	模型														
	模型1			模型2			模型3			模型4			模型5		
	标准化β	T值	P值	标准化β	T值	P值	标准化β	T值	P值	标准化β	T值	P值	标准化β	T值	P值
L1	0.604	43.130	0.000***	0.488	18.007	0.000***	0.337	9.921	0.000***	0.298	8.579	0.000***	0.239	6.750	0.000***
L2				0.135	4.985	0.000***	0.009	0.276	0.783	−0.026	−0.796	0.426	−0.031	−0.951	0.342
L3							0.286	7.279	0.000***	0.154	3.243	0.001**	0.102	2.149	0.032*
L4										0.211	4.868	0.000***	0.100	2.206	0.027*
L5													0.243	7.515	0.000***
F值（P值）	1860.178（0.000b）			949.368（0.000c）			660.741（0.000d）			504.958（0.000e）			422.191（0.000f）		
R^2	0.365			0.370			0.380			0.384			0.395		
调整后R^2	0.365			0.369			0.379			0.384			0.394		
df	3237			3236			3235			3234			3233		

注：L1 职能部门能为一线教师提供优质服务、L2 教师有机会参与职能部门管理制度的制定、L3 职能部门管理方式比较人性化、L4 职能部门管理制度执行具有连续性、L5 职能部门工作以学生培养为中心。
因变量：地方高校教师的留任意愿。
模型1：预测变量（常量）：职能部门能为一线教师提供优质服务。
模型2：预测变量（常量）：职能部门能为一线教师提供优质服务、教师有机会参与职能部门管理制度的制定。
模型3：预测变量（常量）：职能部门能为一线教师提供优质服务、教师有机会参与职能部门管理制度的制定、职能部门管理方式比较人性化。
模型4：预测变量（常量）：职能部门能为一线教师提供优质服务、教师有机会参与职能部门管理制度的制定、职能部门管理方式比较人性化、职能部门管理制度执行具有连续性。
模型5：预测变量（常量）：职能部门能为一线教师提供优质服务、教师有机会参与职能部门管理制度的制定、职能部门管理方式比较人性化、职能部门管理制度执行具有连续性、职能部门工作以学生培养为中心。

模型1：进入自变量——职能部门能为一线教师提供优质服务，此变量对地方高校教师的留任意愿解释度为36.5%（调整后 R^2=0.365），在0.001显著水平上，模型1回归效果显著（F=1860.178，P=0.000<0.001）。自变量职能部门能为一线教师提供优质服务的回归系数达到显著水平（β=0.604，P=0.000<0.001）。

模型2：进一步进入自变量——职能部门能为一线教师提供优质服务、教师有机会参加职能部门管理制度的制定，所有变量对教师留任意愿解释度为36.9%（调整 R^2=0.369），在0.001显著性水平上，模型2回归效果显著（F=949.368，P=0.000<0.001）。自变量中，职能部门能为一线教师提供优质服务的回归系数达到显著水平（β=0.488，P=0.000<0.001），教师有机会参加职能部门管理制度的制定的标准化回归系数达到显著水平（β=0.135，P=0.000<0.001）。

模型3：进一步进入自变量——职能部门能为一线教师提供优质服务、教师有机会参与职能部门管理制度的制定、职能部门管理方式比较人性化，所有变量对教师留任意愿解释度为37.9%（调整 R^2=0.379），在0.001显著性水平上，模型3回归效果显著（F=660.741，P=0.000<0.001）。自变量中，职能部门能为一线教师提供优质服务的回归系数达到显著水平（β=0.337，P=0.000<0.001），教师有机会参加职能部门管理制度的制定的标准化回归系数未达到显著水平（β=0.009，P=0.783>0.05），职能部门管理方式比较人性化的标准化回归系数达到显著水平（β=0.286，P=0.000<0.001）。

模型4：进一步进入自变量——职能部门能为一线教师提供优质服务、教师有机会参与职能部门管理制度的制定、职能部门管理方式比较人性化、职能部门管理制度执行具有连续性，所有变量对教师留任意愿解释度为38.4%（调整 R^2=0.384），在0.001显著性水平上，模型4回归效果显著（F=504.958，P=0.000<0.001）。自变量中，职能部门能为一线教师提供优质服务的回归系数达到显著水平（β=0.298，P=0.000<0.001），教师有机会参加职能部门管理制度的制定的标准化回归系数未达到显著水平（β=−0.026，P=0.426>0.05），职能部门管理方式比较人性化的标准化回归系数达到显著水平（β=0.154，P=0.001<0.01），职能部门管理制度执行具有连续性的标准化回归系数达到显著水平（β=0.211，P=0.000<0.001）。

模型5：进一步进入自变量——职能部门能为一线教师提供优质服务、教师有机会参与职能部门管理制度的制定、职能部门管理方式比较人性化、职能部门管理制度执行具有连续性、职能部门工作以学生培养为中心，所有变量对教师留任意愿解释度为3.94%（调整 R^2=0.394），在0.001显著性水平上，模型5回归效果显著（F=422.191，P=0.000<0.001）。自变量中，职能部门能为一线教师提供优质服务的回归系数达到显著水平（β=0.239，P=0.000<0.001），教师有机会参加职能部门管理制度的制定的标准化回归系数未达到显著水平（β=−0.031，P=0.342>0.05），职能部门管理方式比较人性化的标准化回归系数未达到显著水平（β=0.102，P=0.032<0.05），职能部门管理制度执行具有连续性的标准化回归系数未达到显著水平（β=0.100，P=0.027<0.05），职能部门工作以学生培养为中心的标准化回归系数未达到显著水平（β=0.243，P=0.000<0.001）。

（七）设备与教学条件与教师留任意愿回归

以地方高校教师的留任意愿作为因变量，将设备与教学条件中教学设备与实验条件能满足教学需要、能满足科研需要、教育文本和电子资料能满足教学需要、能满足科研需要4方面作为自变量进行线性回归分析（见表3-2-8）。

表3-2-8　教师留任意愿的线性回归分析结果（设备与教学条件）

因变量	模型											
	模型1			模型2			模型3			模型4		
	标准化β	T值	P值	标准化β	T值	P值	标准化β	T值	P值	标准化β	T值	P值
M1	0.590	41.548	0.000***	0.405	11.784	0.000***	0.249	6.927	0.000***	0.257	7.161	0.000***
M2				0.203	5.909	0.000***	0.070	1.969	0.049*	0.007	0.187	0.851
M3							0.329	12.226	0.000***	0.213	5.596	0.000***
M4										0.175	4.317	0.000***
F值（P值）	1726.243（0.000b）			889.628（0.000c）			6700.123（0.000d）			509.990（0.000e）		
R^2	0.348			0.355			0.383			0.387		
调整后 R^2	0.348			0.354			0.383			0.386		
df	3237			3236			3235			3234		

注：M1教学设备与实验条件能满足教学需要、M2教学设备与实验条件能满足科研需要、M3教育文本和电子资料能满足教学需要、M4教育文本和电子资料能满足科研需要。

因变量：地方高校教师的留任意愿。

模型1：预测变量（常量）：教学设备与实验条件能满足教学需要。

模型2：预测变量（常量）：教学设备与实验条件能满足教学需要、教学设备与实验条件能满足科研需要。

模型3：预测变量（常量）：教学设备与实验条件能满足教学需要、教学设备与实验条件能满足科研需要、教育文本和电子资料能满足教学需要。

模型 4：预测变量（常量）：教学设备与实验条件能满足教学需要、教学设备与实验条件能满足科研需要、教育文本和电子资料能满足教学需要、教育文本和电子资料能满足科研需要。

模型 1：进入自变量——教学设备与实验条件能满足教学需要，此变量对地方高校教师的留任意愿解释度为 34.8%（调整后 R^2=0.348），在 0.001 显著水平上，模型 1 回归效果显著（F=1726.243，P=0.000<0.001）。自变量教学设备与实验条件能满足教学需要的回归系数达到显著水平（β=0.590，P=0.000<0.001）。

模型 2：进一步进入自变量——教学设备与实验条件能满足教学需要、教学设备与实验条件能满足科研需要，所有变量对教师留任意愿解释度为 35.4%（调整 R^2=0.354），在 0.001 显著性水平上，模型 2 回归效果显著（F=889.628，P=0.000<0.001）。自变量中，教学设备与实验条件能满足教学需要的回归系数达到显著水平（β=0.405，P=0.000<0.001），教学设备与实验条件能满足科研需要的标准化回归系数达到显著水平（β=0.203，P=0.000<0.001）。

模型 3：进一步进入自变量——教学设备与实验条件能满足教学需要、教学设备与实验条件能满足科研需要、教育文本和电子资料能满足教学需要，所有变量对教师留任意愿解释度为 38.3%（调整 R^2=0.383），在 0.001 显著性水平上，模型 3 回归效果显著（F=6700.123，P=0.000<0.001）。自变量中，教学设备与实验条件能满足教学需要的回归系数达到显著水平（β=0.249，P=0.000<0.001），教学设备与实验条件能满足科研需要的标准化回归系数达到显著水平（β=0.070，P=0.049<0.05），教育文本和电子资料能满足教学需要的标准化回归系数达到显著水平（β=0.329，P=0.000<0.001）。

模型 4：进一步进入自变量——教学设备与实验条件能满足教学需要、教学设备与实验条件能满足科研需要、教育文本和电子资料能满足教学需要、教育文本和电子资料能满足科研需要，所有变量对教师留任意愿解释度为 38.6%（调整 R^2=0.386），在 0.001 显著性水平上，模型 4 回归效果显著（F=509.990，P=0.000<0.001）。自变量中，教学设备与实验条件能满足教学需要的回归系数达到显著水平（β=0.257，P=0.000<0.001），教学设备与实验条件能满足科研需要的标准化回归系数未达到显著水平（β=0.007，P=0.851>0.05），教育文本和电子资料能满足教学需要的标准化回归系数达到显著水平（β=0.213，P=0.000<0.001），教育文本和电子资料能满足科研需要的标准化回归系数达到

显著水平（β=0.175，P=0.000<0.001）。

（八）收入与福利和教师留任意愿回归

以地方高校教师的留任意愿作为因变量，将收入与福利中教师的绩效工资能体现多劳多得、教师的课时费与其他高校没有区别、教师每年的津贴比较多、工会为教师提供福利 4 个方面作为自变量进行线性回归分析（见表 3-2-9）。

表 3-2-9 教师留任意愿的线性回归分析结果（收入与福利）

因变量	模型											
	模型 1			模型 2			模型 3			模型 4		
	标准化β	T值	P 值	标准化β	T 值	P 值	标准化β	T 值	P 值	标准化β	T 值	P 值
N1	0.586	41.173	0.000***	0.514	24.594	0.000***	0.495	22.706	0.000***	0.446	19.879	0.000***
N2				0.099	4.738	0.000***	0.044	1.581	0.114	0.0014	0.515	0.607
N3							0.082	2.992	0.003**	0.008	0.284	0.000***
N4										0.181	8.073	0.000***
F 值（P 值）	1695.238（0.000b）			864.460（0.000c）			580.707（0.000d）			460.463（0.000e）		
R^2	0.344			0.348			0.350			0.363		
调整后 R^2	0.344			0.348			0.349			0.362		
df	3237			3236			3235			3234		

注：N1 教师的绩效工资能体现能者多劳、N2 教师的课时费与其他高校没有区别、N3 教师每年的津贴比较多、N4 工会为教师提供福利。

因变量：地方高校教师的留任意愿。

模型 1：预测变量（常量）：教师的绩效工资能体现多劳多得。

模型 2：预测变量（常量）：教师的绩效工资能体现多劳多得、教师的课时费与其他高校没有区别。

模型 3：预测变量（常量）：教师的绩效工资能体现多劳多得、教师的课时费与其他高校没有区别、教师每年的津贴比较多。

模型 4：预测变量（常量）：教师的绩效工资能体现多劳多得、教师的课时费与其他高校没有区别、教师每年的津贴比较多、工会为教师提供福利。

模型 1：进入自变量——教师的绩效工资能体现多劳多得，此变量对地方高校教师的留任意愿解释度为 34.4%（调整后 R^2=0.344），在 0.001 显著水平上，模型 1 回归效果显著（F=1695.238，P=0.000<0.001）。自变量教师的绩效工资能体现多劳多得的回归系数达到显著水平（β=0.586，P=0.000<0.001）。

模型 2：进一步进入自变量——教师的绩效工资能体现能者多劳、教师的课时费与其他高校没有区别，所有变量对教师留任意愿解释度为 34.8%（调整 R^2=0.348），在 0.001 显著性水平上，模型 2 回归效果显著（F=864.460，P=0.000<0.001）。自变量中，教师的绩效工资能体现多劳多得的回归系数达到显著水平（β=0.514，P=0.000<0.001），教师的课时费与其他高校没有区别的

标准化回归系数达到显著水平（β=0.099，P=0.000<0.001）。

模型3：进一步进入自变量——教师的绩效工资能体现多劳多得、教师的课时费与其他高校没有区别、教师每年的津贴比较多，所有变量对教师留任意愿解释度为34.9%（调整 R^2=0.349），在0.001显著性水平上，模型3回归效果显著（F=580.707，P=0.000<0.001）。自变量中，教师的绩效工资能体现多劳多得的回归系数达到显著水平（β=0.495，P=0.000<0.001），教师的课时费与其他高校没有区别的标准化回归系数未达到显著水平（β=0.044，P=0.114>0.05），教师每年的津贴比较多的标准化回归系数达到显著水平（β=0.082，P=0.003<0.01）。

模型4：进一步进入自变量——教师的绩效工资能体现多劳多得、教师的课时费与其他高校没有区别、教师每年的津贴比较多、工会为教师提供福利，所有变量对教师留任意愿解释度为36.2%（调整 R^2=0.362），在0.001显著性水平上，模型4回归效果显著（F=460.463，P=0.000<0.001）。自变量中，教师的绩效工资能体现多劳多得的回归系数达到显著水平（β=0.446，P=0.000<0.001），教师的课时费与其他高校没有区别的标准化回归系数未达到显著水平（β=0.0014，P=0.607>0.05），教师每年的津贴比较多的标准化回归系数达到显著水平（β=0.008，P=0.000<0.001），工会为教师提供福利的标准化回归系数达到显著水平（β=0.181，P=0.000<0.001）。

二、组织承诺与教师留任意愿回归分析

以地方高校教师的留任意愿作为因变量，将组织承诺中感情承诺、规范承诺、理想承诺、经济承诺和机会承诺5个方面作为自变量进行线性回归分析（见表3-2-10）。

表3-2-10 教师留任意愿的线性回归分析结果（组织承诺）

因变量	模型														
	模型1			模型2			模型3			模型4			模型5		
	标准化β	T值	P值	标准化β	T值	P值	标准化β	T值	P值	标准化β	T值	P值	标准化β	T值	P值
感情承诺	0.769	68.514	0.000***	0.496	19.673	0.000***	0.420	16.802	0.000***	0.419	16.790	0.000***	0.420	16.798	0.000***
规范承诺				0.303	12.015	0.000***	0.156	5.893	0.000***	0.156	5.899	0.000***	0.156	5.919	0.000***
理想承诺							0.270	14.765	0.000***	0.275	13.889	0.000***	0.274	13.788	0.000***

续表

因变量	模型														
	模型 1			模型 2			模型 3			模型 4			模型 5		
	标准化 β	T 值	P 值	标准化 β	T 值	P 值	标准化 β	T 值	P 值	标准化 β	T 值	P 值	标准化 β	T 值	P 值
经济承诺										0.0010	−0.740	0.459	−0.0016	−0.973	0.331
机会承诺													0.0010	0.632	0.527
F 值（P 值）	4694.142（0.000b）			2523.199（0.000c）			1867.603（0.000d）			1400.643（0.000e）			1120.387（0.000f）		
R^2	0.592			0.609			0.634			0.634			0.634		
调整后 R^2	0.592			0.609			0.634			0.634			0.634		
df	3237			3236			3235			3234					

注：因变量：地方高校教师的留任意愿。
模型 1：预测变量（常量）：感情承诺。
模型 2：预测变量（常量）：感情承诺、规范承诺。
模型 3：预测变量（常量）：感情承诺、规范承诺、理想承诺。
模型 4：预测变量（常量）：感情承诺、规范承诺、理想承诺、经济承诺。
模型 5：预测变量（常量）：感情承诺、规范承诺、理想承诺、经济承诺、机会承诺。

模型 1：进入自变量——感情承诺，此变量对地方高校教师的留任意愿解释度为 59.2%（调整后 R^2=0.592），在 0.001 显著水平上，模型 1 回归效果显著（F=4694.142，P=0.000<0.001）。自变量感情承诺的基本原理和主要方法的回归系数达到显著水平（β=0.769，P=0.000<0.001）。

模型 2：进一步进入自变量——感情承诺、规范承诺，所有变量对教师留任意愿解释度为 60.9%（调整 R^2=0.609），在 0.001 显著性水平上，模型 2 回归效果显著（F=2523.199，P=0.000<0.001）。自变量中，感情承诺的标准化回归系数达到显著水平（β=0.496，P=0.000<0.001），规范承诺的标准化回归系数达到显著水平（β=0.303，P=0.000<0.001）。

模型 3：进一步进入自变量——感情承诺、规范承诺、理想承诺，所有变量对教师留任意愿解释度为 63.4%（调整 R^2=0.634），在 0.001 显著性水平上，模型 3 回归效果显著（F=1867.603，P=0.000<0.001）。自变量中，感情承诺的标准化回归系数未达到显著水平（β=0.420，P=0.000<0.001），规范承诺的标准化回归系数达到显著水平（β=0.156，P=0.000<0.001），理想承诺的标准化回归系数达到显著水平（β=0.270，P=0.000<0.001）。

模型 4：进一步进入自变量——感情承诺、规范承诺、理想承诺、经济承诺，所有变量对教师留任意愿解释度为 63.4%（调整 R^2=0.634），在 0.001 显著性水平上，模型 4 回归效果显著（F=1400.643，P=0.000<0.001）。自变量中，感情承诺的标准化回归系数达到显著水平（β=0.419，P=0.000<0.001），规范承诺的标准化回归系数达到显著水平（β=0.156，P=0.000<0.001），理想承诺的标准化回归系数达到显著水平（β=0.275，P=0.000<0.001），经济承诺的标准化回归系数未达到显著水平（β=0.0010，P=0.459>0.05）。

模型 5：进一步进入自变量——感情承诺、规范承诺、理想承诺、经济承诺、机会承诺，所有变量对教师留任意愿解释度为 63.4%（调整 R^2=0.634），在 0.001 显著性水平上，模型 5 回归效果显著（F=1120.387，P=0.000<0.001）。自变量中，感情承诺的标准化回归系数未达到显著水平（β=0.420，P=0.000<0.001），规范承诺的标准化回归系数达到显著水平（β=0.156，P=0.000<0.001），理想承诺的标准化回归系数达到显著水平（β=0.274，P=0.000<0.001），经济承诺的标准化回归系数未达到显著水平（β=−0.0016，P=0.331>0.05），机会承诺的标准化回归系数未达到显著水平（β=0.0010，P=0.527>0.05）。

（一）感情承诺与教师留任意愿回归

以地方高校教师的留任意愿作为因变量，将感情承诺中即使学校效益差也不离开、对单位感情深、愿做任何贡献、愿贡献全部心血、愿贡献业余努力 5 个方面作为自变量进行线性回归分析（见表 3-2-11）。

表 3-2-11　教师留任意愿的线性回归分析结果（感情承诺）

因变量	模型														
	模型 1			模型 2			模型 3			模型 4			模型 5		
	标准化 β	T 值	P 值	标准化 β	T 值	P 值	标准化 β	T 值	P 值	标准化 β	T 值	P 值	标准化 β	T 值	P 值
O11	0.706	56.759	0.000***	0.379	22.158	0.000***	0.317	17.531	0.000***	0.309	17.135	0.000***	0.301	16.770	0.000***
O12				0.438	25.645	0.000***	0.313	14.563	0.000***	0.287	13.190	0.000***	0.260	11.787	0.000***
O13							0.206	9.431	0.000***	0.030	0.850	0.395	−0.0014	−0.392	0.695
O14										0.217	6.429	0.000***	0.132	3.634	0.000***
O15													0.171	6.225	0.000***
F 值（P 值）	3221.595（0.000b）			2266.386（0.000c）			1581.635（0.000d）			1211.346（0.000e）			988.141（0.000f）		
R^2	0.499			0.583			0.595			0.600			0.604		
调整后 R^2	0.499			0.583			0.594			0.599			0.604		
df	3237			3236			3235			3234			3233		

注：O11 即使学校效益差也不离开、O12 对单位感情深、O13 愿做任何贡献、O14 愿贡献全部心血、O15 愿贡献业余努力。

因变量：地方高校教师的留任意愿。

模型 1：预测变量（常量）：即使学校效益差也不离开。

模型 2：预测变量（常量）：即使学校效益差也不离开、对单位感情深。

模型 3：预测变量（常量）：即使学校效益差也不离开、对单位感情深、愿做任何贡献。

模型 4：预测变量（常量）：即使学校效益差也不离开、对单位感情深、愿做任何贡献、愿贡献全部心血。

模型 5：预测变量（常量）：即使学校效益差也不离开、对单位感情深、愿做任何贡献、愿贡献全部心血、愿贡献业余努力。

模型 1：进入自变量——即使学校效益差也不离开，此变量对地方高校教师的留任意愿解释度为 49.9%（调整后 R^2=0.499），在 0.001 显著水平上，模型 1 回归效果显著（F=3221.595，P=0.000<0.001）。自变量即使学校效益差也不离开的回归系数达到显著水平（β=0.706，P=0.000<0.001）。

模型 2：进一步进入自变量——即使学校效益差也不离开、对单位感情深，所有变量对教师留任意愿解释度为 58.3%（调整 R^2=0.583），在 0.001 显著性水平上，模型 2 回归效果显著（F=2266.386，P=0.000<0.001）。自变量中，即使学校效益差也不离开的回归系数达到显著水平（β=0.379，P=0.000<0.001），对单位感情深的标准化回归系数达到显著水平（β=0.438，P=0.000<0.001）。

模型 3：进一步进入自变量——即使学校效益差也不离开、对单位感情深、愿做任何贡献，所有变量对教师留任意愿解释度为 59.4%（调整 R^2=0.594），在 0.001 显著性水平上，模型 3 回归效果显著（F=1581.635，P=0.000<0.001）。自变量中，即使学校效益差也不离开的回归系数达到显著水平（β=0.317，P=0.000<0.001），对单位感情深的标准化回归系数达到显著水平（β=0.313，P=0.000<0.001），愿做任何贡献的标准化回归系数达到显著水平（β=0.206，P=0.000<0.001）。

模型 4：进一步进入自变量——即使学校效益差也不离开、对单位感情深、愿做任何贡献、愿贡献全部心血，所有变量对教师留任意愿解释度为 59.9%（调整 R^2=0.599），在 0.001 显著性水平上，模型 4 回归效果显著（F=1211.346，P=0.000<0.001）。自变量中，即使学校效益差也不离开的回归系数达到显著水平（β=0.309，P=0.000<0.001），对单位感情深的标准化回归系数达到显著水平（β=0.287，P=0.000<0.001），愿做任何贡献的标准化回归系数达到显著水

平（β=0.030，P=0.395>0.05），愿贡献全部心血的标准化回归系数未达到显著水平（β=0.217，P=0.000<0.001）。

模型 5：进一步进入自变量——即使学校效益差也不离开、对单位感情深、愿做任何贡献、愿贡献全部心血、愿贡献业余努力，所有变量对教师留任意愿解释度为 60.4%（调整 R^2=0.604），在 0.001 显著性水平上，模型 5 回归效果显著（F=988.141，P=0.000<0.001）。自变量中，即使学校效益差也不离开的回归系数达到显著水平（β=0.301，P=0.000<0.001），对单位感情深的标准化回归系数达到显著水平（β=0.260，P=0.000<0.001），愿做任何贡献的标准化回归系数未达到显著水平（β=−0.0014，P=0.695>0.05），愿贡献全部心血的标准化回归系数达到显著水平（β=0.132，P=0.000<0.001），愿贡献业余努力的标准化回归系数达到显著水平（β=0.171，P=0.000<0.001）。

（二）规范承诺与教师留任意愿回归

以地方高校教师的留任意愿作为因变量，将规范承诺中对单位负有义务、认为跳槽不道德、对单位都应忠诚、对单位全身心投入、像爱家那样爱单位 5 个方面作为自变量进行线性回归分析（见表 3-2-12）。

表 3-2-12　教师留任意愿的线性回归分析结果（规范承诺）

因变量	模型														
	模型 1			模型 2			模型 3			模型 4			模型 5		
	标准化 β	T 值	P 值	标准化 β	T 值	P 值	标准化 β	T 值	P 值	标准化 β	T 值	P 值	标准化 β	T 值	P 值
O21	0.691	54.448	0.000***	0.540	33.738	0.000***	0.395	20.224	0.000***	0.215	9.753	0.000***	0.198	8.854	0.000***
O22				0.237	14.795	0.000***	0.102	5.353	0.000***	0.113	6.153	0.000***	0.107	5.849	0.000***
O23							0.294	12.431	0.000***	0.182	7.586	0.000***	0.168	6.956	0.000***
O24										0.325	15.656	0.000***	0.240	8.215	0.000***
O25													0.123	4.089	0.000***
F 值（P 值）	2964.603（0.000b）			1691.512（0.000c）			1232.683（0.000d）			1055.560（0.000e）			851.895（0.000f）		
R^2	0.478			0.511			0.533			0.566			0.569		
调整后 R^2	0.478			0.511			0.533			0.566			0.568		
df	3237			3236			3235			3234			3233		

注：O21 对单位负有义务、O22 认为跳槽不道德、O23 对单位都应忠诚、O24 对单位全身心投入、O25 像爱家那样爱单位。

因变量：地方高校教师的留任意愿。

模型 1：预测变量（常量）：对单位负有义务。
模型 2：预测变量（常量）：对单位负有义务、认为跳槽不道德。
模型 3：预测变量（常量）：对单位负有义务、认为跳槽不道德、对单位都应忠诚。
模型 4：预测变量（常量）：对单位负有义务、认为跳槽不道德、对单位都应忠诚、对单位全身心投入。
模型 5：预测变量（常量）：对单位负有义务、认为跳槽不道德、对单位都应忠诚、对单位全身心投入、像爱家那样爱单位。

模型 1：进入自变量——对单位负有义务，此变量对地方高校教师的留任意愿解释度为 47.8%（调整后 R^2=0.478），在 0.001 显著水平上，模型 1 回归效果显著（F=2964.603，P=0.000<0.001）。自变量对单位负有义务的回归系数达到显著水平（β=0.691，P=0.000<0.001）。

模型 2：进一步进入自变量——对单位负有义务、认为跳槽不道德，所有变量对教师留任意愿解释度为 51.1%（调整 R^2=0.511），在 0.001 显著性水平上，模型 2 回归效果显著（F=1691.512，P=0.000<0.001）。自变量中，对单位负有义务的回归系数达到显著水平（β=0.540，P=0.000<0.001），认为跳槽不道德的标准化回归系数达到显著水平（β=0.237，P=0.000<0.001）。

模型 3：进一步进入自变量——对单位负有义务、认为跳槽不道德、对单位都应忠诚，所有变量对教师留任意愿解释度为 53.3%（调整 R^2=0.533），在 0.001 显著性水平上，模型 3 回归效果显著（F=1232.683，P=0.000<0.001）。自变量中，对单位负有义务的回归系数达到显著水平（β=0.395，P=0.000<0.001），认为跳槽不道德的标准化回归系数达到显著水平（β=0.102，P=0.000<0.001），对单位都应忠诚的标准化回归系数达到显著水平（β=0.294，P=0.000<0.001）。

模型 4：进一步进入自变量——对单位负有义务、认为跳槽不道德、对单位都应忠诚、对单位全身心投入，所有变量对教师留任意愿解释度为 56.6%（调整 R^2=0.566），在 0.001 显著性水平上，模型 4 回归效果显著（F=1055.560，P=0.000<0.001）。自变量中，对单位负有义务的回归系数达到显著水平（β=0.215，P=0.000<0.001），认为跳槽不道德的标准化回归系数达到显著水平（β=0.113，P=0.000<0.001），对单位都应忠诚的标准化回归系数达到显著水平（β=0.182，P=0.000<0.001），对单位全身心投入的标准化回归系数未达到显著水平（β=0.325，P=0.000<0.001）。

模型 5：进一步进入自变量——对单位负有义务、认为跳槽不道德、对单位都应忠诚、对单位全身心投入、像爱家那样爱单位，所有变量对教师留任意愿解释度为 56.8%（调整 $R^2=0.568$），在 0.001 显著性水平上，模型 5 回归效果显著（F=851.895，P=0.000<0.001）。自变量中，对单位负有义务的回归系数达到显著水平（β=0.198，P=0.000<0.001），认为跳槽不道德的标准化回归系数达到显著水平（β=0.107，P=0.000<0.001），对单位都应忠诚的标准化回归系数达到显著水平（β=0.168，P=0.000<0.001），对单位全身心投入的标准化回归系数达到显著水平（β=0.240，P=0.000<0.001），像爱家那样爱单位的标准化回归系数达到显著水平（β=0.123，P=0.000<0.001）。

（三）理想承诺与教师留任意愿回归

以地方高校教师的留任意愿作为因变量，将理想承诺中学有所用、进修机会多、晋升机会多、在现在岗位工作挑战与困难并存、现在学校条件利于实现理想 5 个方面作为自变量进行线性回归分析（见表 3-2-13）。

表 3-2-13　教师留任意愿的线性回归分析结果（理想承诺）

因变量	模型														
	模型 1			模型 2			模型 3			模型 4			模型 5		
	标准化 β	T 值	P 值	标准化 β	T 值	P 值	标准化 β	T 值	P 值	标准化 β	T 值	P 值	标准化 β	T 值	P 值
O31	0.720	59.077	0.000***	0.573	39.721	0.000***	0.563	39.437	0.000***	0.509	32.638	0.000***	0.477	30.786	0.000***
O32				0.249	17.266	0.000***	0.087	3.919	0.000***	0.071	3.224	0.000***	0.020	0.901	0.368
O33							0.200	9.458	0.000***	0.154	7.098	0.000***	0.0016	0.668	0.504
O34										0.138	8.222	0.000***	0.088	5.191	0.000***
O35											11.163	0.000***	0.274	11.894	0.000***
F 值（P 值）	3490.069（0.000b）			2054.253（0.000c）			1436.755（0.000d）			1116.652（0.000e）			960.420（0.000f）		
R^2	0.519			0.559			0.571			0.580			0.598		
调整后 R^2	0.519			0.559			0.571			0.580			0.597		
df	3237			3236			3235			3234			3233		

注：O31 学有所用、O32 进修机会多、O33 晋升机会多、O34 在现在岗位工作挑战与困难并存、O35 现在学校条件利于实现理想。

因变量：地方高校教师的留任意愿。

模型 1：预测变量（常量）：学有所用。

模型 2：预测变量（常量）：学有所用、进修机会多。

模型 3：预测变量（常量）：学有所用、进修机会多、晋升机会多。

模型 4：预测变量（常量）：学有所用、进修机会多、晋升机会多、在现在岗位工作挑战与困难并存。

模型 5：预测变量（常量）：学有所用、进修机会多、晋升机会多、在现在岗位工作挑战与困难并存、现在学校条件利于实现理想。

模型 1：进入自变量——学有所用，此变量对地方高校教师的留任意愿解释度为 51.9%（调整后 R^2=0.519），在 0.001 显著水平上，模型 1 回归效果显著（F=3490.069，P=0.000<0.001）。自变量学有所用的回归系数达到显著水平（β=0.720，P=0.000<0.001）。

模型 2：进一步进入自变量——学有所用、进修机会多，所有变量对教师留任意愿解释度为 55.9%（调整 R^2=0.559），在 0.001 显著性水平上，模型 2 回归效果显著（F=2054.253，P=0.000<0.001）。自变量中，学有所用的回归系数达到显著水平（β=0.573，P=0.000<0.001），进修机会多的标准化回归系数达到显著水平（β=0.249，P=0.000<0.001）。

模型 3：进一步进入自变量——学有所用、进修机会多、晋升机会多，所有变量对教师留任意愿解释度为 57.1%（调整 R^2=0.571），在 0.001 显著性水平上，模型 3 回归效果显著（F=1436.755，P=0.000<0.001）。自变量中，学有所用的回归系数达到显著水平（β=0.563，P=0.000<0.001），进修机会多的标准化回归系数达到显著水平（β=0.087，P=0.000<0.001），晋升机会多的标准化回归系数达到显著水平（β=0.200，P=0.000<0.001）。

模型 4：进一步进入自变量——学有所用、进修机会多、晋升机会多、现在岗位工作挑战与困难并存，所有变量对教师留任意愿解释度为 58.0%（调整 R^2=0.580），在 0.001 显著性水平上，模型 4 回归效果显著（F=1116.652，P=0.000<0.001）。自变量中，学有所用的回归系数达到显著水平（β=0.509，P=0.000<0.001），进修机会多的标准化回归系数达到显著水平（β=0.071，P=0.000<0.001），晋升机会多的标准化回归系数达到显著水平（β=0.154，P=0.000<0.001），现在岗位工作挑战与困难并存的标准化回归系数达到显著水平（β=0.138，P=0.000<0.001）。

模型 5：进一步进入自变量——学有所用、进修机会多、晋升机会多、现在岗位工作挑战与困难并存、现在学校条件利于实现理想，所有变量对教师留任意愿解释度为 59.7%（调整 R^2=0.597），在 0.001 显著性水平上，模型 5 回归效果显著（F=960.420，P=0.000<0.001）。自变量中，学有所用的回归系数达到显著水平（β=0.477，P=0.000<0.001），进修机会多的标准化回归系数未达到显著水平（β=0.020，P=0.368>0.05），晋升机会多的标准化回归系数未达到显著水平（β=0.0016，P=0.504>0.05），现在岗位工作挑战与困难并存的标准化回归系数达到显著水平（β=0.088，P=0.000<0.001），现在学校条件利于实现理想的标准化回归系数达到显著水平（β=0.274，P=0.000<0.001）。

（四）经济承诺与教师留任意愿回归

以地方高校教师的留任意愿作为因变量，将经济承诺中离开容易失去福利、离开损失太大、即使想也很难离开、离开需要花费太多时间、离开容易造成家庭损失 5 个方面作为自变量进行线性回归分析（见表 3-2-14）。

表 3-2-14　教师留任意愿的线性回归分析结果（经济承诺）

因变量	模型														
	模型 1			模型 2			模型 3			模型 4			模型 5		
	标准化 β	T 值	P 值	标准化 β	T 值	P 值	标准化 β	T 值	P 值	标准化 β	T 值	P 值	标准化 β	T 值	P 值
O41	0.461	29.479	0.000***	0.351	12.280	0.000***	0.352	12.273	0.000***	0.353	12.268	0.000***	0.351	12.192	0.000***
O42				0.130	4.551	0.000***	0.137	4.348	0.000***	0.138	4.265	0.000***	0.134	4.061	0.000***
O43							−0.012	−0.535	0.593	−0.010	−0.299	0.765	−0.012	−0.370	0.711
O44										−0.003	−0.101	0.919	−0.012	−0.342	0.732
O45													0.018	0.632	0.527
F 值（P 值）	868.993（0.000b）			447.496（0.000c）			298.360（0.000d）			223.704（0.000e）			179.010（0.000f）		
R^2	0.212			0.217			0.217			0.217			0.217		
调整后 R^2	0.211			0.216			0.216			0.216			0.216		
df	0.3237			0.3236			0.3235			0.3234			0.3233		

注：O41 离开容易失去福利、042 离开损失太大、O43 即使想也很难离开、O44 离开需要花费太多时间、O45 离开容易造成家庭损失。

因变量：地方高校教师的留任意愿。

模型 1：预测变量（常量）：离开容易失去福利。

模型 2：预测变量（常量）：离开容易失去福利、离开损失太大。

模型 3：预测变量（常量）：离开容易失去福利、离开损失太大、即使想也很难离开。

模型 4：预测变量（常量）：离开容易失去福利、离开损失太大、即使想也很难离开、离开需要花费太多时间。

模型 5：预测变量（常量）：离开容易失去福利、离开损失太大、即使想也很难离开、离开需要花费太多时间、离开容易造成家庭损失。

模型 1：进入自变量——离开容易失去福利，此变量对地方高校教师的留任意愿解释度为 21.1%（调整后 R^2=0.211），在 0.001 显著水平上，模型 1 回归效果显著（F=868.993，P=0.000<0.001）。自变量离开容易失去福利的回归系数达到显著水平（β=0.461，P=0.000<0.001）。

模型 2：进一步进入自变量——离开容易失去福利、离开损失太大，所有变量对教师留任意愿解释度为21.6%（调整R^2=0.216），在0.001显著性水平上，模型2回归效果显著（F=447.496，P=0.000<0.001）。自变量中，离开容易失去福利的回归系数达到显著水平（β=0.351，P=0.000<0.001），离开损失太大的标准化回归系数达到显著水平（β=0.130，P=0.000<0.001）。

模型3：进一步进入自变量——离开容易失去福利、离开损失太大、即使想也很难离开，所有变量对教师留任意愿解释度为21.6%（调整R^2=0.216），在0.001显著性水平上，模型3回归效果显著（F=298.360，P=0.000<0.001）。自变量中，离开容易失去福利的回归系数达到显著水平（β=0.352，P=0.000<0.001），离开损失太大的标准化回归系数达到显著水平（β=0.137，P=0.000<0.001），即使想也很难离开的标准化回归系数未达到显著水平（β=−0.012，P=0.593>0.05）。

模型4：进一步进入自变量——离开容易失去福利、离开损失太大、即使想也很难离开、离开需要花费太多时间，所有变量对教师留任意愿解释度为21.6%（调整R^2=0.216），在0.001显著性水平上，模型4回归效果显著（F=223.704，P=0.000<0.001）。自变量中，离开容易失去福利的回归系数达到显著水平（β=0.353，P=0.000<0.001），离开损失太大的标准化回归系数达到显著水平（β=0.138，P=0.000<0.001），即使想也很难离开的标准化回归系数未达到显著水平（β=−0.0010，P=0.765>0.05），离开需要花费太多时间的标准化回归系数未达到显著水平（β=−0.003，P=0.919>0.05）。

模型5：进一步进入自变量——离开容易失去福利、离开损失太大、即使想也很难离开、离开需要花费太多时间、离开容易造成家庭损失，所有变量对教师留任意愿解释度为21.6%（调整R^2=0.216），在0.001显著性水平上，模型5回归效果显著（F=179.010，P=0.000<0.001）。自变量中，离开容易失去福利的回归系数达到显著水平（β=0.351，P=0.000<0.001），离开损失太大的标准化回归系数达到显著水平（β=0.134，P=0.000<0.001），即使想也很难离开的标准化回归系数未达到显著水平（β=−0.012，P=0.711>0.05），离开需要花费太多时间的标准化回归系数未达到显著水平（β=−0.012，P=0.732>0.05），离开容易造成家庭损失的标准化回归系数未达到显著水平（β=0.018，P=0.527>0.05）。

（五）机会承诺与教师留任意愿回归

以地方高校教师的留任意愿作为因变量，将机会承诺中自己技术低、别的单位工资不好、找适合工作不易、找不到别的单位、条件好的不易找 5 个方面作为自变量进行线性回归分析（见表 3-2-15）。

表 3-2-15　教师留任意愿的线性回归分析结果（机会承诺）

因变量	模型														
	模型 1			模型 2			模型 3			模型 4			模型 5		
	标准化 β	T 值	P 值	标准化 β	T 值	P 值	标准化 β	T 值	P 值	标准化 β	T 值	P 值	标准化 β	T 值	P 值
O51	0.206	11.985	0.000***	−0.023	−0.954	0.340	−0.065	−2.557	0.0011**	−0.065	−2.394	0.0017*	−0.067	−2.478	0.0013**
O52				0.314	12.739	0.000***	0.233	8.283	0.000***	0.234	7.535	0.000***	0.234	7.558	0.000***
O53							0.151	5.889	0.000***	0.152	5.359	0.000***	0.119	3.450	0.001**
O54										−0.002	−.058	0.953	−0.0018	−.491	0.623
O55													0.055	1.692	0.091
F 值（P 值）	143.629（0.000b）			156.529（0.000c）			117.000（0.000d）			87.724（0.000e）			70.792（0.000f）		
R^2	0.042			0.088			0.098			0.098			0.099		
调整后 R^2	0.042			0.088			0.097			0.097			0.097		
df	3237			3236			3235			3234			3233		

注：O51 自己技术低、O52 别的单位工资不好、O53 找适合工作不易、O54 找不到别的单位、O55 条件好的不易找。

因变量：地方高校教师的留任意愿。

模型 1：预测变量（常量）：自己技术低。

模型 2：预测变量（常量）：自己技术低、别的单位工资不好。

模型 3：预测变量（常量）：自己技术低、别的单位工资不好、找适合工作不易。

模型 4：预测变量（常量）：自己技术低、别的单位工资不好、找适合工作不易、找不到别的单位。

模型 5：预测变量（常量）：自己技术低、别的单位工资不好、找适合工作不易、找不到别的单位、条件好的不易找。

模型 1：进入自变量——自己技术低，此变量对地方高校教师的留任意愿解释度为 4.2%（调整后 $R^2=0.042$），在 0.001 显著水平上，模型 1 回归效果显著（F=143.629，P=0.000<0.001）。自变量自己技术低的回归系数达到显著水平（β=0.206，P=0.000<0.001）。

模型 2：进一步进入自变量——自己技术低、别的单位工资不好，所有变量对教师留任意愿解释度为 8.8%（调整 $R^2=0.088$），在 0.001 显著性水平上，模型 2 回归效果显著（F=156.529，P=0.000<0.001）。自变量中，自己技术低

的回归系数未达到显著水平（β =−0.023，P=0.340>0.05），别的单位工资不好的标准化回归系数达到显著水平（β =0.314，P=0.000<0.001）。

模型 3：进一步进入自变量——自己技术低、别的单位工资不好、找适合工作不易，所有变量对教师留任意愿解释度为 9.7%（调整 R^2=0.097），在 0.001 显著性水平上，模型 3 回归效果显著（F=117.000，P=0.000<0.001）。自变量中，自己技术低的回归系数达到显著水平（β =−0.065，P=0.0011<0.01），别的单位工资不好的标准化回归系数达到显著水平（β =0.233，P=0.000<0.001），找适合工作不易的标准化回归系数达到显著水平（β =0.151，P=0.000<0.001）。

模型 4：进一步进入自变量——自己技术低、别的单位工资不好、找适合工作不易、找适合工作不易，所有变量对教师留任意愿解释度为 9.7%（调整 R^2=0.097），在 0.001 显著性水平上，模型 4 回归效果显著（F=87.724，P=0.000<0.001）。自变量中，自己技术低的回归系数达到显著水平（β =−0.065，P=0.0017<0.01），别的单位工资不好的标准化回归系数达到显著水平（β =0.234，P=0.000<0.001），找适合工作不易的标准化回归系数达到显著水平（β =0.152，P=0.000<0.001），找适合工作不易的标准化回归系数未达到显著水平（β =−0.002，P=0.953>0.05）。

模型 5：进一步进入自变量——自己技术低、别的单位工资不好、找适合工作不易、找适合工作不易、条件好的不易找，所有变量对教师留任意愿解释度为 9.7%（调整 R^2=0.097），在 0.001 显著性水平上，模型 5 回归效果显著（F=70.792，P=0.000<0.001）。自变量中，自己技术低的回归系数达到显著水平（β =−0.067，P=0.0013<0.01），别的单位工资不好的标准化回归系数达到显著水平（β =0.234，P=0.000<0.001），找适合工作不易的标准化回归系数达到显著水平（β =0.119，P=0.001<0.01），找适合工作不易的标准化回归系数未达到显著水平（β =−0.0018，P=0.623>0.05），条件好的不易找的标准化回归系数未达到显著水平（β =0.055，P=0.091>0.05）。

三、工作满意度与教师留任意愿回归分析

以地方高校教师的留任意愿作为因变量，将工作满意度中对学校工作环境满意、在学校工作有较强的幸福感、在学校工作有较强的学校荣誉感、对学校有较强的归属感、工作热情较高 5 个方面作为自变量进行线性回归分析（见表

3-2-16）。

表 3-2-16 教师留任意愿的线性回归分析结果（工作满意度）

因变量	模型														
	模型 1			模型 2			模型 3			模型 4			模型 5		
	标准化 β	T 值	P 值	标准化β	T 值	P 值	标准化β	T 值	P 值	标准化 β	T 值	P 值	标准化β	T 值	P 值
Q1	0.830	84.644	0.000***	0.472	22.845	0.000***	0.388	19.051	0.000***	0.357	17.763	0.000***	0.327	17.212	0.000***
Q2				0.400	19.370	0.000***	0.202	8.815	0.000***	0.152	6.694	0.000***	0.118	5.469	0.000***
Q3							0.315	17.165	0.000***	0.097	3.842	0.000***	0.028	1.153	0.249
Q4										0.309	12.308	0.000***	0.187	7.678	0.000***
Q5													0.297	20.360	0.000***
F 值（P 值）	7164.633（0.000b）			4184.058（0.000c）			3140.677（0.000d）			2502.951（0.000e）			2341.321（0.000f）		
R^2	0.689			0.721			0.744			0.756			0.784		
调整后 R^2	0.689			0.721			0.744			0.756			0.783		
df	3237			3236			3235			3234			3233		

注：Q1 对学校工作环境满意、Q2 在学校工作有较强的幸福感、Q3 在学校工作有较强的学校荣誉感、Q4 对学校有较强的归属感、Q5 工作热情较高。

因变量：地方高校教师的留任意愿。

模型 1：预测变量（常量）：对学校工作环境满意。

模型 2：预测变量（常量）：对学校工作环境满意、在学校工作有较强的幸福感。

模型 3：预测变量（常量）：对学校工作环境满意、在学校工作有较强的幸福感、在学校工作有较强的学校荣誉感。

模型 4：预测变量（常量）：对学校工作环境满意、在学校工作有较强的幸福感、在学校工作有较强的学校荣誉感、对学校有较强的归属感。

模型 5：预测变量（常量）：对学校工作环境满意、在学校工作有较强的幸福感、在学校工作有较强的学校荣誉感、对学校有较强的归属感、工作热情较高。

模型 1：进入自变量——对学校工作环境满意，此变量对地方高校教师的留任意愿解释度为 68.9%（调整后 R^2=0.689），在 0.001 显著水平上，模型 1 回归效果显著（F=7164.633，P=0.000<0.001）。自变量对学校工作环境满意的回归系数达到显著水平（β=0.830，P=0.000<0.001）。

模型 2：进一步进入自变量——对学校工作环境满意、在学校工作有较强的幸福感，所有变量对教师留任意愿解释度为 72.1%（调整 R^2=0.721），在 0.001 显著性水平上，模型 2 回归效果显著（F=4184.058，P=0.000<0.001）。自变量中，对学校工作环境满意的回归系数达到显著水平（β=0.472，P=0.000<0.001），在学校工作有较强的幸福感的标准化回归系数达到显著水平（β=0.400，

P=0.000<0.001）。

模型 3：进一步进入自变量——对学校工作环境满意、在学校工作有较强的幸福感、在学校工作有较强的学校荣誉感，所有变量对教师留任意愿解释度为 74.4%（调整 R^2=0.744），在 0.001 显著性水平上，模型 3 回归效果显著（F=3140.677，P=0.000<0.001）。自变量中，对学校工作环境满意的回归系数达到显著水平（β=0.388，P=0.000<0.001），在学校工作有较强的幸福感的标准化回归系数达到显著水平（β=0.202，P=0.000<0.001），在学校工作有较强的学校荣誉感的标准化回归系数达到显著水平（β=0.315，P=0.000<0.001）。

模型 4：进一步进入自变量——对学校工作环境满意、在学校工作有较强的幸福感、在学校工作有较强的学校荣誉感、对学校有较强的归属感，所有变量对教师留任意愿解释度为 75.6%（调整 R^2=0.756），在 0.001 显著性水平上，模型 4 回归效果显著（F=2502.951，P=0.000<0.001）。自变量中，对学校工作环境满意的回归系数达到显著水平（β=0.357，P=0.000<0.001），在学校工作有较强的幸福感的标准化回归系数达到显著水平（β=0.152，P=0.000<0.001），在学校工作有较强的学校荣誉感的标准化回归系数达到显著水平（β=0.097，P=0.000<0.001），对学校有较强的归属感的标准化回归系数未达到显著水平（β=0.309，P=0.000<0.001）。

模型 5：进一步进入自变量——对学校工作环境满意、在学校工作有较强的幸福感、在学校工作有较强的学校荣誉感、对学校有较强的归属感、工作热情较高，所有变量对教师留任意愿解释度为 78.3%（调整 R^2=0.783），在 0.001 显著性水平上，模型 5 回归效果显著（F=2341.321，P=0.000<0.001）。自变量中，对学校工作环境满意的回归系数达到显著水平（β=0.327，P=0.000<0.001），在学校工作有较强的幸福感的标准化回归系数达到显著水平（β=0.118，P=0.000<0.001），在学校工作有较强的学校荣誉感的标准化回归系数未达到显著水平（β=0.028，P=0.249>0.05），对学校有较强的归属感的标准化回归系数达到显著水平（β=0.187，P=0.000<0.001），工作热情较高的标准化回归系数达到显著水平（β=0.297，P=0.000<0.001）。

依据回归方程进行回归预测，总的来说地方高校教师的学校条件与环境、组织承诺及工作满意度均与教师的留任意愿存在显著的线性关系，3 个变量依次进入模型对于教师留任意愿有 48.0%、63.4%、78.3% 的预测程度，表明这 3

个因素均可以在不同程度上显著的预测教师的留任情况；其次各因素对于地方高校教师留任意愿的预测关系如下。

学校条件与环境中领导支持、学校发展、学校政策、专业发展计划、工作量、行政管理、设备与教学条件及收入与福利8个方面作为自变量依次加入模型，结果显示可以在35.7%、41.5%、42.8%、44.5%、44.4%、45.4%、47.4%及48.0%的程度上显著预测教师的留任意愿，且8个自变量中，领导支持、学校发展、专业发展计划、设备与教学条件、收入与福利的标准化回归系数达到显著水平，但是学校政策、工作量、行政管理的标准化回归系数达到显著水平；从领导支持的角度将学校领导定期关注教师工作与生活问题、对教师反映问题有反馈并予以解决、自己单位领导对教师的工作给予关注与支持、对教师的生活给予帮助与支持依次加入模型，显示4个方面均可以在32.2%~35.7%的程度上显著预测教师的留任意愿；明确学校发展与建设目标、教师参与学校发展规划制定、与同类学校相比本学校发展较好、学校每年都能取得较大成绩、学校近3年发展速度较快5个方面作为自变量依次加入模型，可以在37.5%~41.1%的程度上显著预测教师的留任意愿，结果显示，明确学校发展与建设目标、与同类学校相比本学校发展较好及学校近3年发展速度较快的回归系数达到显著水平，而教师参与学校发展规划制定、学校每年都能取得较大成绩的标准化回归系数未达到显著水平；将学校政策中学校人才政策吸引力较强、学校职称评定能激发教师的专业热情、学校的岗位定级能激发教师的专业发展动力、学校的各类科研成果认定能提高教师的专业能力4个方面作为自变量进行线性回归分析，结果显示可以在35.6%~38.2%的程度上预测教师留任情况，自变量中，学校人才政策吸引力较强、学校的岗位定级能激发教师的专业发展动力、学校的各类科研成果认定能提高教师的专业能力的回归系数达到显著水平，而学校职称评定能激发教师的专业热情的标准化回归系数未达到显著水平；将专业发展计划角度的8个方面作为因变量进行线性回归分析，结果显示可以在35.4%~43.6%的程度上预测地方高校教师的留任情况，在自变量中，教育管理部门开展新入职教师的教学指导项目、学校教师从事专业活动的自由支配时间充裕、学校的培训有实效性、学校的培训有培训效果的跟踪服务及愿意参加学校组织的各类培训的回归系数达到显著水平，而学校对所有教师提供有效的专业辅导、教师能定期参加各种专业培训、教师参加校外教学与学术交流的机会较多的标准化回归系数未达到显著水平；将工作量的4个方面作为自变量进行线性回归分析，结果显示可以在3.4%~3.8%的程度上显著预测教师的留任情况，自变量中，每学期教授3门及以上课程、非工作时间接受大量工作的回归系数达到显著水平，完成许多教学相关的重复工作、承担大量教学以外工作量的标准化回归系数未达到显著水平；将行政管理中职能部门能为一线教师提供优质服务、教师有机会参与职能部门管理制度的制定、职能部门管理方式比较人性化、职能部门管理制度执行具有连续性、职能部门工作以学生培养为中心5个方面依次进入模型，结果显示可以在36.5%、36.9%、37.9%、38.4%及39.4%的程度上预测地方高校教师的留任意愿，其中职能部门能为一线教师提供优质服务、职能部门管理方式比较人性化、职能部门管理制度执行具有连续性及职能部门工作以学生培养为中心的回归系数达到显著水平，而教师有机会参加职能部门管理制度的制定的标准化回归系数未达到显著水平；将设备与教学条件中教学设备与实验条件能满足教学需要、能满足科研需要、教育文本和电子资料能满足教学需要、能满足科研需要4个方面作为自变量进行线性回归分析显示依次可以在34.8%~38.6%的程度上预测留任意愿的情况，在自变量中，教学设备与实验条件能满足教学需要、教育文本和电子资料能满足教学和科研的需要的回归系数达到显著水平，教学设备与实验条件能满足科研需要的标准化回归系数未达到显著水平；将收入与福利中教师的绩效工资能体现多劳多得、教师的课时费与其他高校没有区别、教师每年的津贴比较多、工会为教师提供福利4个方面作为自变量进行线性回归分析，显示逐层可以在34.4%、34.8%、34.9%和36.2%的程度上预测教师的留任意愿，其中教师的绩效工资能体现多劳多得、教师每年的津贴比较多、工会为教师提供福利的回归系数达到显著水平，教师的课时费与其他高校没有区别的标准化回归系数未达到显著水平。

将组织承诺中感情承诺、规范承诺、理想承诺、经济承诺和机会承诺5个维度作为自变量进行线性回归分析，结果显示可以在59.2%~63.4%的情况下预测教师的留任意愿，且在自变量中，经济承诺、机会承诺的标准化回归系数未达到显著水平，感情承诺、规范承诺、理想承诺的标准化回归系数达到显著水平；将感情承诺中即使学校效益差也不离开、对单位感情深、愿做任何贡献、愿贡献全部心血、愿贡献业余努力5个方面作为自变量进行线性回归分析，可以得知在49.9%~60.4%的程度上预测留任情况，其中愿做任何贡献的标准化回归系数未达到显著水平，即使学校效益差也不离开、对单位感情深、愿贡献全部心血及愿贡献业余努力的回归系数达到显著水平；将规范承诺中对单位负有义务、认为跳槽不道德、对单位都应忠诚、对单位全身心投入、像爱家那样爱单位5个方面作为自变量进行线性回归分析显示可以在47.8%~56.8%的程度上预测教师的留任意愿，且标准化回归系数均达到显著水平；将理想承诺中学有所用、进修机会多、晋升机会多、在现在岗位工作挑战与困难并存、现在学校条件利于实现理想5个方面作为自变量进行线性回归分析显示可以在51.9%~59.7%的程度上预测教师的留任意愿，其中学有所用、现在岗位工作挑战与困难并存、现在学校条件利于实现理想的回归系数达到显著水平，而进修和晋升机会多的标准化回归系数未达到显著水平；将经济承诺中离开容易失去福利、离开损失太大、即使想也很难离开、离开需要花费太多时间、离开容易造成家庭损失5个方面作为因变量进行线性回归分析，结果显示可以在21.1%~21.6%的程度上显著预测教师的留任意愿，其中离开容易失去福利、离开损失太大的回归系数达到显著水平，即使想也很难离开、离开需要花费太多又容易造成家庭损失时间的标准化回归系数未达到显著水平；将机会承诺中自己技术低、别的单位工资不好、找适合工作不易、找不到别的单位、条件好的不易找五个方面作为因变量进行线性回归分析得出可以在4.2%~9.7%的程度上预测教师的留任意愿，其中自己技术低、别的单位工资不好、找适合工作不易的回归系数达到显著水平，找不到别的单位及条件好的不易找的标准化回归系数未达到显著水平。

将工作满意度中对学校工作环境满意、在学校工作有较强的幸福感、在学校工作有较强的学校荣誉感、对学校有较强的归属感、工作热情较高5个方面作为因变量进行线性回归分析得出可以在68.9%、72.1%、74.4%、75.6%、78.3%的程度上显著预测地方高校教师的留任意愿，自变量中，对学校工作环境满意、在学校工作有较强的幸福感、对学校有较强的归属感以及工作热情较高的回归系数达到显著水平，在学校工作有较强的学校荣誉感的标准化回归系数未达到显著水平。

第三节　不同背景的教师队伍稳定影响因素回归分析

一、不同性别教师的留任意愿回归分析

（一）不同性别教师的对学校条件与环境和留任意愿的回归分析

为了进一步了解在教师的性别特征下，学校条件与环境及其各要素对教师的留任意愿是否存在显著性影响，将学校条件与环境及其各要素分别在不考虑和考虑教师性别的情况下投入到回归方程中，使用逐步回归分析其显著性（见表 3-3-1）。统计结果发现，在不考虑教师性别特征的情况下，总样本学校条件与环境中领导支持、学校发展、专业发展计划、设备与教学条件和收入与福利对教师留任意愿的解释力分别为 13.4%、15.1%、18.0%、20.5% 和 12.7%，其中设备与教学条件对教师留任意愿的解释力最大。

从不同性别教师的情况来看，对教师留任意愿解释力较大的均为领导支持、学校发展、专业发展计划、设备与教学条件和收入与福利。在男教师群体中，领导支持、学校发展、专业发展计划、设备与教学条件和收入与福利对教师留任意愿解释力分别为 12.4%、15.8%、19.9%、21.6% 和 11.1%；在女教师群体中，领导支持、学校发展、专业发展计划、设备与教学条件和收入与福利对教师留任意愿解释力分别为 14.0%、14.6%、16.3%、20.5% 和 13.6%，对男女教师留任意愿解释力最大的均为设备与教学条件。

表 3-3-1　不同性别下学校条件与环境和教师留任意愿的回归分析可决系数表

维度	模型 1	模型 2：性别	
	总样本	男	女
领导支持	0.134	0.124	0.140
学校发展	0.151	0.158	0.146
学校政策	−0.052	−0.129	−0.012
专业发展计划	0.180	0.199	0.163
工作量	−0.023	0.013	−0.042
行政管理	0.039	0.110	−0.001
设备与教学条件	0.205	0.216	0.205
收入与福利	0.127	0.111	0.136
总值	0.761	0.802	0.735

注：因变量：留任意愿；自变量：领导支持、学校发展、学校政策、专业发展计划、工作量、行政管理、设备与教学条件、收入与福利。

（二）不同性别教师的组织承诺与留任意愿的回归分析

为了进一步了解在教师的性别特征下，组织承诺及其各要素对教师的留任意愿是否存在显著性影响，将组织承诺及其各要素分别在不考虑和考虑教师性别的情况下投入到回归方程中，使用逐步回归分析其显著性（见表 3-3-2）。统计结果发现，在不考虑教师性别特征的情况下，总样本组织承诺中感情承诺、规范承诺和理想承诺对教师留任意愿的解释力较大，解释力分别为 42.0%、15.6% 和 27.4%，其中感情承诺最能影响教师的留任意愿。

从不同性别教师的情况来看，对教师留任意愿解释力较大的均为感情承诺、规范承诺和理想承诺。在男教师群体中，感情承诺、规范承诺和理想承诺对教师留任意愿解释力分别为 45.6%、13.2% 和 24.5%；在女教师群体中，感情承诺、规范承诺和理想承诺对教师留任意愿解释力分别为 39.9%、17.4% 和 28.4%，对男女教师留任意愿解释力最大的均为感情承诺。

表 3-3-2　不同性别下组织承诺与教师留任意愿的回归分析可决系数表

维度	模型 1	模型 2：性别	
	总样本	男	女
感情承诺	0.420	0.456	0.399
规范承诺	0.156	0.132	0.174
理想承诺	0.274	0.245	0.284
经济承诺	−0.016	0.038	−0.047
机会承诺	0.010	0.032	−0.002
总值	0.844	0.903	0.808

注：因变量：留任意愿；自变量：感情承诺、规范承诺、理想承诺、经济承诺、机会承诺。

（三）不同性别教师的工作满意度与留任意愿回归分析

为了进一步了解在教师的性别特征下，工作满意度对教师的留任意愿是否存在显著性影响，将工作满意度分别在不考虑和考虑教师性别的情况下投入到回归方程中，使用逐步回归分析其显著性（见表 3-3-3）。统计结果发现，在不考虑教师性别特征的情况下，总样本工作满意度对教师留任意愿的解释力分别为 87.9%。

从不同性别教师的情况来看，工作满意度对男教师群体留任意愿的解释力为 87.6%；对女教师群体留任意愿的解释力分别为 88.1%。

表 3-3-3　不同性别下工作满意度与教师留任意愿的回归分析可决系数表

维度	模型 1	模型 2：性别	
	总样本	男	女
工作满意度	0.879	0.876	0.881

注：因变量：留任意愿；自变量：工作满意度。

二、不同年龄教师的留任意愿回归分析

（一）不同年龄教师的学校条件与环境和留任意愿的回归分析

为了进一步了解在教师的年龄特征下，学校条件与环境及其各要素对教师的留任意愿是否存在显著性影响，将学校条件与环境及其各要素分别在不考虑和考虑教师年龄的情况下投入到回归方程中，使用逐步回归分析其显著性（见表 3–3–4）。从不同年龄教师的情况来看，在 20~30 岁教师群体中，学校政策对留任意愿的解释力最大，达到 30.6%；在 31~40 岁教师群体中，专业发展计划对留任意愿的解释力最大，达到 31.2%；在 41~50 岁和 51~60 岁教师群体中，设备与教学条件对留任意愿的解释力最大，其解释力分别为 26.6% 和 27.7%。

表 3-3-4　不同年龄下学校条件与环境和教师留任意愿得回归分析

维度	模型 1	模型 2：年龄（周岁）			
	总样本	20~30 岁	31~40 岁	41~50 岁	51~60 岁
领导支持	0.134	0.172	0.118	0.155	0.126
学校发展	0.151	−0.022	0.107	0.166	0.226
学校政策	−0.052	0.306	−0.118	−0.052	−0.207
专业发展计划	0.180	0.195	0.312	0.158	0.114
工作量	−0.023	−0.071	−0.027	−0.018	0.011
行政管理	0.039	0.066	0.083	−0.003	0.152
设备与教学条件	0.205	−0.049	0.094	0.266	0.277
收入与福利	0.137	0.216	0.231	0.071	0.060
总值	0.761	0.813	0.800	0.743	0.759

（二）不同年龄教师的组织承诺与留任意愿的回归分析

为了进一步了解在教师的年龄特征下，组织承诺及其各要素对教师的留任意愿是否存在显著性影响，将组织承诺及其各要素分别在不考虑和考虑教师年龄的情况下投入到回归方程中，使用逐步回归分析其显著性（见表 3-3-5）。从不同年龄教师的情况来看，对教师留任意愿解释力较大的为感情承诺和理想承诺。在 20~30 岁和 31~40 岁教师群体中，理想承诺对留任意愿的解释力最大，其解释力分别为 53.3% 和 37.6%；在 41~50 岁和 15~60 岁教师群体中，感情承诺对留任意愿的解释力最大，其解释力分别为 50.8% 和 48.9%。

表 3-3-5　不同年龄下组织承诺与教师留任意愿得回归分析

维度	模型 1	模型 2：年龄（周岁）			
	总样本	20~30 岁	31~40 岁	41~50 岁	51~60 岁
感情承诺	0.420	0.056	0.228	0.508	0.489
规范承诺	0.156	0.298	0.254	0.118	0.065
理想承诺	0.274	0.533	0.376	0.210	0.295
经济承诺	−0.016	0.018	−0.020	0.001	−0.062
机会承诺	0.010	−0.084	−0.020	0.013	0.084
总值	0.844	0.821	0.818	0.850	0.871

（三）不同年龄教师的工作满意度与留任意愿回归分析

为了进一步了解在教师的年龄特征下，工作满意度对教师的留任意愿是否存在显著性影响，将工作满意度分别在不考虑和考虑教师性别的情况下投入到回归方程中，使用逐步回归分析其显著性（见表 3-3-6）。统计结果发现，在不考虑教师年龄特征的情况下，总样本工作满意度对教师留任意愿的解释力分别为 87.9%。

从不同年龄教师的情况来看，工作满意度对 20~30 岁教师群体留任意愿的解释力为 93.6%；对 31~40 岁教师群体留任意愿的解释力为 89.5%；对 41~50 岁教师群体留任意愿的解释力为 87.7%；对 51~60 岁教师群体留任意愿的解释力为 83.4%。

表 3-3-6　不同年龄下工作满意度与教师留任意愿的回归分析可决系数表

维度	模型 1	模型 2：年龄（周岁）			
	总样本	20~30 岁	31~40 岁	41~50 岁	51~60 岁
工作满意度	0.879	0.936	0.895	0.877	0.834

三、不同婚姻状况教师的留任意愿回归分析

（一）不同婚姻状况教师的学校条件与环境和留任意愿的回归分析

为了进一步了解在教师的婚姻状况特征下，学校条件与环境及其各要素对教师的留任意愿是否存在显著性影响，将学校条件与环境及其各要素分别在不考虑和考虑教师婚姻状况的情况下投入到回归方程中，使用逐步回归分析其显著性（见表 3-3-7）。从不同婚姻状况教师的情况来看，对已婚教师群体留任意愿解释力最大的是设备与教学条件，解释力为 22.9%；对单身教师群体留任意愿解释力最大的是专业发展计划，其解释力为 45.2%。

表 3-3-7 不同婚姻状况下学校条件与环境和教师留任意愿的回归分析可决系数表

维度	模型 1	模型 2：婚姻状况	
	总样本	已婚	单身
领导支持	0.134	0.148	0.011
学校发展	0.151	0.142	0.208
学校政策	−0.052	−0.053	−0.062
专业发展计划	0.180	0.148	0.452
工作量	−0.023	−0.024	−0.021
行政管理	0.039	0.047	0.009
设备与教学条件	0.205	0.229	−0.004
收入与福利	0.127	0.117	0.201
总值	0.761	0.754	0.794

（二）不同婚姻状况教师的组织承诺与留任意愿的回归分析

为了进一步了解在教师的婚姻状况特征下，组织承诺及其各要素对教师的留任意愿是否存在显著性影响，将组织承诺及其各要素分别在不考虑和考虑教师婚姻状况的情况下投入到回归方程中，使用逐步回归分析其显著性（见表 3-3-8）。从不同婚姻状况教师的情况来看，对教师留任意愿解释力较大的均为感情承诺、规范承诺和理想承诺。在已婚教师群体中，感情承诺、规范承诺和理想承诺对教师留任意愿解释力分别为 43.0%、16.1% 和 26.4%；在单身教师群体中，感情承诺、规范承诺和理想承诺对教师留任意愿解释力分别为 31.5%、15.1% 和 37.1%；其中对已婚教师群体留任意愿解释力最大的为感情承诺，对单身教师群体留任意愿解释力最大的是理想承诺。

表 3-3-8　不同婚姻状况下组织承诺与教师留任意愿的回归分析可决系数表

维度	模型 1	模型 2：婚姻状况	
	总样本	已婚	单身
感情承诺	0.420	0.430	0.315
规范承诺	0.156	0.161	0.151
理想承诺	0.274	0.264	0.371
经济承诺	−0.016	−0.036	0.100
机会承诺	0.010	0.024	−0.089
总值	0.844	0.843	0.848

（三）不同婚姻状况教师的工作满意度与留任意愿的回归分析

为了进一步了解在教师的婚姻状况特征下，工作满意度对教师的留任意愿是否存在显著性影响，将工作满意度分别在不考虑和考虑教师性别的情况下投入到回归方程中，使用逐步回归分析其显著性（见表 3−3−9）。从不同婚姻状况教师的情况来看，工作满意度对已婚教师群体留任意愿的解释力为 87.4%；对单身教师群体留任意愿的解释力分别为 91.0%。

表 3-3-9　不同婚姻状况下工作满意度与教师留任意愿的回归分析可决系数表

维度	模型 1	模型 2：婚姻状况	
	总样本	已婚	单身
工作满意度	0.879	0.874	0.910

四、不同学历教师的留任意愿回归分析

（一）不同学历教师的学校条件与环境和留任意愿的回归分析

为了进一步了解在教师的学历特征下，学校条件与环境及其各要素对教师的留任意愿是否存在显著性影响，将学校条件与环境及其各要素分别在不考虑和考虑教师学历的情况下投入到回归方程中，使用逐步回归分析其显著性（见表 3−3−10）。从不同学历教师的情况来看，对教师留任意愿解释力较大的均为专业发展计划、设备与教学条件和收入与福利。在本科学历教师群体中，专业发展计划、设备与教学条件和收入与福利对教师留任意愿解释力分别为 26.9%、20.6% 和 13.3%；在硕士学位教师群体中，专业发展计划、设备与教学条件和收入与福利对教师留任意愿解释力分别为 17.1%、24.4% 和 12.8%；在博士学位教师群体中，专业发展计划、设备与教学条件和收入与福利对教师留任意愿解释力分别为 15.0%、9.2% 和 21.7%；其中对专业发展计划对本科学历

教师群体的留任意愿解释力最大，设备与教学条件对硕士学位教师群体的留任意愿解释力最大，收入与福利对博士学位教师群体的留任意愿解释力最大。

表 3-3-10　不同学历下教师学校条件与环境和留任意愿的回归分析可决系数表

维度	模型 1	模型 2：学历		
	总样本	本科	研究生（硕士）	研究生（博士）
领导支持	0.134	0.220	0.156	0.068
学校发展	0.151	0.108	0.173	0.030
学校政策	−0.052	−0.174	−0.073	0.090
专业发展计划	0.180	0.269	0.171	0.150
工作量	−0.023	0.032	−0.032	−0.022
行政管理	0.039	−0.020	−0.019	0.201
设备与教学条件	0.205	0.206	0.244	0.092
收入与福利	0.127	0.133	0.128	0.217
总值	0.761	0.774	0.748	0.826

（二）不同学历教师的组织承诺与留任意愿的回归分析

为了进一步了解在教师的学历特征下，组织承诺及其各要素对教师的留任意愿是否存在显著性影响，将组织承诺及其各要素分别在不考虑和考虑教师学历的情况下投入到回归方程中，使用逐步回归分析其显著性（见表 3-3-11）。从不同学历教师的情况来看，对教师留任意愿解释力较大的均为感情承诺、规范承诺和理想承诺。在本科学历教师群体中，感情承诺、规范承诺和理想承诺对教师留任意愿解释力分别为 37.1%、17.2% 和 31.4%；在硕士学位教师群体中，感情承诺、规范承诺和理想承诺对教师留任意愿解释力分别为 42.2%、16.6% 和 25.3%；在博士学位教师群体中，感情承诺、规范承诺和理想承诺对教师留任意愿解释力分别为 44.6%、9.2% 和 33.4%；对于不同学历的教师群体而言，感情承诺最能解释其留任意愿。

表 3-3-11　不同学历下教师组织承诺与留任意愿的回归分析可决系数表

维度	模型 1	模型 2：学历		
	总样本	本科	研究生（硕士）	研究生（博士）
感情承诺	0.420	0.371	0.422	0.446
规范承诺	0.156	0.172	0.166	0.092
理想承诺	0.274	0.314	0.253	0.334
经济承诺	−0.016	−0.085	0.003	0.005
机会承诺	0.010	0.056	−0.009	−0.015
总值	0.844	0.828	0.835	0.862

（三）不同学历教师的工作满意度与留任意愿的回归分析

为了进一步了解在教师的学历特征下，工作满意度对教师的留任意愿是否存在显著性影响，将工作满意度分别在不考虑和考虑教师学历的情况下投入到回归方程中，使用逐步回归分析其显著性（见表 3–3–12）。从不同学历教师的情况来看，工作满意度对本科学历教师群体留任意愿的解释力为 87.1%；对硕士学位教师群体留任意愿的解释力为 87.7%；对博士学位教师群体留任意愿的解释力为 89.0%。

表 3-3-12　不同学历下教师工作满意度与留任意愿的回归分析可决系数表

维度	模型 1	模型 2：学历		
	总样本	本科	研究生（硕士）	研究生（博士）
工作满意度	0.879	0.871	0.877	0.890

五、不同毕业学校教师的留任意愿回归分析

（一）不同毕业学校教师的学校条件与环境和留任意愿的回归分析

为了进一步了解在教师的毕业学校特征下，学校条件与环境及其各要素对教师的留任意愿是否存在显著性影响，将学校条件与环境及其各要素分别在不考虑和考虑教师毕业学校的情况下投入到回归方程中，使用逐步回归分析其显著性（见表 3–3–13）。从不同毕业学校教师的情况来看，专业发展计划对毕业于国内普通高校和国外高校教师群体留任意愿的解释力最大，解释力分别为 20.0% 和 37.7%；设备与教学条件对毕业于 211 高校和 985 高校教师群体留任意愿的解释力最大，解释力分别为 23.6% 和 32.3%。

表 3-3-13 不同毕业学校教师学校条件与环境和留任意愿的回归分析可决系数表

维度	模型 1	模型 2：毕业学校			
	总样本	国内普通高校	211 高校	985 高校	国外高校
领导支持	0.134	0.150	0.145	0.139	−0.033
学校发展	0.151	0.156	0.153	0.027	0.320
学校政策	−0.052	−0.088	−0.002	0.004	0.121
专业发展计划	0.180	0.200	0.131	0.105	0.377
工作量	−0.023	−0.012	−0.052	−0.036	−0.014
行政管理	0.039	0.033	0.056	0.046	0.059
设备与教学条件	0.205	0.178	0.236	0.323	−0.067
收入与福利	0.127	0.137	0.095	0.168	0.050
总值	0.761	0.754	0.762	0.776	0.813

（二）不同毕业学校教师的组织承诺与留任意愿的回归分析

为了进一步了解在教师的毕业学校特征下，组织承诺及其各要素对教师的留任意愿是否存在显著性影响，将组织承诺及其各要素分别在不考虑和考虑教师毕业学校的情况下投入到回归方程中，使用逐步回归分析其显著性（见表 3-3-14）。从不同毕业学校教师的情况来看，感情承诺对毕业于国内普通高校、211 高校和 985 高校教师群体留任意愿的解释力最大，解释力分别为 37.2%、50.8% 和 61.0%；规范承诺对毕业于国外高校教师群体留任意愿的解释力最大，解释力为 45.7%。

表 3-3-14 不同毕业学校教师组织承诺与留任意愿的回归分析可决系数表

维度	模型 1	模型 2：毕业学校			
	总样本	国内普通高校	211 高校	985 高校	国外高校
感情承诺	0.420	0.372	0.508	0.610	0.054
规范承诺	0.156	0.231	0.045	−0.120	0.457
理想承诺	0.274	0.243	0.314	0.360	0.339
经济承诺	−0.016	−0.013	−0.005	−0.065	0.086
机会承诺	0.010	−0.002	0.014	0.097	−0.082
总值	0.844	0.831	0.876	0.882	0.845

（三）不同毕业学校教师的工作满意度与留任意愿的回归分析

为了进一步了解在教师的毕业学校特征下，工作满意度对教师的留任意愿是否存在显著性影响，将工作满意度分别在不考虑和考虑教师毕业学校的情况下投入到回归方程中，使用逐步回归分析其显著性（见表 3-3-15）。从不同毕业学校教师的情况来看，工作满意度对毕业于国内普通高校教师群体留任意愿的解释力为 87.9%；对毕业于 211 高校教师群体留任意愿的解释力为 89.2%；对毕业于 985 高校教师群体留任意愿的解释力为 86.5%；对毕业于国外高校教师群体留任意愿的解释力为 86.4%。

表 3-3-15　不同毕业学校教师工作满意度与留任意愿的回归分析可决系数表

维度	模型 1	模型 2：毕业学校			
	总样本	国内普通高校	211 高校	985 高校	国外高校
工作满意度	0.879	0.879	0.892	0.865	0.864

六、不同学科教师的留任意愿回归分析

（一）不同学科教师的学校条件与环境和留任意愿的回归分析

为了进一步了解在教师的学科特征下，学校条件与环境及其各要素对教师的留任意愿是否存在显著性影响，将学校条件与环境及其各要素分别在不考虑和考虑教师学科的情况下投入到回归方程中，使用逐步回归分析其显著性（见表 3-3-16）。从不同学科教师的情况来看，领导支持、学校发展、专业发展计划、设备与教学条件和收入与福利对教师留任意愿均有较大的解释力。在文科教师群体中，领导支持、学校发展、专业发展计划、设备与教学条件和收入与福利对教师留任意愿的解释力分别为 12.0%、17.4%、20.5%、18.3% 和 11.0%；在理工科教师群体中，领导支持、学校发展、专业发展计划、设备与教学条件和收入与福利对教师留任意愿的解释力分别为 15.1%、12.7%、15.3%、22.9% 和 14.3%；其中对于文科教师群体来说，专业发展计划对其留任意愿的解释力最大，对于理工科教师来说，设备与教学条件对其留任意愿的解释力最大。

表 3-3-16　不同学科教师的学校条件与环境各要素对教师留任意愿的回归分析可决系数表

维度	模型 1	模型 2：学科	
	总样本	文科	理工科
领导支持	0.134	0.120	0.151
学校发展	0.151	0.174	0.127
学校政策	−0.052	−0.064	−0.044
专业发展计划	0.180	0.205	0.153
工作量	−0.023	−0.02	−0.026

续表

维度	模型 1	模型 2：学科	
	总样本	文科	理工科
行政管理	0.039	0.057	0.024
设备与教学条件	0.205	0.183	0.229
收入与福利	0.127	0.110	0.143
总值	0.761	0.765	0.757

（二）不同学科教师的组织承诺与留任意愿的回归分析

为了进一步了解在教师的学科特征下，组织承诺及其各要素对教师的留任意愿是否存在显著性影响，将组织承诺及其各要素分别在不考虑和考虑教师学科的情况下投入到回归方程中，使用逐步回归分析其显著性（见表 3-3-17）。从不同学科教师的情况来看，感情承诺、规范承诺和理想承诺对教师留任意愿均有较大的解释力。在文科教师群体中，感情承诺、规范承诺和理想承诺对教师留任意愿解释力分别为 35.0%、21.1% 和 31.3%；在理工科教师群体中，感情承诺、规范承诺和理想承诺对教师留任意愿解释力分别为 49.1%、9.5% 和 24.2%；其中感情承诺对于文理科教师留任意愿的解释力最大。

表 3-3-17　不同学科教师的组织承诺对教师留任意愿的回归分析可决系数表

维度	模型 1	模型 2：学科	
	总样本	文科	理工科
感情承诺	0.420	0.350	0.491
规范承诺	0.156	0.211	0.095
理想承诺	0.274	0.313	0.242
经济承诺	−0.016	−0.061	0.031
机会承诺	0.010	0.036	−0.022
总值	0.844	0.849	0.837

（三）不同学科教师的工作满意度与留任意愿的回归分析

为了进一步了解在教师的学科特征下，工作满意度对教师的留任意愿是否存在显著性影响，将工作满意度分别在不考虑和考虑教师学科的情况下投入到回归方程中，使用逐步回归分析其显著性（见表 3-3-18）。从不同学科教师的情况来看，工作满意度对文科教师群体留任意愿的解释力为 87.4%；对理工科教师群体留任意愿的解释力为 88.5%。

表 3-3-18　不同学科教师的工作满意度对教师留任意愿的回归分析可决系数表

维度	模型 1	模型 2：学科	
	总样本	文科	理工科
工作满意度	0.879	0.874	0.885

七、不同职称教师的留任意愿回归分析

（一）不同职称教师的学校条件与环境和留任意愿的回归分析

为了进一步了解在教师的职称特征下，学校条件与环境及其各要素对教师的留任意愿是否存在显著性影响，将学校条件与环境及其各要素分别在不考虑和考虑教师职称的情况下投入到回归方程中，使用逐步回归分析其显著性（见表 3-3-19）。从不同职称教师的情况来看，学校发展对未评职称教师群体留任意愿的解释力最大，达到 51.5%；收入与福利对助教职称教师群体留任意愿的解释力最大，达到 28.7%；专业发展计划对讲师职称教师群体的解释力最大，达到 26.0%；设备与教学条件对副教授职称教师群体留任意愿的解释力最大，达到 25.9%；行政管理对教授职称教师群体留任意愿的解释力最大，达到 30.7%。

表 3-3-19　不同职称教师的工作条件与环境各要素对教师留任意愿的回归分析可决系数表

维度	模型 1	模型 2：职称				
	总样本	未评职称	助教	讲师	副教授	教授
领导支持	0.134	0.019	0.132	0.166	0.084	0.079
学校发展	0.151	0.515	0.165	0.095	0.235	0.175
学校政策	−0.052	−0.465	0.154	−0.109	0.001	−0.049
专业发展计划	0.180	0.344	0.153	0.260	0.100	−0.048
工作量	−0.023	−0.016	−0.110	−0.030	−0.001	−0.027
行政管理	0.039	0.364	−0.062	0.032	−0.017	0.307
设备与教学条件	0.205	−0.131	0.043	0.191	0.259	0.300
收入与福利	0.127	0.237	0.287	0.159	0.093	−0.004
总值	0.761	0.867	0.762	0.764	0.754	0.733

（二）不同职称教师的组织承诺与留任意愿的回归分析

为了进一步了解在教师的职称特征下，组织承诺及其各要素对教师的留任意愿是否存在显著性影响，将组织承诺及其各要素分别在不考虑和考虑教师职称的情况下投入到回归方程中，使用逐步回归分析其显著性（见表 3-3-20）。从不同职称教师的情况来看，感情承诺和理想承诺对教师留任意愿均有较大的

解释力。在未评职称的教师群体中，感情承诺和理想承诺对教师留任意愿解释力分别为 13.1% 和 61.0%；在助教职称的教师群体中，感情承诺和理想承诺对教师留任意愿解释力分别为 13.9% 和 42.9%；在讲师职称的教师群体中，感情承诺和理想承诺对教师留任意愿解释力分别为 40.5% 和 21.4%；在副教授职称的教师群体中，感情承诺和理想承诺对教师留任意愿解释力分别为 50.2% 和 28.0%；在教授职称的教师群体中，感情承诺和理想承诺对教师留任意愿解释力分别为 44.6% 和 37.8%；其中对未评和助教职称的教师来说，理想承诺对其留任意愿的解释力最大，对于讲师、副教授和教授职称的教师群体来说，感情承诺对其留任意愿的解释力最大。

表 3-3-20 不同职称教师的组织承诺对教师留任意愿的回归分析可决系数表

维度	模型 1	模型 2：职称				
	总样本	未评职称	助教	讲师	副教授	教授
感情承诺	0.420	0.131	0.139	0.405	0.502	0.446
规范承诺	0.156	0.176	0.294	0.203	0.073	0.077
理想承诺	0.274	0.610	0.429	0.214	0.280	0.378
经济承诺	−0.016	−0.138	–	0.023	−0.031	−0.112
机会承诺	0.010	0.049	−0.046	−0.004	0.033	0.066
总值	0.844	0.828	0.816	0.841	0.857	0.855

（三）不同职称教师的工作满意度与留任意愿的回归分析

为了进一步了解在教师的职称特征下，工作满意度对教师的留任意愿是否存在显著性影响，将工作满意度分别在不考虑和考虑教师职称的情况下投入到回归方程中，使用逐步回归分析其显著性（见表 3-3-21）。从不同职称教师的情况来看，工作满意度对未评职称教师群体留任意愿的解释力为 91.4%；对助教职称教师群体留任意愿的解释力为 92.8%；对讲师职称教师群体留任意愿的解释力为 88.0%；对副教授职称教师群体留任意愿的解释力为 86.2%；对教授职称教师群体留任意愿的解释力为 87.7%。

表 3-3-21 不同职称教师的工作满意度对教师留任意愿的回归分析可决系数表

维度	模型 1	模型 2：职称				
	总样本	未评职称	助教	讲师	副教授	教授
工作满意度	0.879	0.914	0.928	0.880	0.862	0.877

八、不同工作时间教师的留任意愿回归分析

（一）不同工作时间教师的学校条件与环境和留任意愿的回归分析

为了进一步了解在教师的工作时间特征下，学校条件与环境及其各要素对教师的留任意愿是否存在显著性影响，将学校条件与环境及其各要素分别在不考虑和考虑教师工作时间的情况下投入到回归方程中，使用逐步回归分析其显著性（见表 3-3-22）。从教师不同工作时间的情况来看，学校发展对于工作时间 13~15 年和 7~9 年教师群体留任意愿的解释力最大，分别达到 20.8% 和 44.9%；专业发展计划对于工作时间 10~12 年和 0~3 年教师群体留任意愿的解释力最大，分别达到 20.7% 和 45.1%；设备与教学条件对于工作时间 16 年以上教师群体留任意愿的解释力最大，达到 27.9%；收入与福利对于工作时间 4~6 年教师群体留任意愿的解释力最大，达到 37.5%。

表 3-3-22　不同工作时间教师的学校条件与环境各要素对留任意愿的回归分析可决系数表

维度	模型 1	模型 2：工作时间					
	总样本	16 年以上	13~15 年	10~12 年	7~9 年	4~6 年	0~3 年
领导支持	0.134	0.151	0.129	0.067	0.195	0.242	0.134
学校发展	0.151	0.145	0.208	0.087	0.449	0.085	−0.055
学校政策	−0.052	−0.066	−0.088	0.117	−0.316	−0.209	0.043
专业发展计划	0.180	0.169	0.125	0.207	0.045	0.199	0.451
工作量	−0.023	−0.020	0.024	−0.050	−0.039	−0.026	−0.062
行政管理	0.039	0.018	0.040	0.019	0.200	0.076	0.099
设备与教学条件	0.205	0.279	0.183	0.135	0.015	0.075	−0.014
收入与福利	0.127	0.074	0.147	0.168	0.309	0.375	0.200
总值	0.761	0.750	0.768	0.750	0.858	0.817	0.796

（二）不同工作时间教师的组织承诺与留任意愿的回归分析

为了进一步了解在教师的工作时间特征下，组织承诺及其各要素对教师的留任意愿是否存在显著性影响，将组织承诺及其各要素分别在不考虑和考虑教师工作时间的情况下投入到回归方程中，使用逐步回归分析其显著性（见表 3-3-23）。从教师不同工作时间的情况来看，感情承诺和理想承诺对教师留任意愿的解释力最大。在工作时间 16 年以上、13~15 年和 10~12 年的教师群体中，感情承诺对其留任意愿解释力最大，分别为 47.9%、45.3% 和 42.9%；在工作时间为 7~9 年、4~6 年和 0~3 年的教师群体中，理想承诺对教师留任意愿解释力最大，分别为 47.6%、60.5% 和 43.4%。

表 3-3-23　不同工作时间教师的组织承诺对教师留任意愿的回归分析可决系数表

维度	模型 1	模型 2：工作时间					
	总样本	16 年以上	13~15 年	10~12 年	7~9 年	4~6 年	0~3 年
感情承诺	0.420	0.479	0.453	0.429	0.304	−0.015	0.163
规范承诺	0.156	0.115	0.131	0.244	0.101	0.192	0.306
理想承诺	0.274	0.257	0.155	0.212	0.476	0.605	0.434
经济承诺	−0.016	−0.021	0.072	−0.039	0.052	0.039	−0.064
机会承诺	0.010	0.031	0.045	−0.004	−0.155	−0.031	−0.045
总值	0.844	0.861	0.856	0.842	0.778	0.790	0.794

（三）不同工作时间教师的工作满意度与留任意愿的回归分析

为了进一步了解在教师的工作时间特征下，工作满意度对教师的留任意愿是否存在显著性影响，将工作满意度分别在不考虑和考虑教师工作时间的情况下投入到回归方程中，使用逐步回归分析其显著性（见表 3−3−24）。从教师不同工作时间的情况来看，工作满意度对 16 年以上工作时间的教师群体留任意愿的解释力为 86.6%；对 13~15 年工作时间的教师群体留任意愿的解释力为 86.9%；对 10~12 年工作时间的教师群体留任意愿的解释力为 90.2%；对 7~9 年工作时间的教师群体留任意愿的解释力为 89.7%；对 4~6 年工作时间的教师群体留任意愿的解释力为 88.1%；对 0~3 年工作时间的教师群体留任意愿的解释力为 93.3%。

表 3-3-24　不同工作时间教师的工作满意度对教师留任意愿的回归分析可决系数表

维度	模型 1	模型 2：工作时间					
	总样本	16 年以上	13~15 年	10~12 年	7~9 年	4~6 年	0~3 年
工作满意度	0.879	0.866	0.869	0.902	0.897	0.881	0.933

通过对教师队伍稳定影响因素回归分析发现，学校条件与环境、组织承诺和工作满意度对教师的留任意愿均会产生影响。其中学校条件与环境对教师留任意愿的解释力为 48.0%；组织承诺对教师留任意愿的解释力为 63.4%；工作满意度对教师留任意愿的解释力为 78.3%。再通过深入探讨不同背景下教师留任意愿的影响因素，结果显示：①以教师性别为背景：在学校条件与环境领域，不同性别的教师对留任意愿解释力较大的均为领导支持、学校发展、专业发展计划、设备与教学条件和收入与福利，解释力度最大的为设备与教学条件；不同性别教师的组织承诺领域中，对教师留任意愿解释力较大的均为感情承诺、规范承诺和理想承诺，对男女教师留任意愿解释力最大的均为感情承诺；工作

满意度范围内对于女性教师留任意愿的解释力度大于男性教师的留任意愿的解释力度。②以教师的年龄为背景：在学校条件与环境范围下，不同年龄的教师中在20~30岁教师群体学校政策对留任意愿的解释力最大，31~40岁教师群体中，专业发展计划对留任意愿的解释力最大，在41~50岁和51~60岁教师群体中，设备与教学条件对留任意愿的解释力最大；在组织承诺范围下，不同年龄的教师对教师留任意愿解释力较大的为感情承诺和理想承诺，在20~30岁和31~40岁教师群体中，理想承诺对留任意愿的解释力最大，在41~50岁和51~60岁教师群体中，感情承诺对留任意愿的解释力最大；不同年龄的教师在工作满意度中，20~30岁、31~40岁、41~50岁及51~60岁教师群体留任意愿的解释力为93.6%、89.5%、87.7%及83.4%。③以教师的婚姻状况为背景：学校条件与环境领域中对已婚教师群体留任意愿解释力最大的是设备与教学条件，对单身教师群体留任意愿解释力最大的是专业发展计划；在组织承诺范围下对教师留任意愿解释力较大的均为感情承诺、规范承诺和理想承诺，其中对已婚教师群体留任意愿解释力最大的为感情承诺，对单身教师群体留任意愿解释力最大的是理想承诺；在工作满意度范围下对于单身教师群体留任意愿的解释力度大于已婚教师的解释力度。④在学历背景下：不同学历教师在学校条件与环境范围下对教师留任意愿解释力较大的均为专业发展计划、设备与教学条件和收入与福利，其中专业发展计划对本科学历教师群体的留任意愿解释力最大，设备与教学条件对硕士学位教师群体的留任意愿解释力最大，收入与福利对博士学位教师群体的留任意愿解释力最大；不同学历教师的在组织承诺领域对教师留任意愿解释力较大的均为感情承诺、规范承诺和理想承诺，对于不同学历的教师群体而言，感情承诺最能解释其留任意愿；不同学历教师在工作满意度范围下对教师留任意愿的解释力程度从高到低依次为博士学位教师群体、硕士学位教师群体和本科学位教师群体。⑤以教师毕业学校为背景：在学校条件与环境中不同毕业学校的教师在专业发展计划领域对毕业于国内普通高校和国外高校教师群体留任意愿的解释力最大，设备与教学条件对毕业于211高校和985高校教师群体留任意愿的解释力最大；在组织承诺范围下不同毕业学校的教师对于感情承诺，毕业于国内普通高校、211高校和985高校教师群体留任意愿的解释力最大，对于规范承诺，毕业于国外高校教师群体留任意愿的解释力最大；不同毕业学校的教师在工作满意度范围内对留任意愿的解释力从高到低依次为是毕业于211高校教师群体、毕业于国内普通高校的教师群体、毕业于985高校教师群体以及毕业于国外高校教师群体。⑥以教师所教学科为背景：不同学科的教师在学校条件与环境范围内，领导支持、学校发展、专业发展计划、设备与教学条件和收入与福利对教师留任意愿均有较大的解释力，其中对于文科教师群体来说，专业发展计划对其留任意愿的解释力最大，对于理工科教师来说，设备与教学条件对其留任意愿的解释力最大；不同学科的教师在组织承诺范围下，感情承诺、规范承诺和理想承诺对教师留任意愿均有较大的解释力，其中感情承诺对于文理科教师留任意愿的解释力最大；不同的教师在工作满意度范围内理科教师群体留任意愿大于文科教师群体。⑦在教师职称背景下：不同职称的教师在学校条件与环境范围下，学校发展对未评职称教师群体留任意愿的解释力最大，收入与福利对助教职称教师群体留任意愿的解释力最大，专业发展计划对讲师职称教师群体的解释力最大，设备与教学条件对副教授职称教师群体留任意愿的解释力最大，行政管理对教授职称教师群体留任意愿的解释力最大；不同职称的教师在组织承诺范围下，感情承诺和理想承诺对教师留任意愿均有较大的解释力，其中对未评和助教职称的教师来说，理想承诺对其留任意愿的解释力最大，对于讲师、副教授和教授职称的教师群体来说，感情承诺对其留任意愿的解释力最大；不同职称的教师在工作满意度方面，对助教职称教师群体留任意愿的解释力最大，其次是未评职称教师群体、讲师职称教师群体、教授职称教师群体及副教授职称教师群体。⑧在工作时间的背景下：教师不同的工作时间在学校条件与环境范围下，学校发展对于工作时间13~15年和7~9年教师群体留任意愿的解释力最大，专业发展计划对于工作时间10~12年和0~3年教师群体留任意愿的解释力最大，设备与教学条件对于工作时间16年以上教师群体留任意愿的解释力最大，收入与福利对于工作时间4~6年教师群体留任意愿的解释力最大；教师不同的工作时间在组织承诺范围内，感情承诺和理想承诺对教师留任意愿的解释力最大；教师不同的工作时间在工作满意度范围下，对留任意愿的解释力从大到小依次为0~3年工作时间的教师群体、10~12年工作时间的教师群体、7~9年工作时间的教师群体、4~6年工作时间的教师群体、13~15年工作时间的教师群体以及16年以上工作时间的教师群体。

第四节 地方高校教师队伍稳定影响因素传导机制

一、地方高校教师队伍留任的相关矩阵

通过相关分析可以看出，教师素质、学校条件与环境、组织承诺和工作满意度之间存在显著相关（见表3-4-1）。教师素质与学校条件与环境的相关系数为0.424，与组织承诺的相关系数为0.297，与工作满意度的相关系数为0.369；教师素质、学校条件与环境、组织承诺和工作满意度各变量间两两相关，学校条件与环境和组织承诺的相关系数为0.764，与工作满意度的相关系数为0.767，组织承诺与工作满意度的相关系数为0.763。

表3-4-1　地方高校教师队伍留任的相关系数表

维度	教师素质	学校条件与环境	组织承诺	工作满意度
教师素质	1			
学校条件与环境	0.424***	1		
组织承诺	0.297***	0.764***	1	
工作满意度	0.369***	0.767***	0.763***	1

二、组织承诺在教师专业素质与留任意愿间的中介效应

多数文献的研究结果显示教师专业素质对其留任意愿的影响是间接的，在教师专业素质与留任意愿之间存在中介因素。本研究通过文献梳理和理论研究发现，组织承诺可能起到中介作用，为分析组织承诺在教师专业素质和留任意愿间是否起到显著中介效应，利用Bootstrap方法检验其中介效应（见表3-4-2），通过统计结果发现，模型中的总效应、直接效应和组织承诺的中介效应均显著。模型的总效应值为0.397，直接效应值为0.202，组织承诺的中介效应值为0.196。

表3-4-2　组织承诺在教师专业素质与留任意愿间的中介效应分析表

维度	估计值	S.E.	95% 置信区间	
			下限	上限
总效应	0.397***	0.016	0.366	0.429
直接效应	0.202***	0.012	0.178	0.226
组织承诺	0.196***	0.011	0.174	0.217

注：*** 代表 $P<0.001$；** 代表 $P<0.01$。因变量：留任意愿；自变量：专业素质；中介变量：组织承诺。

三、工作满意度在教师专业素质与留任意愿间的中介效应

多数文献的研究结果显示教师专业素质对其留任意愿的影响是间接的，在专业素质与留任意愿之间存在中介因素。本研究通过文献梳理和理论研究发现，工作满意度可能起到中介作用，为分析工作满意度在教师专业素质和留任意愿间是否起到显著中介效应，利用 Bootstrap 方法检验其中介效应（见表 3–4–3），通过统计结果发现，模型中的总效应、直接效应和工作满意度的中介效应均显著。模型的总效应值为 0.397，直接效应值为 0.084，工作满意度的中介效应值为 0.313。

表 3-4-3　工作满意度在专业素质与留任意愿间的中介效应分析表

维度	估计值	S.E.	95% 置信区间	
			下限	上限
总效应	0.397***	0.016	0.366	0.429
直接效应	0.084***	0.009	0.067	0.102
工作满意度	0.313***	0.014	0.286	0.340

四、工作条件与环境在教师专业素质与留任意愿间的中介效应

多数文献的研究结果显示教师的专业素质对其留任意愿的影响是间接的，在教师专业素质与留任意愿之间存在中介因素。本研究通过文献梳理和理论研究发现，学校条件与环境可能起到中介作用，为分析学校条件与环境在教师专业素质和留任意愿间是否起到显著中介效应，利用 Bootstrap 方法检验其中介效应（见表 3–4–4），通过统计结果发现，模型中的总效应、直接效应和工作条件与环境的中介效应均显著。模型的总效应值为 0.397，直接效应值为 0.133，学校条件与环境的中介效应值为 0.265。

表 3-4-4　学校条件与环境在教师专业素质与留任意愿间的中介效应分析表

维度	估计值	S.E.	95% 置信区间	
			下限	上限
总效应	0.397***	0.016	0.366	0.429
直接效应	0.133***	0.014	0.105	0.160
学校条件与环境	0.265***	0.012	0.240	0.289

五、组织承诺在学校条件与环境和留任意愿间的中介效应

多数文献的研究结果显示教师的工作条件、环境对其留任意愿的影响是间接的，在教师学校条件与环境和留任意愿之间存在中介因素。本研究通过文献梳理和理论研究发现，组织承诺可能起到中介作用，为分析组织承诺在教师学校条件与环境和留任意愿间是否起到显著中介效应，利用 Bootstrap 方法检验其中介效应（见表 3-4-5），通过统计结果发现，模型中的总效应、直接效应和组织承诺的中介效应均显著。模型的总效应值为 0.680，直接效应值为 0.315，组织承诺的中介效应值为 0.365。

表 3-4-5　组织承诺在教师学校条件与环境和留任意愿间的中介效应分析表

维度	估计值	S.E.	95% 置信区间	
			下限	上限
总效应	0.680***	0.013	0.654	0.705
直接效应	0.315***	0.018	0.279	0.351
组织承诺	0.365***	0.017	0.332	0.398

研究发现，教师素质、学校条件与环境、组织承诺和工作满意度之间存在显著相关，在进一步的中介模型检验中得知，组织承诺、工作满意度、学校条件与环境均在教师的专业素质与留任意愿中起到显著的中介作用，且组织承诺在教师的学校条件与环境和留任意愿中也有显著的中介效应。

第四章 地方高校教师队伍稳定的策略与建议

目前，地方高校教师队伍的稳定管理仍然是一个新的领域，学校需要在实际办学和管理中形成具有实效性的工作思路和治理策略。

第一节 学校内涵式发展与建设目标明确性的价值思考

内涵式发展主要是通过内部改革来激发组织力量和提高核心竞争力，通过内部的结构优化实现组织的跨越式发展。高等教育的内涵式发展则需要通过提高高等教育自身的质量、品牌的优化、效益的增加来支撑持续的自我发展。除此之外，建设目标是高校内涵式发展在众多影响要素中的行动指南，是高校一切行动开展的首要前提。美国卡内基梅隆大学校长柯亨先生在我国参加中外大学校长论坛时指出："制定大学建设目标的关键是找准自己的定位。"因此地方高校内涵式发展的首要任务就是确定办学的目标定位，地方高校在人才培养、科学研究、社会服务三大目标定位时，要依据服务方向、能级定位、追求特色、教学教育规律等维度找准自己的办学目标定位，以科学发展观为指导，遵循市场经济规律；以市场需求为目标，以服务本地区为方向；以能级分类为基础，寻求有特色优势的发展，最终实现内涵式发展。

作为高校教师队伍中的一员，需明确学校的目标定位。目前，我国高校的建设出现了严重的趋同趋势，导致各高校缺乏办学特色、人才培养大同小异、高校毕业生就业率不高等问题。在这种情况下，地方高校要想取得发展，必须坚持特色定位与建设目标相结合，具体而言，地方高校要立足自身优势，聚焦特色发展领域，如学科建设、队伍建设、专业建设等。然而，当今的高校教师往往对学校的整体发展和内涵建设处于一种漠不关心的状态，无法将自己置于对学校发展的责任意识之中，与学校发展脱节，跟不上转型的速度，导致教师队伍差异性和不均衡性，最终不利于稳固教师队伍及学校特色定位、建设目标的落实。因此，地方高校教师应深知学校建设目标内涵与价值意蕴、加快落实地方高校特色和优势、实现内涵式发展，从而稳定教师队伍。

一、有效开展初任教师校本教育

校本教育强调教师的专业发展以学校自身为基础纳入学校的管理与培训运行中去。研究发现，校本教育可以促进低组织型教师向组织认同型教师的转变。对两类教师的转变而言，明确所服务高校的办学定位是组织认同的首要前提。因此，在入职培训阶段，地方高校要关注和培养初任教师对组织的了解和认知。帮助教师了解学校的办学定位、建设目标、组织结构等方面，使初任教师能够深知学校发展特色及与研究型大学的客观差异，从学校定位的角度理解组织文化。

（一）合理定位校本教育目标

将道德、技能、情感、文化四种不同的价值取向有机整合，努力构建职业道德、理论知识、专业实践技能和应用科学研究相结合的专业发展目标体系。综合校本教育培训目标定位，促进教师综合素质的提高，为教师队伍整体发展打下坚实基础。

（二）科学选择校本教育内容

地方高校教师队伍，尤其是应用型地方高校教师队伍既要精通相关领域的理论知识，又要具备较强的专业实践能力。入职教育的内容必须符合初任教师的专业发展和学校发展需求，除了为满足后续教学的教学技能模块、专业技能模块、学生管理等常规模块，校本教育内容应设立专门的学校文化模块和职业素养模块，其中学校文化模块主要围绕了解地方高校教育的现状、改革与发展趋势，了解学校的校情校史、办学理念、办学特色、专业建设、发展目标、文化建设及可利用的教学资源等方面信息。职业素养模块主要涉及教育教学理论、教师职业道德、法律法规、职业理想、职业生涯规划、行为规范、人际关系、工作满意度、心理健康、教师礼仪及教学行为方式等内容和项目。

初任教师实施校本教育培训是从人才引进的源头上建设一支优秀的应用型

教师队伍，学校文化与职业素养相结合的校本入职教育，是初任教师对学校一次深入的沟通与理解，并因此理解不同类型大学承担的人才培养目标的客观差异，是进一步开展工作的开放包容的态度定势，对教师队伍的稳定与发展具有十分重要的意义。

二、骨干教师参与建设目标提案

地方高校的内涵式建设需要通过学校的目标化管理来推进工作，但是目标化管理并不是面面俱到和一成不变的，高校建设的目标化管理作为一种管理方法，还处于不断探索的过程中，随着历史的发展，也会出现许多需要不断调整的问题，所以要从发展的角度看有针对性的管理，善于发现问题，善于分析情况，善于预测变化。所以仅有相关管理人员参与目标化管理，容易导致偏离高校内涵式建设的核心目标。所以在实施过程中，要广泛动员全校师生关注学校某一时期内的中心工作，充分调动和发挥个人主观能动性，进而产生共生效应、集群效应和蝴蝶效应。因此，学校发展与建设需重视调研工作，骨干教师作为地方高校教师队伍的核心力量，是学校开展教学、科研工作的主要责任人，对学校发展与建设有着一定深度的体验和见解，作为学校管理层面理应充分考虑骨干教师的意见和建议。

在正式提案实施之前，首先做好骨干教师代表的培训工作，以此提出学校内涵式发展和建设所需、切实可行的提案。其次做好提案前的调查研究工作，深入系、部、教研室或相关岗位优先选择出优质性、可行性提案，便于学校做好提前的预设与方案，推进高质量提案工作。最后做好提案的立案与落实工作，根据反馈意见和建议，结合年度目标、考核结果和工作发展情况，对目标进行适当调整，不断探索和实践，使高校建设目标逐步完善的同时，提升骨干教师参与学校发展与建设的话语权与满意度，进而巩固核心教师队伍。

三、多维度主体考核目标实现度

目标考核体系是目标管理的组成部分，是科学管理教师和学院（系）的手段之一。在“双一流”建设背景下，地方高校只有建立科学合理的目标评价体系，加强专业内涵建设，努力提高自身专业水平，才能适应新时代对高校教师专业发展的要求。目标考核体系结合高校的发展和目标定位，制定符合高校发展个人目标、系目标、校目标的目标体系，形成有机的目标链。按照目标考核体系的建设原则设置考核指标，要做到定性考核与定量考核相结合，共性指标与特色指标相结合的考核原则。

多维度主体体现在考核指标设定后对考核结果的反馈。根据年度发展和客观考核计划，对多维度教师主体参与高校目标责任评估意见问卷，学校评估组成员应认真审阅了学校年度的工作资料和学校年度重点发展目标，并与学校相关教师队伍交流讨论相关工作。通过建立目标评估体系，将学校的发展目标传递到二级学院。各二级学院将根据学校确定的目标和任务制定有效措施，落实到每一位教师身上，使每一位教师都能参与到学校的发展和建设中来，充分发挥教师的价值与潜能，从而进一步促进学校的发展和建设目标的实现。

第二节　领导情感支持是促进教师队伍稳定的重要因素

人际关系作为改善教师队伍稳定的重要手段，包括建设以人为本、和谐的学校组织文化，加强教师团队合作精神的机制建设，营造尊重知识、尊重人才的成长环境等。虽然这一手段弱于经济手段和发展手段，但在双因素理论中，教师工作中人际关系处理得当，对教师的内心情感体现会产生积极影响，其中包括对组织的归属感和工作热情，这在一定程度上对教师流失的治理和队伍的稳定起到了相应作用，各级领导可以通过以下几种形式成为教师队伍稳定的关键力量。

一、团队建设型

教师教学团队建设是高校教师教学发展的重要载体。一些高校教师教学发展的主要路径是依托具有共同意向的课程团队、教学团队，但由于学科性质的差异和教学工作的相对独立性，教学部门的教师很难形成团队合作意识和组织归属感，不利于提高教师在工作中的稳定性、竞争力和创新性，其中加强教研室建设是解决这一问题的主要途径。教师办公室是教研工作的基本单位，教研部教师具有相同或相似的学科和课程，教师的团队意识和组织归属感在很大程度上只能在教研部组织的教研工作中形成，团队带动也成为大学教师教学发展的重要路径。除此之外，高校广泛开展的新教师校本培训项目和骨干教师教研项目，在团队项目开展、教师团队构建的过程中，也可以通过建立师徒关系和团队运作机制，进而促进教师在组织中的个人成长与提升。

教育部“十二五”期间“质量工程”和“十三五”期间“本科教学工程”的实施，均源于教学团队在教师成长和教学发展过程中所产生的成果与价值。优秀的教学团队可以提高教师的教学及教研的能力和水平，改善教师的人际关系，增强教师的责任感和组织凝聚力。

二、项目引领型

教师社区是由学校教师与校外学者、同行和专家组成的。它以一定的教学主题进行平等的对话与交流，进行批判性的反思，在自身实践反思的基础上，通过相互交流与研究来改进教学，促进社区全体成员的专业和教学成长。社区互动路径将关注的焦点从“个性化努力”转向“学习型社区”。在社区中，教师通过参与合作实践来培养自己的知识和智力。高校教师队伍已成为各级行政组织之外最普遍的社区现象。

就科研团队而言，教师学术活动从个人到学术团队、学术社区的发展过程，与学术共同体回归学术属性的过程具有内在一致性。只有推动高校学术共同体的创新发展，不断优化学术共同体的学术交流、学术评价、学术创新等功能，教师的学术活动才能从个人向团队、社区发展。在这一发展过程中，教师的学术权力意识产生、学术评价体系建设、学术自由和学术治理是影响的重要因素。学术资源配置直接影响着学术共同体的建设，也影响着高校教师的组织程度。资源配置的碎片化、均等化，不能很好地促进高校学术共同体建设，造成学术资源的严重浪费。所以，各级领导应创新学术资源配置理念，将是否有利于学术共同体建设和学术研究发展作为学术资源配置的基本原则，促进学术资源向稳定从事研究的高校教师倾斜。其次，要建立科学合理的学术资源配置机制。在国家科研项目申报、重点实验室建设、科研经费分配等资源配置过程中，应建立公平竞争的资源配置制度，根据教师的科研能力、科研成果、科研态度等合理配置资源。此外，扩大高校学术资源的获取渠道，通过校地合作、校企合作等方式，为高校教师提供更多的学术研究经费和项目，为学术共同体建设提供良好的外部环境，进一步促进高校教师学术活动从个人向学术团队、学术社区的发展。

三、情感互助型

信任关系和责任意识是全面治理高校教师队伍稳定的关键要素。信任关系是主体在面对不确定、复杂的社会条件时所反映出来的一种互动方式和依赖关系。这种信任关系的构建必须以全局责任感为逻辑前提，从而促进组织与其他人员之间的相互合作与沟通。在希克斯看来，信任关系和责任感是解决碎片化问题的重要途径之一。通过领导在人际关系中的关注和关心，给予教师相应的信任，可以提高地方高校教师的职业情感和职业责任的认同率，帮助建立教师在职业中的责任意识。教师的职业认同包括教师的专业价值、教师的专业角色对教师的专业感受和责任的认知率，教师职业情感是教师对自身职业的心理和内在情感表达。如果教师对自己的工作表现出热情和信心，说明他们对教师的职业充满了认同，这直接有利于教师的行为与发展。教师的自身认同是对教师职业的一种认同，认识到教师行业的独特价值和意义，在认同的基础上，将外部的专业规范内化为自己的行为准则，以社会期望为目标，努力践行好职业角色，这与教师专业发展也是相辅相成、密不可分的。所以对教师关注与关心，保持良好的信任关系，在职业认同的基础上最终形成责任意识，从而稳定教师队伍。

因此，各级领导的关注与关心，由此产生信任关系和责任意识与教师队伍稳定是相互涵盖、相互影响的。在提高教师专业认同的前提下，承认教师的个体存在的同时，致力于培育长期的、建设性的、互利共赢的教师共同体。

第三节　学校的人才政策需要增强吸引力

完善学校人才政策，进一步提升一线教师的工作热情与动力，让其产生较强的归属感。完善人才规划和培养机制，高校应根据自身发展战略、学科建设和学术梯队建设的需要，制定相应的人才队伍规划，合理确定教师资源需求，包括短期、中期和长期人才需求计划，并根据人才资源供给情况进行适当调整。在此基础上，加强内部培养和外部考核，确保学校人才队伍规划目标的实现，促进学校的可持续发展。因此，制定合理有效的人才规划和培养机制，应着重抓好以下几个方面。

一、引人：源头上合理配置教师队伍

招聘是高校教师资源管理过程中最基础、最关键的环节。招聘的标准、方法、渠道，甚至招聘人才专家的水平，对于优秀的教师能否被招聘到、是否愿意应招入校，都是非常重要的。教师招聘是指高校通过一系列程序和方法，寻找和吸引有能力、有兴趣的人才到高校工作，并选择合适的人员进行招聘和聘任的过程。聘用的目的是保证高校教师资源的充足供给，使高校教师资源得到合理配置，从而提高高校人力资源的效率和效益。地方高校教师招聘应该遵循“不求所有，但求所用”的人才引进思路，从源头上合理构建教师队伍的结构和梯队，才能保证未来教师队伍的稳定发展。引进人才基本原则依据如下。

（一）德才兼备原则

高校肩负着人才培养、科学研究和社会服务的三重任务。首先强调“道德”原则。教师作为模范人员，具有高尚的思想道德和学术道德的同时，必须要求更高的专业素质和学术水平，以教授学生有用的知识，产生创新的成果，为社会作出更多的贡献。

（二）岗位用人原则

高校教师的用人应以岗位空缺和实际工作需要为依据，以岗位对人员的实际要求为标准，择优录用各类人才。需要强调的是要按照因职选能、因能量级、能级匹配来进行。

（三）因岗配人原则

实行任人唯贤、量才录用的原则，高校教师的聘用应以工作岗位的空缺和实际工作的需要为出发点，以岗位对人员的实际要求为标准，选拔录用各类人才。“衡量人才”的依据是将候选人的综合评价结论与既定的用人标准进行比较，寻找高于或至少不低于用人标准的合适人才。

（四）综合评价原则

高校应尽可能采用全方位、多角度的评价方法，通过对申请者的德、能、勤、绩等方面进行实事求是的考察，客观衡量应聘人的竞争优势和劣势，以及对职位和组织的适合程度。

（五）公平公开原则

在教师聘任中必须贯彻公平公开的原则，整个聘任工作需在社会的监督下进行。首先，要防止歪风邪气，努力为有志之士和人才提供平等的竞争机会。可以采用简历分析、结构化面试、心理测试和行为测试、绩效考核和征信等一系列方法和手段，确定应聘人的优劣予以确定人员选择，而不是依靠招聘者的主观直觉、印象和个人的亲疏，增强选拔和用人的科学性。其次，还可以吸引大量的候选人，扩大选择的范围，有利于人尽其才。

二、留人：搭建心理契约提升认同感

首先，在招聘阶段，地方高校应尽量向教师提供全面的岗位信息，如工资、福利、工作环境、岗位职责、权利义务等。应始终坚持公开透明的原则发布招聘信息，坚持公平交易的原则与前来应聘的老师进行沟通。招聘过程中的真实信息有利于教师在岗位上的准确定位，有利于学校与教师之间的顺畅沟通。同时，由于地方高校的特殊性，需要根据学校的实际情况，建立合理的绩效考核体系，对教师的政治素养、业务水平和工作成果进行系统、全面的考察和评价，从而应对交易性心理契约的动态性予以及时的了解和巩固。

其次，招聘团队一般由人事部和教学部按比例组建，一支合理、稳定的招聘团队有利于保证引进教师的质量，有利于搭建和维持双方的心理契约。地方高校建立健全沟通机制，详细了解教师的心理期望和需求，并及时予以重视，利于增强教师的集体认同感。同时，在沟通的过程中，学校也可以表达自己对教师的需求和期望，让教师充分了解学校的期望。在此基础上，管理者根据双方的期望及时调整和修复心理契约的内容，不断磨合，达到高度契合，实现共同成长、和谐发展。此外，地方高校还可以通过鼓励教师参与高校文化建设，始终贯穿以人为本的原则，加强对教师的人文关怀，更加重视教师的个人地位，这有利于提高教师的组织认同，尽可能实现组织与教师之间的价值观统一。只有教师和组织的价值观统一，双方相互理解和包容，才能使教师心理契约期望的各个方面更符合本单位的实际情况，保持心理契约的长期平衡，提高教师的工作满意度，从而减少教师的流失。

三、树人：着重发展契约的科学考核

积极实现发展性心理契约，教师的个人发展需求是贯穿教师职业生涯的重要需求。如果地方高校教师在地方高校工作期间能够借助高校实现自身的发展需求，教师的组织忠诚度就会大大提高，进而巩固教师的发展心理契约。首先，地方高校要积极了解教师的发展需求，尽可能提供帮助和支持。特别是对于具有职称需求的教师，所在机构的支持会使他们有强烈的组织归属感，从而使他们更加投入工作，产生积极的工作行为，积极的工作行为更容易带来教师的工作成果，而工作成果又带来教师工作满意度的提高，从而使教师更愿意在当前岗位上工作。其次。地方高校要重视教师培训，形成从职业培训到专业进修、出国访学等完整的培训体系。有计划、有组织的教师培训不仅有利于提高教师的专业能力，而且有利于提高教师的工作满意度和组织忠诚度，从而巩固教师发展性的心理契约。最后，完善高校教师发展的考核机制。激励教师发展的机制设立有利于充分调动地方教师工作的主观能动性，实现与学校的共同成长和发展。地方高校应建立合理的激励机制，根据教师自身的特点和背景，对教师进行奖惩，这是高校巩固教师心理契约的有力措施。由于地方高校个性特点的不同，地方高校应根据自身发展状况，将物质激励与精神激励相结合，积极激励与消极激励相结合，坚持公开公平原则，充分激发教师的工作积极性。

第四节　绩效工资等经济收入需要凸显合理性与科学性

绩效考核是管理者通过一定的方法和制度确保组织及其子体系的绩效能够与组织的战略目标一致，并促进组织战略目标实现的过程。绩效考核是一个总结和改进的过程，总结过去的成果，分析问题产生的原因，制定相应的对策，以促进组织管理的改进和发展。同时，绩效考核结果也是组织人员工资分配、晋升、培训和发展等管理活动的重要依据。

在当前高校教师绩效考核中，多采用计分法，评分客观性的影响因素主要来自两个方面，即评价主体（评价者）和评价对象（被评价者）。评价者对被评价者的评价是否客观公正，往往受到一些心理倾向的影响，被评价者也可能高估或低估自己的表现。所以对于绩效衡量中的主观性一直是研究者们探讨与解决的重点课题，制定科学、公平、合理的绩效考核机制不仅直接影响教师价值的经济兑现，更多能够成为高校教师队伍衡量价值和追求价值的信念和动力，所以如何衡量教师成就价值，不让高校教师“寒心”，理应树立在教师理解下“按劳分配”的管理宗旨。

一、遵循绩效考核评估原则

（一）定量评价原则

绩效量化是保证绩效考核公正性的重要手段。通过量化目标绩效，可以明确教师的工作要求，有利于目标管理体系的实施；通过对实际绩效的量化，便于教师之间的统计、考核和横向比较，为评优、职称晋升、奖金发放甚至解聘提供客观依据。高校教师脑力工作的隐蔽性和重复性低，决定了其工作投入、工作量和工作成果难以衡量，给绩效考核的量化带来了困难。但这绝不是决定是否进行定量评估的理由。相反，要深入细化高校教师的教学质量、教学效果、科研数量、科研等级、科研成效等绩效指标，逐个量化，再进行综合评价，避免绩效简单量化带来的弊端，保证量化评价的合理性。

（二）全面评价原则

除了直接的教学和科学研究功能，高校教师还具有教育人民和提供教育行业所需的社会服务的潜在功能。特别是在知识经济时代，高校教师是合格的，应发挥德育、文明传承和技术普及的作用。考核对象具有充分履行多重职责的能力和意愿，因此考核体系应相应地设计多样化的指标体系，协调考核，引导和鼓励高校教师创造全方位的社会效益。当然，可以通过合理设置模块和指标权重，协调各评估模块和评估指标在综合评估中的比重和位置，以突出重点或服务于高校的具体发展战略。将权重评价融入反映教师整体水平的绩效评价值中，以便于后续的奖励、评价、培训等人力资源管理实践中使用。

（三）动态评价原则

高校教师绩效考核的动态考核原则体现在 3 个方面。第一，考核指标是一个开放的体系，可以根据具体高校或院系的实际情况和发展战略进行增减；第二，根据实际情况更新上级考核体系中各子系统、要素和指标的权重；第三，通过指标集成绩效考核的电算化，缩短考核数据处理周期，加快了考核频率，提高了绩效考核结果对教师实际绩效的响应性。但是，在一定的考核周期内，要保证考核体系的确定和统一。

高校教师绩效评价的三项基本原则不是相互独立的。在指导评价体系的建立和评价方法的选择过程中，两者要相互结合，处理好子指标与综合评价的关系、指标量化与主观评分的关系、权重确定与动态调整的关系，真正实现高校教师多维绩效评价的效率与公平。

二、科学设置绩效考核方法

单一的多维度绩效考核体系难以满足高校绩效的多维度要求，必须建立多层次、多方位、多维度的高校教师绩效评价方法。高校教师多维度绩效评价方法是采用定量评价标准，充分吸收绩效表征，合理选择评价周期，采用动态评价方法。这将有利于绩效考核的公平、公正、公开，也将促进高校教师人力资源管理的健康发展，从而调动“考生”的积极性，激发高校教师的巨大潜能。

高校绩效考核的方式多运用于层次分析法（Analytic Hierarchy Process，AHP），即是将与教师的教学、科研、人才培养和社会服务等指标总是有关的元素分解成目标、准则、方案等，在进行定性和定量分析后得到教师绩效考核的 KPI 指标和权重。其中 360 度绩效考评法又称全视角考评法，它是由教师（被考评者）的上级（主管领导、督导）、同行、班级学生以及教师本人，从多个角度对教师（被考评者）进行 360 度的全方位评价。这种办法因其评价维度多元化、评估相对客观、全面而被各大高校广泛应用。但是也有学者提出，评价以学生为主会导致部分教师为了迎合学生所提的需求而不敢对学生提出合理严格的要求，因此应减少学生评价的权重。但无论权重如何设置，通过 360 度绩效考评法，可以确定比较全面、科学的教师绩效评价的对象。

三、多维度衡量绩效考核标准

根据高校的实际情况，绩效考核主要包括教学效果、科研成果和隐性教育投入 3 个模块。这是一个基于行为薪酬评价指标的综合绩效评价体系。基于教师的行为设计了行为补偿的评价指标。教学效果模块进一步细分为教学质量指标和教学效果指标；科研成果模块进一步细分为科研质量指标、科研等级指标和科研效果指标。隐性教育输入模块进一步细分为输入时间指标和服务效果指标。基于指标集成的高校教师多维度绩效考核系统如图 4–4–1 所示，在这样的评价指标体系中，底部的指标还可以进一步细分，如教学质量包括课时、学生人数、课程等级、课程难度等要素；科研效果包括科研成果被引频次、转化的社会效益和经济效益等。

以上指标的设计反映了薪酬的物质特征。但是在绩效考核中，除了要考虑物质特征外，还要考虑绩效对教师工作的隐性投入。将隐性教育投资绩效纳入教师综合考核体系，是针对高校教师的资源属性，通过绩效考核体系的重构，挖掘教师人力资源潜力的一种尝试。高校教师内隐绩效中的各项指标，如教师在单位周期内参加师生文体活动的次数和时间，举办或参加人文讲座、生活沙龙等活动的频率，对研究生或特定学生进行具体指导和帮助的时间，教师与其他师生之间的合作情况，以及同事或学生对待教师的方式、工作作风的评价；社会服务指标如教师开展科技普及、企业咨询等公益活动的时间、频率和社会效果。因此，高校教师应实施多维度的绩效考核体系。教师绩效工资和待遇在高校教师队伍中是比较常见的利益冲突，教师的绩效工资问题并不只是一个简单的经费问题，而应更多涉及教师职业工作与发展的各个方面。

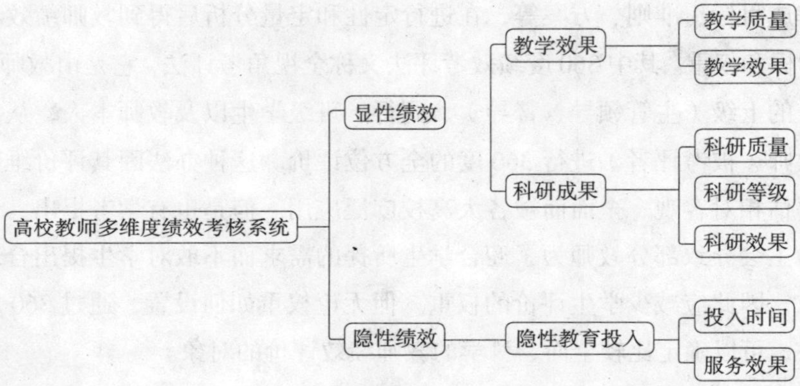

图 4-4-1　基于指标集成的高校教师多维度绩效考核系统图

绩效考核制度虽然具有诸多意义，但作为一种约束与驱动功能并存的管理制度，每个高校教师的看法都不一样。特别是绩效考核体系的形成和完善需要经过一个漫长的过程，在这个过程中不可避免地会有不成熟的操作，这也带来了很多教师认知的分化。如前所述，解决这类冲突的方法是将零和利益转化为非零和利益，这就要求学校作为中介完善绩效机制，规范考核体系，做好公平、公正、公开的绩效分配工作。因此，在绩效考核中要注意考核与反馈的双向互动。绩效考核不能依赖于绩效考核的单一轨道，而应形成考核与反馈相结合的双向互动机制。建立健全绩效考核意见反馈机制，定期或不定期组织开展绩效考核过程和结果中存在的问题和不足之处的讨论，在考核结果送达每位教师的同时，将教师的个人意见及时上传到相关部门，从而优化和改革绩效考核制度，为教师发展和学校建设服务。

绩效考核在高校人力资源管理中占有重要地位。绩效考核与激励机制密切相关，能够促进教师队伍良性竞争，产生积极影响。设立绩效工资的初衷是为了调动人们的工作积极性，因此，绩效薪酬应强调教学绩效和工作效率，即教师对教育的贡献是绩效薪酬的基本依据。同时，要建立和完善科学合理的评价指标体系和操作程序，公正地评价每一位教师的实际贡献，对绩效奖励高的要明确，对绩效奖励低的要明确，让尽可能多的教师感受到自己“获得效益”最大化。这样既能缓解教师个体之间的利益冲突，又能充分发挥绩效的激励作用，激发教师的活力，形成追赶和帮助教师超越的良好局面。

第五节 职能部门的管理方式与定位需要准确

国外许多关于高校教师发展的研究指出，教师工作的群体文化和归属感对其职业发展有重要影响，良好的、支持性的“院系共同体”对教师工作、教师发展及其教师队伍稳定具有积极意义。然而，在我国高校组织中，由于历史和制度的原因，“行政权力主导”的大学管理理念根深蒂固，并在逐步演变中逐渐形成了行政权力和教师工作相互倚重和制衡的机制。这种情况不难理解，因为在当前的制度环境下，行政权力与教师工作之间存在着一种极其“微妙的关系”。高校内部的各种现象强化了行政资源所带来的优势，也导致了教师需要根据行政权力的接近性和疏远性进行分类，致使群体之间产生了隐性冲突。

一、职能部门需明确服务定位

（一）转变观念，树立“以教师为中心”的学校管理理念

传统的学校管理理念是在官僚化的行政管理体制中形成的，强调层级、职位和规章制度。工作的对象是“物质”，不考虑个人感受和需要，严格监督和控制。在当今的市场竞争环境下，人才已经成为各种组织的稀缺资源。如何吸引和留住优秀教师已成为地方高校亟待解决的问题。其中，解决这一问题的关键在于树立“以教师为中心”的学校管理理念。

学校的核心力量是教师，因为只有通过教师有效的教育教学活动，才能培养出合格的人才，实现学校的办学宗旨。教学是这所学校的中心任务。教师的道德水平、教学艺术和专业水平直接决定着学校的教学质量，直接决定着学校

的水平和实力。在学校的各种奖项中，“教学教育奖”应该是最高荣誉，每个教师都可以把这个荣誉作为教师职业的最高追求。教师的个人发展就是学校的发展，办学规模、专业设置的数量和水平并不能说明办学的实力和水平，教师水平是衡量一所学校实力和水平的首要标准。因此，教师的个人发展就是学校的发展。然后由于冲突是普遍和客观的，承认冲突是调解的重要前提。解决问题的重要途径是转变冲突主体的观念，帮助冲突主体准确、客观地认识问题的根源。

因此，相关部门要正视职能部门认知误区。一是通过增进理解来化解认知误区。有关部门可以通过加强管理素养培训来转变职能部门的思想观念；鼓励学校各级领导、管理人员与教师加强对话与沟通，充分保障教师的知情权，帮助职能部门正确地认知学校管理理念。二是通过转化零和利益解决感情性冲突。即通过将零和利益转化为非零和利益，使高校教师切身体会到利益分配的合理性，得到情感上的满足。零和是指双方或多方的利益之和是恒定的常数，变化为零。在零和情况下，一方受益，另一方必然受损。而非零和，是指利益的总和是可变的，可以增加或减少。非零和战略是通过各利益相关方的合作创造新的利益，使利益相关方实现共赢。将零和利益转化为非零和利益，需要发展个人潜在利益，将单一利益转化为多重利益，将短期利益转化为长期利益；并且，通过公平、公正、公开的管理方式，教师可以感受到自己的利益相对最大。因此，解放思想、转变观念、充分挖掘精神资源和制度资源、解决高校教师队伍发展与职能部门过程中的矛盾，对地方高校稳定教师队伍具有现实意义。

（二）管理的职能不是监督和控制，而是服务和协调

高校职能部门的产生是特定历史阶段的产物。早在中世纪的欧洲，大学就是一个学者行会。无论是学生性质的大学还是教师性质的大学，其规模都比较小，功能也比较单一。大学里大大小小的事情都是由老师或学生直接完成的。学校的具体事务并没有特别安排他人参与管理，所以也不存在我们目前所讨论的学校的行政权力、职能部门和行政人员等。德国柏林大学改革后，科学研究已成为大学的一项重要职能。美国大学改革后，大学变成为社会提供一切必要的服务，大学的功能也因此越来越丰富，大学与社会的联系也越来越紧密，大学的规模也逐渐扩大。学校内外的事务越来越多，仅靠师生的额外服务远远不能满足需求。因此，专业人员和机构独立从事服务工作成为现实的选择。随着“多

元化巨型大学”的出现，大学的职能部门受到了越来越多的关注。中国现代大学的产生和发展是在借鉴西方大学模式的基础上发展起来的。因此，大学职能的最初价值在于对高校教师或学生的服务和协调，而不是监督和控制的功能。

然而，随着我国高校职能部门与院系之间复杂多样的关系的形成，围绕着高校与职能部门关系这一主题，相关研究者开始关注高校两级管理的权责划分，两级管理模式下管理体制的宏观调控模式和运行效率。准确定位职能部门，首先要明确纵向分权中学校职能部门和高校教师各自的职责。职能部门行使校级授权的行政事务执行权，要做到职能部门既不全盘负责，又不越权执行。对于高校来说，教学和研究是学校的中心工作，教师是实施教学和科研活动的主要人员。学校把组织日常教学、科研和社会服务的权力下放至基层，有利于教师教学、科研和社会服务等相关工作，高校教师产生自主权，会形成积极的行动力。而职能部门作为学校的中层组织，应主要为学校的决策和日常工作服务，着重负责计划实施、监督管理和服务等相关工作。职能部门与教师积极配合，在教师难以完成事务性工作，积极受理学院教师的投诉、协调学院与学院之间的关系等。教师也应积极配合职能部门考核，最终实现有效的制衡关系。

二、职能部门建立科学的管理机制

高校应根据管理事务的内容科学设置职能部门，形成合理有效的管理模式。这是高校职能部门实现正确定位的第二步。能否满足教师和学生的需求，才应该是高校职能部门设置的基本依据。

（一）建立科学的决策机制

学校的战略发展目标是办学方向的体现，它直接决定着学校资源的配置和使用，也为教师的个人发展指明了方向。由于环境的复杂性和资源的有限性，学校的发展会受到各种因素的制约和影响。在这些因素中，组织决策决定了学校的工作目标，既是学校资源配置和使用的基础，也是协调教师个人目标与学校组织目标关系的前提。因此，职能部门建立科学的决策机制是十分必要的。其中相关职能部门首先要积极引导教师增强主体意识和权利意识，给予教师的申诉表达权，包括经济利益、学校管理、师生关系、心理感受等方面表达自己的诉求。其次，要畅通教师表达诉求的渠道。健全学校和教育管理部门的民主制度，拓宽民主渠道，保障教师的知情权、参与权、表达权、监督权。一方面要坚持现有的诉求表达渠道，如充分发挥教师工会、党组织民主生活大会、校长信箱等传统组织和制度的积极作用，激发现有渠道的活力，保证教师的声音能够畅通传递；另一方面要疏通新媒体表达诉求的渠道，充分利用网络平台等相关渠道为教师表达诉求提供便利。最后，应该引导教师理性和合法地表达的相关诉求。表达诉求并非无理取闹，职能部门如果使用极端手段会阻碍问题的发生，容易加剧冲突，及时回应和处理要求和意见，才能及时化解矛盾。

（二）建立合理分配与激励机制

工作评价和分配的公平性、合理性直接影响着教师工作和分配公平感的形成，对教师队伍稳定具有直接影响。公正、合理的工作评价和分配机制：一是平衡绩效，维护公平。和其他行业一样，学校要避免在日常管理、优胜劣汰、教师评价等方面出现不平等现象，努力做到奖惩分明，严格监督，绝不弄虚作假。在市场经济背景下，学校管理者应转变思维，借鉴社会劳动力市场的管理方法，适当提高教师可控收入、助教收入与实际绩效的比例，形成教师之间的专业比较、教学比较、投入比较的良性竞争。在实际操作中，教师激励制度必须使教师充分享有知情权，要实现公开透明的激励模式，教师要清楚自己实际执行的任务，了解基本操作步骤。其次，激励标准应该得到教师的认可，教师作为具有独立人格的个体，应该参与到标准制定的过程中，尤其是在涉及自身利益的方面。管理者要把握公平的标准，严格遵守具体的参考标准，保证调动教师的积极性。二是激活资源配置，回应教师合理诉求。响应教师对“资源”的合理需求是社会冲突理论的核心概念，而资源限制是冲突产生的客观原因。因此，合理配置资源，满足主体需求是解决社会矛盾的有效途径。对于地方高校而言，可用于教师队伍建设的资源是有限的，但发挥主观能动性，激活有限的资源，最大限度地满足教师队伍建设的需要，响应教师的需求，是教育管理者的责任和义务。根据当地不同学校的发展目标和发展规划，制定分类编制标准，增强职称评定管理权限的重心，精简评审程序，最终发挥教师尊岗爱岗、积极主动、乐于奉献的激励作用。三是尊重与理解，对教师实行差异化管理。在这样一个多元化的社会中，应对教师实施差异管理方法时，力求充分尊重和理解教师，将与教师相关的岗位分配、责任要求、教学水平等环节纳入差异管理的过程中，做到物尽其用。分配机制要打破“利益组合”，真实反映教师教学、科研、管理的实际情况，让高校的每一名教师都因为“所做”而“所得”。

职能部门管理不仅涉及管理思想的转变，更需加强管理技术，助力解决地方高校教师流失问题。在市场竞争环境下，以监督和控制为主要特征的学校管理已经不能满足高校管理的实际需要。为教学、科研创造良好条件，为教师服务，有效激励教师，应成为学校管理的首要职能。两者“求同存异”的空间很大，原有的不同路径只是对各自“缺失路径”的补充。因此，在专业自治与行政权力之间寻找共同点，既可以解决两种权力冲突所造成的“干部”“群众”关系紧张，又可以通过两种权力的互补，提高育人使命的实现质量。但是，在这里寻求共同点，不仅是态度上的宽容，更重要的是要更多地了解“道路上的共存”和“利益的共享”。

第六节 教师专业培训要重视实效性

教师的专业培训也是高校营造核心竞争力的重要因素，被教师视作自身发展和学校实力的重要条件，影响着教师资源整体水平的提高和队伍的稳定。要充分认识教师专业培训的重要性，通过培养和培训，全面提高教师队伍的整体素质，优化教师队伍的学术梯队结构，促进优秀人才的涌现。教师培训机制的建设应着重抓好以下几个方面。

一、树立教师培训优化意识

高校领导和职能部门应提高对教师培训重要性的意识，树立适应时代要求和形势需要的培训理念。要通过各种渠道广泛宣传教师培训的重要性、必要性和紧迫性，唤醒与增强教师的培训意识和培训效能。

（一）培育身份认同，树立责任意识

作为初入学校教师，重要的是消除与学校之间的陌生感，拉近彼此距离，并且尽快认同身份，以主人翁的态度融入学校，这是帮助教师顺利进入角色，有效推进工作的第一步。可以通过与老教师交谈等培育方式，使教师感受到作为学校主人翁的使命感和责任感，增强学校教师的认同感，帮助教师进入角色，明确自己的言行体现主人翁精神。高校教师的团队意识和组织归属感通常只在学科组、教学科研工作组中形成，这使得教师对学科的责任意识明显高于对学校组织的责任意识。对于初任教师队伍来说对学校的发展历程有了清晰的认识，是增强了教师的学校组织责任感产生的前提条件。可以通过校史等专题学习活动、鼓励教师书写建议书等围绕学校发展、常规管理等形式出发，形成对教师角色和学校组织的责任感，促进教师主人翁角色责任感的形成。

（二）追求价值认同，树立群体意识

什么样的意识作为指导，就会产生什么样的教育行为。因此，教师的教育教学行为符合学校的标准和要求，关键是要让教师形成正确的教育观念，认同学校教师的优秀价值追求，正确认识教师的专业特点，认真开展教育工作。首先，要帮助教师了解教师的专业特点。教师之间的教育观念的形成容易受到交互影响，认同“职业责任心”环境下，许多优质的教育观念容易在教师群体中形成。其次，教师工作的独立性、个体性和创造性决定了教师需要更加认真地教书育人，而不是依靠行政指示和检查来实现一定的工作目标。反而准确预测和及时发现教师群体中的不良迹象，有序、规范地开展教育工作更为重要，这就要求学校领导要对工作有预见性，从教师队伍建设方面充分预见教师群体中可能出现的问题和情况，防患于未然，抓住时事动态，用事实教育教师，监督大家向示范教师学习。当前，教师的价值取向、道德观念、行为选择趋于多元化，心理活动更加复杂。学校要抓好教师科学教育和思想政治工作，朝着提高教师个体素质、优化群体的方向灵活有效地开展。

此外，教师价值的交互影响不仅限于存在正式教育的组织之中，相反，教师群体中的非正式组织普遍存在，这些组织是基于共同的爱好、职业和单位而形成的。非正式组织可以为教师提供学校无法满足的需求，使教师对非正式组织产生好感或依赖，从而建立对组织的责任意识，这在一定程度上有利于提高教师对学校组织的归属感。因此，学校管理者应该充分理解非正式组织在培养方面的作用，支持非正式组织建设激发教师归属感和幸福感。

（三）形成动态管理，树立忠诚意识

从面试到离校，教师组织忠诚在这一过程的各个阶段都在发生变化。因此，高校管理者应加强对教师组织忠诚意识的动态管理，同时通过多种方式培养和提升教师的组织忠诚意识。首先，在教师招聘过程中，高校管理者应加强对教师组织忠诚度的调查。招聘是教师组织忠诚意识动态管理的重要组成部分，它就像一个“过滤器”，可以提高聘任教师的组织忠诚度。在招聘高校教师时，不仅要考察他们的学历和研究能力，还要考察他们的个人素质、价值观、诚信等。其次，加强对流失潜伏期教师忠诚意识的转变与管理。教师的流失不是突然发生的，它会经历从内在的隐形状态到外在的可见状态的转变过程。教师流失的潜伏期是教师离开学校的最后一扇“门”。在此期间，教师的忠诚意识面临着前所未有的压力。如果教师的忠诚意识不能化解各方辞职的压力，那么教师的辞职将是不可逆转的。因此，有必要加强教师流失潜伏期的忠诚意识管理，降低教师流失的可能性。最后，做好流失期教师忠诚意识的提升工作。在教师管理过程中，管理者要加强与教师的联系，通过访谈，了解自己辞职的真实原因及对学校管理的意见和看法，从而发现学校教师忠诚意识管理的缺陷和不足，为以后的教师忠诚意识管理提供依据。

二、建立和完善高校教师培训内容

培训内容既需重视培训思想，也要重视培训技能。既要学习新思想、新观念，又要注意提高教育教学中教师的实践技能。因此遵循和建立“共性”培训与“个性”培训内容原则是十分必要的。“共性”培训内容一般包括教育理论学习、教学实践学习及教师道德政策法规的学习。当代教育理论学习包括应用教学、教学管理、心理学、课程、教学评价等教育教学理论，通过理论学习，教师可以树立顺应时代潮流的教育新理念，把握教学改革和发展的动态和趋势，开展符合教学规律的教学实践。教学实践学习一般包括教材分析、教学知识点处理、教材探索、先进教学方法的理论与研究趋势。政策法规、职业道德则主要组织教师学习《高等学校教师职业道德规范》《高等教育法》等相关文件，通过“共性”的培训内容帮助教师树立正确的世界观、人生观和价值观，以及树立正确的教育观，要求教师敬业爱岗、勇于创新，具有良好的心理素质和自我心理调节能力，养成知行统一的行为规范。

除此之外，“个性”学习主要针对的是对教师培训内容进行分类和划分。如按照职称类型进行划分，对新引进的教师，学历相对较低的，可以从国家和学校规章制度、教师职业道德、教学科研等方面进行培训；中级职称教师可重点进行知识更新、教学技能提高、科研课题研究等方面的培训；对于学校的名师、学科带头人，培训可以集中在学科建设与管理、教学质量提升等方面。如根据地方高校自身特色进行“个性”培养，建设一支扎根农村、服务农村教育、助力乡村振兴的农村教师队伍，则可根据农村学校的特点，在培训内容上需加强对地方性和农业导向性，提高培训的适宜性，将乡土知识、乡土文化、乡土情怀、农村留守儿童心理问题及辅导能力等内容纳入培训内容。

总之，培训内容要关注教师“共性”与“个性”的培养，分类培训根据教师的不同特点和需求，有效开发教师资源，激发教师多方位潜能。

三、采取灵活高效的培训形式

首先，在提高教师整体素质的基础上，积极探索教师“培育、培训、管理”一体化的有效机制，要区分清层次，注重实效，根据不同层次的教师采取不同的形式和措施。其次，教师培训要多渠道进行。在高效培训的形式上校内部分：通过专题讲座、专业技能培训、学术教育、访问学者交流、高级研讨会等方式提高教师素质。校外合作部分：要注意省内高校与省外高校的结合，国内培养与国外培养的结合。校外合作可分为三类：一是依托国家重点学科、重点实验室、技术研究中心和工程研究中心，建设以提高高校教师学术水平和创新能力为主要目标的先进研究培训基地；二是依托国内领先的具有较高学术水平和鲜明特色的大中型企业、科研机构和专业点，建设以提高高校教师专业实践能力为主要目标的教师实践培训基地；三是依托高水平师范院校和综合性大学教育学院，建设以提高教师教育教学能力为主要目标的教师专业发展培训基地。在培训基地建设初期，要制定培训基地的建设标准和相应政策，采取自愿申报、公平竞争、专家论证和评价的方法和程序，合理高效地利用和配置现有资源。突破物理领域部分：将传统培训形式与现代教学技术手段相结合，充分利用广播、电视、网络和多媒体教学系统，获取培训资源。

因此，构建高校教师培训形式和体系，必须面对区域化、地方化、全球化的三重背景，树立国际培训理念，充分利用国外优质资源，在立足我国实际情况前提下，加强和拓展高校之间的交流与合作。最终构建灵活高校的培训渠道与模式，提升高校教师培训的目标和现状，强化高校教师整体素养。

四、建设培训成果的保障机制

建立高校教师培训资格认证制度，形成科学的约束和激励机制。制定高校教师培训标准以实施高校教师培训认证制度为突破口，改革高校教师培训体系，形成高校教师培训的保障机制。国家通过资格认定，支持一批教学科研条件好、师资力量雄厚、教师培训质量高的高校成为全国具有示范作用的高校教师培训和教师职业发展成果。通过发挥这些培训的示范作用，可以提高高校教师培训的质量和效率。通过建立和实施教师考核和评价体系，引导教师自觉重视自我修养和提高。为了实现培训模式、培训内容、培训形式的转变和创新，有必要建立自上而下的教师培训评价体系。通过评估，促进教师培训，使接受培训的学校、派遣培训的学校和教师个人获得相应的收益。一是对接收学校的评价应包括日常管理、教师的选择、培训计划的科学性、培训目标设计的合理性、培训内容的进步性、培训方法的灵活性和实用性、参与培训的教师的评价等。二是对培训学校的评价应包括培训对象选择的公平性、教师培训机会的公平性、培训内容选择的合理性和实用性等。三是对参加培训的教师的评价，包括培训期间是否履行了相关义务和培训任务的完成情况。四是对培训条件、过程和效果的评价，加强对高校教师培训质量的检查、监督和指导，培训部、监察室、教研室构成三级监测机构，按各自职能实施质量监测。

完善高校教师培训培养评价方法，加强对教师培训条件、过程和效果的评价，逐步建立教师培训质量保证体系，不断推进教师培训规范化、制度化、科学化。建立主动、长期、多维度的教师培训机制一直是高校人事管理的一项重要工作。通过培养教师的个人发展能力来提高教师对学校的忠诚度和稳定性，可以有效改变高校教师的流失，稳定高校教师队伍现状。

第七节　教育教学环境创设要侧重教师专业发展

良好的教育教学、学术资源与条件对于提高教师的综合素质，激发教师积极性、主动性和创造性是十分有必要的。当教师队伍的成长得到满足，教师的价值得以体现，自然对教师队伍的稳定性有一定的积极影响。本节就高校教师教育教学环境、学术资源与条件对加强高校教师人力资源管理，增强教师的归属感，增进其凝聚力和向心力进而谈及其相关策略。

一、注重教育教学资源环境建设

教育教学环境建设有效地集合了人、信息资料、工具方法、技术平台、环境条件等要素，内容丰富，形式多样。教育教学环境建设是高等教育质量管理体系的重要组成部分，是高水平本科教育的支撑载体和条件保障，丰富的教学资源建设可以为学习者提供良好的学习环境，帮助教师和学生独立构建自己的知识体系，有效开展教育教学。

（一）充分发挥教育教学团队资源共建

结合相关高校专家和一线教学实践教师的相关意见，结合专业学科、知识体系的领域分类，通过关注课程教学、专业人才培养和毕业生就业职业发展的相关性，以及学生课程满意度评价和反馈的基础上，教师在总结多系列经验、教学研究的基础上，组建教师团队，自建涵盖教育教学中的知识领域、知识单元和知识图谱、知识体系。例如学科课程设置 A+B 角色教师，通过相同的知识体系团队构建，发掘同系列教育教学相关资源的不同思想，从而产生思想碰撞，营造教育教学沟通互惠的资源与环境。针对传统教学资源建设中存在共建不足，根据“建用并进、持续迭代”的理念，逐步扩大资源规模，形成丰富的教学资源布局，从而密切关注相关领域最新科研进展，鼓励教师和科研机构通过课题等形式，加快科研成果向教学成果转化。

（二）充分发挥各领域教学资源共享

促进高等教育教学资源在全国不同地区、不同省份、不同大学联盟、不同行业协会（协会）的集中管理和流动配置，实现更充分的共建、共享、共用，从而促进高等教育教学高质量发展。除此之外，教师教学竞赛、知识问答、教研分享、提供线上线下优质教学资源的开放共享等教学活动对教育教学资源和环境的构建具有切实的推动作用。

二、注重学术资源与条件配置

解决我国高校学术资源配置问题，必须对症下药，即要明晰配置权利属性及配置过程中的监督与制衡。

（一）明晰配置权利属性

大学学术资源配置应当是以实现学校的学科战略规划、提升学校的学术水平为目标的。为了实现这一目标，必须首先明确学术资源配置是一项学术主导的事务，其配置权力应该主要由学校学术委员会、学院学术委员会、学科教授会这样的学术权力主体来行使。

（二）注意监督与制衡

在学术资源配置中，要实现学术权力、行政权力和第三方之间的监督与制衡，需要科学的资源供给制度和流程设计。如增设监督机构，对以学术权威为代表的学术人员和以行政领导为代表的行政人员的权力行为进行评议监督，重点强调要在学术资源决策、监督、质量评价机制听取多方的建议，并在组织使命的指引下制定具体的配置规划，包括学术资源的种类、数量、工资、配置方式、激励机制、评价机制等具体细节。

第八节　学校工会要关注教师的工作和生活

物质文化建设是精神文化建设的基础。它以物质化、形象化的方式体现了学校独特的文化特色和内涵，影响着师生的价值观，唤起师生的高尚情怀，引导学生养成良好的行为习惯，促进师生身心健康。安居才能乐业，优秀人才的成长需要提供良好的生活条件，不让他们把更多的时间、精力浪费在生存所需上，而是以良好的工作环境为教师做好成长与发展的基石。高校各部门要做好为教师服务的工作，提高服务质量，在服务过程中，要尽可能考虑教师的实际需求，做到以人为本，充分发挥物质基础的感染力和凝聚力。保证高校教师后勤的保障工作，只有解决了教师的后顾之忧，教师才能更加无私地投入到教学和科研中去，做出成绩。

一、有效满足高校教师个性化的福利需求

统一的福利制度下，高校教师只能被动地接受学校的福利安排，而不管他们是否真的需要。在弹性福利制度下，高校教师可以根据自己的不同需求，选择不同的福利项目进行组合，实现对不同的教师福利项目的个性化定制。

弹性的福利制度为员工提供多种福利项目，允许员工在一定数量内自由选择。由于高校教师的性格、年龄、收入水平甚至学科的影响，每个个体对福利的需求都是不同的。例如，青年教师由于收入水平低、生活压力大，会倾向于住房援助、免费托儿所或幼儿园、单身教师的婚恋情况等能够帮助解决生活困难的福利项目，关注新教师的心理状态、工作条件、生活条件等方面，在后勤支持、活动支持、公平激励等方面给予他们双重的“人文关怀”，从而帮助新

手教师形成组织观念，提高组织认同。而中年及临退教师，则会更加关注医疗服务项目和能够提高养老质量的项目。通过灵活、人性化的服务方案，力所能及帮助教师解决生活问题。作为学校工会应密切关注地方高校教师的精神需求。如定期举办跨校际文体活动或教师联谊活动，增进教师之间的情感交流；教师免费到当地博物馆、图书馆等文化场所参观学习；学校可以在经费允许的范围内提供往返交通补贴，完善教师荣誉制度等相关服务，让高校教师真正感受到职业的归属感与幸福感。

二、加强对福利制度的了解与参与

在实行福利制度的过程中，福利项目应明确的公示与标识，提升高校教师对学校福利所提供的福利制度、福利成本的认识与了解。除此之外，教师乃至教师家属对福利制度的实施应具备参与性的权利，工会通过民主意见提案、调查走访等相关形式加强福利制度的民主参与度。在过去统一的福利制度下，教师只能被动地接受学校安排的福利项目，教师的需求性并不强，以至于对于部分教师，工会对福利项目上的支出并没有起到应有的激励作用。在民主参与的福利制度下，学校只需要核定教师年度福利费用总额，具体项目由教师根据自身情况自行选择，从而实现福利支出的最大效用。

灵活的福利制度可以满足高校教师个性化的福利需求，促进高校教师对福利制度的了解和参与，提高高校教师对整个薪酬体系的满意度，从而提高其工作满意度。当教师的工作满意度提高时，就会有更多的工作激情，花费更多的时间和精力来提高工作绩效，从而有效地提高教师的工作积极性。对于学校来说，教师工作积极性的提高有助于提高学校产出的质量，从而提升学校的整体形象，实现学校的长期战略目标。

“所谓大学者，非谓有大楼之谓也，有大师之谓也。”高校教师队伍是学校发展的根本，教师队伍稳定越来越成为高校管理的重点也是高校人力资源管理面临的重大问题。地方高校要充分认识到自身在稳定工作中的劣势，要通过切身解决教师的困难，增加对教师的人文关怀，通过完善的规章制度、真挚的情感、真诚的服务，努力为教师营造一个能舒适生活、安心工作的校园环境。

参考文献

[1] 中华人民共和国中央人民政府 . 中共中央国务院关于实施乡村振兴战略的意见 [EB/OL]. 新华社，2018-02-04.

[2] 中华人民共和国中央人民政府 . 中共中央国务院印发乡村振兴战略规划（2018 - 2022 年）[EB/OL]. 新华社，2018-09-26.

[3] 中华人民共和国教育部 . 教育部关于印发《高等学校乡村振兴科技创新行动计划（2018—2022 年）》的通知 [EB/OL]. 中华人民共和国教育部，2018-12-29.

[4] 中华人民共和国中央人民政府 . 中共中央国务院关于实现巩固拓展脱贫攻坚成果同乡村振兴有效衔接的意见 [EB/OL]. 新华社，2021-03-22.

[5] 农业农村部法规司 . 中华人民共和国乡村振兴促进法 [EB/OL]. 新华网，2021-04-29.

[6] 冯金江 . 围绕地方经济和社会发展需要办好景德镇高专 [J]. 景德镇高专学报，1999（03）:41-42.

[7] 杨科正 . 地市普通高校发展策略研究 [M]. 西安：西北大学出版社，2008:146.

[8] 徐同文 . 区域大学的使命曲 [M]. 北京：教育科学出版社，2004:165-166.

[9] 史沙沙 . 地方高校服务乡村振兴的问题与对策研究：以地方高校 X 大学为例 [D]. 锦州：渤海大学，2020.

[10] 牛玉屾，张青林，王有娟，等 . 高校教师流失现象的分析与思考 [J]. 工会论坛（山东省工会管理干部学院学报），2011，17（01）:113-114.

[11] 刘融斌 . 中部地区地方高校教师流失对策探析 [J]. 东华理工学院学报（社会科学版），2007（01）:41-44.

[12] 包欢欢 . 高校教师助力乡村振兴的逻辑理路 [J]. 当代贵州，2022（37）:60-61.

[13] 吴义敏 . 我国地方高校教师流失及其治理研究 [D]. 湖南大学，2012.

[14] 罗求实 . 新建地方性本科院校师资队伍建设价值刍议 [J]. 文史博览（理论），2007（04）:43-45.

[15] 朱丹 . 高校“双师型”教师助力乡村振兴的逻辑理路 [J]. 中国成人教育，2020（13）:93-96.

[16] 俞雅文 . 马斯洛需要层次理论在初中“道德与法治”课教学中的运用研究 [D]. 扬州大学，2018.

[17] 张瑞敏 . 马斯洛需要层次理论与高校思想政治教育 [D]. 山东农业大学，2016.

[18] 张晶 . 马斯洛需要层次理论及对我国思想政治教育的启示 [D]. 牡丹江师范学院，2016.

[19] 李永香 . 马斯洛需要层次理论视阈下大学生思想政治教育激励教育法优化研究 [D]. 西北师范大学，2013.

[20] 封玮 . 豫东农村“特岗教师”激励策略研究 [D]. 黑龙江大学，2017.

[21] 李婷婷 . 基于双因素理论的 W 英语培训学校教师薪酬激励研究 [D]. 首都经济贸易大学，2016.

[22] 李茂华 . 双因素理论在 JC 学院教师激励中的应用研究 [D]. 广西大学，2013.

[23] 柏晨 . 东北地区高校引才留才的现状与优化对策研究 [D]. 长春工业大学，2022.

[24] 戴诗燕 . 双因素理论视角下贵州省乡村小学青年教师流失问题研究 [D]. 贵州师范大学，2022.

[25] 宋锦刚 .“双因素”理论与横向科研经费“放管服”改革：以江苏 CJ 职业技术学院为例 [J]. 中国高校科技，2022（05）:5-9.

[26] 陈坚，沈燕丽，王涛 . 双因素理论视角下高校创业教育教师激励策略研究 [J]. 学校党建与思想教育，2016（15）:86-88.

[27] 冯宁，刘倩 . 双因素理论在高校教育管理中的应用研究 [J]. 中国成人教育，2015（09）:48-49.

[28] 张洁 . 论我国高校青年教师激励管理：以双因素理论为视角 [J]. 黑龙江高教研究，2007（12）:89-91.

[29] 蔡逢茜 . 基于马斯洛需要层次理论的教师积极性调动 [J]. 中学政治教学参考，2015（18）:93-94.

[30] 徐权 . 基于马斯洛需要层次理论的教师管理研究 [J]. 教学与管理，2013（36）:22-24.

[31] 郭翠兰 . 马斯洛需要层次理论与高校青年教师管理 [J]. 继续教育研究，2011（01）:50-51.

[32] 李南方 . 新时代地方高校内涵式发展路径探究 [J]. 吉首大学学报（社会科学版），2018，39（S2）:259-261.

[33] 甘杰，杜环欢 . 地方高校目标定位与学科专业建设 [J]. 中国电力教育，2009（10）:22-24.

[34] 银杰 . 地方高校高水平建设发展的目标及路径思考 [J]. 现代交际，2021（21）:7-9.

[35] 张泳 . 普通地方高校初任教师认同感及其影响因素研究：基于组织认同与职业认同二维视角的分析 [J]. 教育发展研究，2020，40（19）:77-84.

[36] 周进军 . 审核评估视域下应用型普通本科高校教师队伍建设路径研究 [J]. 教育理论与实践，2022，42（27）:39-41.

[37] 杜利军 . 基于校本的职业学校初任教师入职教育实施对策探析 [J]. 江苏教育，2012（09）:27-29.

[38] 陆兴发 . 高水平大学建设与地方高校目标化管理 [J]. 内蒙古民族大学学报（社会科学版），2013，39（06）:78-80.

[39] 罗丹．加强教代会提案研究 助推学校工作发展：以北京联合大学为例 [J]. 北京教育（高教），2014（11）:42-44.
[40] 施振佺．“双一流”建设背景下地方高校科研管理目标考核体系构建 [J]. 科技管理研究，2021，41（20）:66-71.
[41] 赵翔，冯文全，郑浩．西部高校教师流失问题的实证研究：影响因素及其“软治理”效果 [J]. 生产力研究，2007（10）:56-58.
[42] 于彦华，陈光．激发内生动力 促进自主发展：地方高校自我导向型教师教学发展模式建构 [J]. 中国大学教学，2018（05）:78-81.
[43] 邓华．地方高校教师流失原因及对策分析 [J]. 中国成人教育，2006（09）:29-30.
[44] 顾栋栋．个体、团队、圈层：基于学术共同体的高校教师组织化发展 [J]. 江苏高教，2022（01）:91-96.
[45] 栾培中．整体性治理视阈下高校教师队伍建设政策发展之道 [J]. 内蒙古社会科学，2021，42（05）:192-198.
[46] 张卫静，康玫．地方高校教师专业自主发展的现实困境、阻碍因素及路径探索 [J]. 黑龙江高教研究，2019，37（05）:71-74.
[47] 刘诚芳．现代高校教师人力资源管理 [M]. 北京：民族出版社，2007.08.
[48] 关云飞．高校教师人力资源管理模式创新研究 [M]. 长沙：中南大学出版社，2009.
[49] 李卢赟．心理契约视角下的地方高校教师流失问题研究 [J]. 河北广播电视大学学报，2021，26（05）:105-108.
[50] 林娟．重构高校教师绩效评价指标的机遇与路径 [J]. 中国高等教育，2021（08）:7-9.
[51] 钟海青，江玲丽．广西边境地区高中教师队伍建设研究：基于社会冲突视角 [J]. 民族教育研究，2020，31（06）:46-51.
[52] 崔光彩，姜姜，吕志英．高校教师绩效考核的现状与优化探讨：以南京 H 大学为例 [J]. 中国高校科技，2022（08）:51-55.
[53] 杨德新．地方高校教师绩效评价互动机制研究 [J]. 黑龙江高教研究，2021，39（02）:7-11.
[54] 吴庆华，郭丽君．地方高校青年教师发展研究 [M]. 北京：经济管理出版社，2017.8.
[55] 邓华．地方高校教师流失原因及对策分析 [J]. 中国成人教育，2006（09）:29-30.
[56] 钟海青，江玲丽．广西边境地区高中教师队伍建设研究：基于社会冲突视角 [J]. 民族教育研究，2020，31（06）:46-51.
[57] 王骥，查永军．治理能力现代化视野下我国高校职能部门的越位与复位 [J]. 黑龙江高教研究，2018，36（10）:66-69.
[58] 杨练武．二级管理体制下高校职能部门的定位与思考 [J]. 教育探索，2008（05）:72-73.
[59] 张卫静，康玫．地方高校教师专业自主发展的现实困境、阻碍因素及路径探索 [J]. 黑龙

江高教研究，2019，37（05）:71-74.

[60] 刘诚芳 . 现代高校教师人力资源管理 [M]. 北京：民族出版社，2007.08.

[61] 龙献忠，周晶，董树军 . 高校教师流失治理：基于“退出 – 呼吁 – 忠诚”理论视角 [J]. 高等教育研究，2014，35（06）:46-51.

[62] 陈卫红 . 运用校本培训形式加强教师队伍建设 [J]. 教育导刊，2009（07）:43-45.

[63] 徐一加 . 立足校本培训的教师队伍建设实践 [J]. 职业技术教育，2008，29（17）:60-61，78，94.

[64] 宋雪宁 . 人力资源开发视角下民办高校教师流失问题研究 [J]. 文化创新比较研究，2021，5（01）:47-49.

[65] 庞丽娟，金志峰，杨小敏，等 . 完善教师队伍建设 助力乡村振兴战略：制度思考和政策建议 [J]. 北京师范大学学报（社会科学版），2020（06）:5-14.

[66] 王晓生，邬志辉 . 乡村教师队伍稳定机制的审视与改进 [J]. 教育科学，2019，35（06）:71-77.

[67] 罗哲 . 高校教师弹性福利制度思考 [J]. 经济体制改革，2014（05）:182-185.

[68] 付瑶瑶，朱立群，刘宇空，等 . 建立高校福利与保障体系的探索 [J]. 中国高等教育，2005（20）:26-27.